# 帝王

フレデリック・フォーサイス
篠原 慎＝訳

角川文庫 5749

D1699184

THE EMPEROR
Collected Short Stories
by
Frederick Forsyth

©Frederick Forsyth 1972, 1975, 1979, 1982
Japanese translation rights arranged with
Frederick Forsyth c/o Curtis Brown Ltd, London
through Tuttle-Mori Agency, Inc.

日本語版翻訳権独占
角 川 書 店

# 目次

キャリーに

# よく喋る死体

「尋問に際して、しゃべりたくなければしゃべらなくてもいい。しかし、しゃべったことは記録され、証拠として使われる場合がある」

――イギリス及びアイルランドの警察で、取調官が被疑者を尋問するときにあたえる注意事項のひとつ。

野次馬の侵入を阻止《そし》するために、通りをまたいで鎖が張ってあった。そこから五十フィートばかり離れたところへ、警察のでかい車がやってきて、縁石のわきに止まった。運転手はエンジンを切らずにアイドリングさせ、ワイパーがリズミカルに頭を振って、しつこく降りしきる雨をフロントガラスから掃《は》き飛ばしている。ウィリアム・J・ハンレー警視は、バックシートから窓のガラスを通して、制止線の外に群れている野次馬と所在なさそうにかたまっている警官たちを見やった。

「待っていてくれ」

警視は運転手にそう命じて、外へ出ていく用意をした。運転手はホッとした――なんといっても、車の中は快適に暖かい。降りしきる雨に濡れながら、朝っぱらからスラム街を往ったり来たりするのは真っ平だ。彼はうなずいて、エンジンを切った。所轄の分署を預かる警視は、車のドアを閉めると、濃紺のコートに包んだ大きな身体を縮めて、制止線の鎖に一か所だけ開けてある隙間《すきま》めがけて脇目《わきめ》もふらず進んでいった。そこでは警官が一名、雨に濡れながら、封鎖区域に出入りする人間を監視していた。彼はハンレーの姿を見て敬礼すると、一歩わきに退って署長を通した。

〝ビッグ〟・ビル・ハンレーは警察にはいって二十七年、リバティ地区の路地を巡回するおまわりさんから身をおこし、今や分署を預かる警視にまで出世したベテランである。叩《たた》き上げの警察官にふさわしく、体格もよかった。上背が六フィート一インチもあり、まるでトラックみたいに頑丈《がんじょう》な身体をしている。三十年前の彼は、アスローン州が生んだ最高のフォワードだといわれ、アイルランドのラグビー史上最強と評されたチームの一員として、緑のジャージーに身を包んでいた。カール・マレンが率いるそのチームは、トリプル・クラウンで三年連続優勝という偉業をなしとげ、イングランド、ウエールズ、スコットランド、そしてフランスの各代表チームを完膚《かんぷ》なきまでに叩きのめした。この経歴が、警察にはいって後、昇進の妨げにならなかったことはいうまでもない。彼は警察官の仕事が好きだった。給料が安く、おまけに勤務時間が長いという難点はあるけれど、仕事そのものには満足していた。だが、いくら好きな仕事でも、ときには思わずうんざりするような任務を果たさねばならないことがあるもので、陰気に雨の降りつづけるこの朝の任務などさしずめその一例だった。家屋撤去《てっきょ》の強制執行である。

ダブリン市当局は、二年前から、グロースター・ダイアモンドという、その名称とは似ても似つかぬスラム街を埋め尽している、上が一間で下も一間というようなボロ家を片っ端から取り壊していた。

この地区がなぜそうしたご大層な名前で呼ばれるようになったのか、その理由は謎《なぞ》である。イギリスの王室に連なるグロースター公家の富や特権にはまったく関係がないし、ダイアモンドの高価な輝きとも無縁の存在なのだ。ここはリフィ北岸のドック地帯の背後に広がる、周囲を工場に取りかこまれたスラムなのである。今では大部分が空き地となって、住民たちは半マイルほど離れたところで醜い姿を雨にさらしている市営団地のアパートに収容されていた。

しかし、ここはハンレーが預かる分署の管轄区域のど真ん中で、今朝の仕事も、いくらいやだろうが、やらざるをえないのである。

野次馬をさえぎる鎖に囲まれた部分は、かつて賑《にぎ》わったメイヨウ通りの中心部なのであるが、今は、十一月の寒い雨天にふさわしく荒涼とした景観を呈していた。通りの片側は一面瓦礫《がれき》の原っぱで、すぐにもブルドーザーを投入して、新しいショッピング・センターの敷地を造成する予定になっていた。今、注目の的になっているのはもう一方の側である。もちろん、あたりには建物などひとつもなく、パンケーキのように平らな、広さ二エーカーという新設された駐車場の黒いアスファルトの上で、雨がしぶきをあげていた。駐車場は、周囲を高さ九フィートの金網で囲まれていた。もっとも、広さは、正確にいうと、二エーカーに少し足りなかった。

というのは、駐車場の真ん中に、メイヨウ通りに面して、家が一軒、まるで滑らかな歯茎に古い歯根がひとつ頑固に居坐《いすわ》っているといった恰好《かっこう》で、残っているのである。両側の家はすでに取り壊され、たった一軒残ったその家は、両側から、太い梁材《はりざい》を突っかい棒にして、支えられている。背後にあった家もすべて消えてしまい、アスファルト舗装が、三方から、浜辺に作った砂のお城に波が打ち寄せるように、迫っているのだ。この朝、当局による強制執行の対象となったのは、この哀れな家と、怯《おび》えて中に閉じこもっている老人であった。それはまた野次馬たちの興味の対象でもあった。彼らは最後まで居すわりつづけた元の隣人がいよいよ追い出されるところを見物しようと、わざわざ新しい団地からやってきたのだ。

ビル・ハンレーは、家の前へまっすぐ歩いていった。そこでは市の係官たちがひとかたまりになって、やっとそのときが来たというのに、どうしていいのかわからないといったようすで、家をじっとみつめていた。みつめるといっても、鑑賞に耐えうるようなものは何ひとつなかった。歩道に面して低いレンガの塀があって、歩道と前庭らしきものとを隔てているのだが、この庭はその名にあたいするようなしろものでなく、雑草におおわれた幅二、三フィートの空間にすぎない。玄関ドアは家の正面片側にあって、さんざ石などぶつけられたらしく、あちこち端をそがれたり、へこんだりしている。ドアをはいったところが一ヤード平方ばかりのホールで、そこをまっすぐ奥へいったところに、二階に通じる階段があるはずで、こうした間取りはハンレーもすでに知っていた。玄関ホールの右手には、この家唯一の居間があり、そこには、小さいながらも暖炉《だんろ》があるはずである。その証拠に、家の側面に煙突がしがみついて、雨空を突き上げている。家の裏手には、幅が家の間口と同じで奥行きが二十五フィートばかりの庭があり、三方を高さ六フィートの板塀で囲まれている。庭は土がむき出しで、奥の塀にさしかけて作りつけた小屋の中で老人が飼っていたという、四羽のまだら模様の鶏がまき散らした糞《くそ》で、ぬるぬるしている。家の内外のようすは、だいたい、こんなところである。

市役所も、この老人のために、出来るだけのことをしてきたのである。新しく出来た明るく清潔な市営アパートに移ってはどうかと何度も説得したし、どこかに小住宅を用意するとまで申し出た。また、市の依頼をうけたソーシャルワーカーや失業救済事業団の係員、それに教会関係者までが、入れ替り立ち替り訪問して、なだめ、すかした。立ち退き期限も延長に延長を重ねた。しかし、老人は拒《こば》んだ。前後左右の家がどんどん取り壊されて姿を消していった。それでも彼は動こうとしなかった。周囲では工事が進められた。駐車場は整地され、舗装され、彼の家の三方を囲むように、フェンスが張られた。依然として彼は移転に応じようとしなかった。

この〃メイヨウ通りの隠者〃は、新聞にとって恰好の記事ネタになった。面白がったのは地元の悪童たちも同じで、石や泥のボールを家に投げつけて窓ガラスをあらかた割ってしまい、老人は割れたガラス窓から口汚く罵《ののし》って彼らを喜ばせた。

ついに、市役所も撤去を決断して告示を出し、裁判所も強制執行の許可をあたえた。そしてこの十一月の雨の朝、市の権力を象徴する一隊が玄関前に勢ぞろいしたというわけである。

住宅局の主任がハンレーに挨拶《あいさつ》して、

「どうも嫌《いや》な仕事ですね」

といった。

「いつだってそうですがね。ほんと、この強制撤去ってやつは大嫌いですよ」

「そうですな」

そういってハンレーは、家の前に集まっている関係者一同の顔を見渡した。ともに大柄の頑丈そうな身体の上に当惑気味の表情を浮かべた顔を乗せているのは、きょうの強制執行の現場責任者である二人の執行吏。そして市役所の係員二人にハンレーの部下がやはり二人、さらに保健福祉局の係員、地元の医者と、下っ端役人がひととおり揃っている。地元新聞のベテラン・カメラマン、バーニー・ケレハーも、まだ髭《ひげ》もはえてないような若い見習い記者をお供につれて出張っていた。ハンレーは地元の新聞とはうまくやっていたし、そこに巣食う古狸《ふるだぬき》みたいな記者連中とも一定の距離はおくけれども友好的な関係を保っていた。お互い立場はちがうが仕事は仕事で、なにも角つきあわせてゲリラ戦をやる必要はないのだ。バーニーがウインクした。ハンレーはうなずいてそれに応《こた》えた。見習い記者はそれで二人がツーカーの仲なのだと誤解した。

「力ずくで引っ張り出すんですか？」

若僧は場違いの明るい声で警視に訊いた。

バーニーが彼をにらみつけた。ハンレーは灰色の目を新米《しんまい》に向けて、じっとみつめつづけた。若僧は何もいわなければよかったと後悔した。

「出来るだけ穏便にやるつもりだよ」

重々しく警視はいった。この言葉を見習い記者は熱くなって書き取った。ほんの一言だから暗記できないというのではなく、とにかく何かやっていないと間がもてないのだ。

裁判所の命令は執行着手時間を午前九時と指定していた。時刻は今、九時二分。ハンレーは住宅局の主任に向かってうなずき、

「はじめようか」

主任は玄関ドアに近づいて、音高くノックをした。応えはない。

「ラーキンさん、いらっしゃいますか？」

彼は呼びかけた。応答はない。そこで彼はハンレーのほうを振り向いた。ハンレーは再度うなずいた。主任はおもむろに咳《せき》払いをし、家の中にも聞こえるように大声で、撤去命令書を読み上げた。依然として応答はない。彼は道路にいる一同のところに戻った。

「五分だけ待ちますか？」

「いいでしょう」

と、ハンレーはいった。制止線の外でざわめきが起こった。そこではグロースター・ダイアモンドの元住人たちの姿がしだいに増えていた。やがて後ろのほうで一人がクソ度胸を発揮して、叫んだ。

「そっとしといてやれよ。かわいそうじゃないか」

ハンレーはゆっくりと制止線のほうへ歩いていった。そして、並んだ顔の前をやはりゆっ

くり歩きながら、一人一人の目をのぞきこんだ。ほとんどの者が目をそらした。みな黙りこくった。

「爺さんに同情してるつもりなのかね？」

猫なで声でハンレーは訊いた。

「去年の冬、窓のガラスをぜんぶ叩き割って爺さんを凍えさせたのも、あれも同情なのか？　石や泥を投げつけたのも同情ってわけかね？」

長い沈黙があった。

「よけいなことをいうんじゃない」

止どめを刺すようにそういって、ハンレーは玄関前に集まっている連中のところに戻った。制止線の外は静まりかえっていた。ハンレーは、指示を求めるように自分をみつめている二人の執行吏にうなずいて、いった。

「やってもらおうか」

二人ともかなてこを持っていた。さっそく一人が家の横手にまわり、金網のフェンスとレンガ壁の間を通って裏へいった。そして慣れた手つきで板塀の板を三枚、はがして、裏庭にはいり、裏口のドアをかなてこで勢いよく叩いた。その音を聞いて、表にいる相棒《あいぼう》が、玄関ドアをやはりかなてこでどやしつけた。どちらの音にも応えはなかった。表の男がドアと側柱の間にかなてこの先端を差しこんで、それこそアッというまに、ドアをこじ開けた。が、開いたといっても三インチばかりで、たちまちそこでつっかえてしまった。裏に家具が置いてあるのだ。執行吏は悲しげに首を振り、こんどはドアの反対側へいって、蝶番《ちょうつがい》をふたつとも外してしまった。そしてトランプのカードでも扱うように軽々とドアを手に取って、前庭に置いた。それから玄関ホールに積み重ねてある椅子やテーブルをひとつずつ運び出し、邪魔物がなくなったところで改めてホールにはいり、大声で呼びかけた。

「ラーキンさん?」

裏のほうで木の裂けるような音がした。相棒がキッチンにはいりこんだのだ。

それから二人は階下を捜索してまわったが、その間、通りの野次馬たちは静まりかえっていた。やがて二階の寝室の窓に、蒼《あお》白い顔が浮かび上がった。いちはやく野次馬がそれを見つけた。

「あそこにいるぞ」

三、四人の声が叫んだ。狩りの従者がご主人方より先に狐を見つけたような具合だった。なんとかお役に立ちたいというわけだ。執行吏の一人が玄関から首を突き出した。ハンレーは二階の寝室の窓のほうへ顎《あご》をしゃくってみせた。二人の執行吏は狭い階段をドタドタと駆け上がった。窓から顔が消えた。争う音はしなかった。一分もしないうちに、三人が降りてきた。先任の執行吏が老人のかぼそい身体を抱きかかえていた。彼はそぼ降る雨のなかに歩み出て、処置に困ったという表情で立ち止まった。民生委員が乾いた毛布を持って駆け寄った。執行吏は老人を降ろして立たせ、その身体はすぐ毛布で包みこまれた。栄養不良らしく少しふらついていたが、何よりも怯えが際立って感じられた。ハンレーは老人のこのようすを見て、とっさに処置を決めた。そして自分の乗ってきた車のほうへ向きなおって、こっちへこいと運転手に合図した。老人ホームへ連れていくのはあとにして、何はともあれうまい朝メシと熱いお茶をあてがわねばと思ったのだ。

「後ろに乗せてもらおうか」

と、彼は執行吏に告げた。やがて老人が暖かいシートにおさまったのを見て、自分もその横に乗りこんで、運転手に、

「すぐ出してくれ、半マイルほど先に運ちゃん相手のカフェがある。二番目の角を左にはいったところだ。とりあえずそこまでいってくれ」

車は制止線を越えて、車内をのぞきこむ野次馬たちの間を縫《ぬ》って進んだ。ハンレーは改めてこの珍客に一瞥《いちべつ》をくれた。老人はよれよれのズボンをはき、ボタンのとれたシャツの上に薄いジャケットを着こんでいる。もう長年、身の回りなどかまったことがないという噂《うわさ》で、やつれた顔は土気色をしていた。その顔で、老人は、フロントシートの背を虚《うつ》ろにみつめたまま、ハンレーに視線を返そうともしない。

「遅かれ早かれ、いずれはこうなったんだよ」

と、ハンレーはやさしくいった。

「それは爺さんもわかってたはずだ」

ビル・ハンレーは〝ビッグ〟という形容詞のとおり身体もでかいし凄味《い》もあり、その気になって迫ったらドックの荒くれたちでも小便をちびるといわれるくらいなのだが、その厚ぼ

ったい顔や二度も折れた鼻からうける印象とは逆に、情はいたって深いほうなのだ。老人はそろりと顔を向けて彼をみつめたが、相変わらず口を開こうとはしなかった。

「だから、引っ越しのことだよ」

と、ハンレーは言葉を補った。

「住み心地のいいところに入れてくれるよ。冬も暖かいし、食い物もいい。いまにわかるさ」

ほどなくして車はカフェの前で止まった。先に降りたハンレーは運転手のほうを向いて、命じた。

「連れてきてくれ」

暖かく湯気のたつ店内で、ハンレーは、空いていた隅のテーブルを顎《あご》で示した。運転手はそこへ老人を連れていって、壁を背にしてすわらせた。老人は礼もいわず、さりとて文句をいうでもなく、ただひたすら無言の行をつづけている。ハンレーはカウンターの奥に貼ってあるメニューをちらりと見やった。カフェの亭主は濡れ布巾《ぶきん》で手を拭いて、何にしますかと目顔で訊いた。

「ダブルの目玉焼き、ベーコン、トマト、ソーセージ、それとポテトチップスだ。隅にいるあの爺さんにやってくれ。その前にまずお茶だ」

ハンレーは一ポンド紙幣を二枚、カウンターの上に出して、「釣り銭はあとでもらいにくるよ」と亭主にいった。

運転手が隅のテーブルからカウンターに戻ってきた。

「そばにいて目を離すな」

と、ハンレーはいった。

「車はわたしが乗っていくから」

運転手は、きょうはよくよくついていると心の中でほくそ笑んだ。最初は暖かい車の中に残れたし、こんどは暖かいカフェの中だ。ゆっくりお茶でも飲みながら一服といこう。

「いっしょにすわるんですか？」

と、彼は訊いた。

「あの爺さん、ひどい臭いなんですよ」

「目を離すんじゃないぞ」

ハンレーはそう繰り返してから、メイヨウ通りの取り壊し現場へ、自分で車を運転して引き返した。

強制執行の作業班はすでに活動を開始していた。建設業者の作業員たちが盛んに家に出入りして汚い家財道具を次々に運び出し、さらに勢いをました雨のなかで路上に並べている。住宅局の主任は傘をさして彼らの動きを見守っていた。駐車場の中には、ゴムタイヤを履いたショベルカーが二台、家の裏手と裏庭、そして小さな外便所に攻撃をかけるべく待機中《たいきちゅう》だった。そしてショベルカーの背後には、十台のダンプカーが一列に並んで、壊された家のガラクタを運び去ろうと、息をひそめて待っていた。水道も電気もガスも数か月前に切られてしまい、おかげで家は薄汚なく湿っていた。下水はもともと通じてなく、だから外便所などという不便な代物がついているのだが、その地下にある腐敗槽《ふはいそう》も間もなく埋められて、永遠にコンクリートにおおわれてしまう運命にある。主任は、車から降り立ったハンレーの姿をみとめて傍に歩み寄り、開け放してあるバンの後部を指さして、問わず語りにいった。

「爺さんの想い出の品と思われるようなものは出来るだけとってあります。古い写真、コイン、勲章《くんしょう》、衣類、葉巻の箱にはいっている書類といったもので、ほとんどカビが生えてますがね。それから家具類は――」

主任は雨のなかに積み上げてあるガラクタの山を指さした。

「使おうと思えば使えますが、医務官はぜんぶ燃やしてしまったほうがいいといってるんですよ。売ろうにも売れませんしね」

「そうですな」

と、ハンレーは曖昧《あいまい》に応えた。たしかに主任のいうとおりなのだが、これはあくまでも主任の問題である。すでに肚《はら》は決まっているのだが、それに対するハンレーの精神的な支持がほしいというわけである。

「爺さんは補償金《ほしょうきん》がもらえるのかな?」

と、ハンレーは訊いた。

「当然ですよ」

主任はすかさずいった。うちの住宅局は情け知らずの獣じゃありませんよといいたいのだ。

「爺さんに所有権のある家はもちろんのこと、家具、備品、身の回りの品物その他で、損《そん》傷《しょう》をうけたり壊されたものはすべて補償の対象になります。それから、引っ越しに伴う不便や苦痛に対する慰謝料《いしゃりょう》もあります……もっとも、はっきりいいますと、爺さんが長い間ごねとおしたので、市としては、こうした補償金などくらべものにならないほどの出費をすでにしいられているんですよ」

このとき、市役所の係員の一人が、両手に鶏を一羽ずつぶらさげて、家の横手からあらわれた。

「こいつはどうすりゃいいんです？」

だれにともなく彼は訊いた。

同僚の一人が何かいった。バーニー・ケレハーは鶏の写真を撮った。いい写真になるぞ、と彼は思った。〝メイヨウ通りの隠者〟の最後の友人たち――いいタイトルになる。作業員の一人が、自分の家でも鶏を飼っているので、引き取ってもいいと申し出た。さっそくダンボール箱が見つけられ、鶏はその中に放り込まれた。そして後刻、例の作業員が家へ連れて帰るまでということで、市役所のバンの中に保管されることになった。

下準備は一時間たらずで完了した。ちっぽけな家は骨と皮だけになってしまった。艶《つや》のある黄色の雨合羽《あまがっぱ》を着た、いかつい身体つきの現場監督が主任のところへやってきた。

「始めていいですか？　うちの親父さんは早く駐車場を完成させて、フェンスで囲い込みたいといってるんですよ。夜までにコンクリート打ちが出来れば、明日の朝一番でアスファルトが敷けますからね」

主任は溜め息をついて、

「じゃ、やってください」

現場監督は、そのアームに重さ半トンの鉄塊をぶらさげているクレーン車のほうを振り向いて、手を振った。クレーン車はそろりそろりと家の横手まで進み、位置を定めて、シュッというやわらかい音を吐きながら油圧式の脚を立てて車体を固定した。やがて鉄のボールが揺れはじめた。初めは小さくそっと漕《こ》いでいたが、しだいに大きく弧を描きはじめた。やがてボールは家の側面、煙突からさして遠くない外壁に激突した。あたりのレンガが割れ、太い亀裂《きれつ》が二筋、壁面を下に走った。野次馬のあいだから、低く抑えた「アアアアー」という長い嘆声が洩れた。退屈した野次馬を喜ばせるのに、家のぶっ壊しほど効き目のあるものはない。

四度目の一撃で二階の窓がふたつ、枠《わく》から飛び出して駐車場に落下した。そして家の角がそっくりもげてゆっくりと半回転し、裏庭に崩れ落ちた。数分後、こんどは、レンガで築き上げた頑丈な煙突が中ほどで折れ、上の部分が屋根と二階の床をぶち抜いて一階まで落下した。ボロ家はまさに分解しようとしていた。野次馬は大喜びだった。ハンレー警視は車に戻って、例のカフェに引き返した。

店の中は、先刻とくらべて一段と暖かく、湿っぽくなっていた。運転手は湯気のたつお茶を前にしてカウンターにすわっていた。彼はハンレーがはいってくるのに気がついてタバコを押し潰《つぶ》し、ストールから滑り降りた。老人は隅のテーブルで盛んに口を動かしていた。

「爺さんはまだ終わらないのか？」

と、ハンレーは訊いた。

「それがえらい勢いで果てしなく食ってるんですよ。バターをつけたパンなんか、これが食いおさめってな調子で、どんどん胃の腑《ふ》におさめちゃうんですから」

ハンレーが見ていると、老人は軟らかい白いパンに油っこいフライを埋め込んだやつを、またもやひとつ口に放り込んで嚙みはじめた。

「あのパンはおまけですよ」

と、カフェの亭主がいった。

「もう三回もおかわりしてんです」

ハンレーは時計をのぞいた。時刻は十一時すぎ。彼は溜め息を洩らして、ストールに腰をのせた。

「お茶をもらおうか」

すでに彼は保健福祉局の係員に、三十分したらカフェへ老人を引き取りに来てくれと伝えてあった。老人の身柄を市に預けたら、分署に帰って、書類仕事を片づけるつもりだった。それでこの嫌な仕事から解放されると思うと、うれしかった。

バーニー・ケレハーと見習い記者が姿をあらわした。

「爺さんに朝メシをおごってやったのかね？」

と、バーニーがからかうようにいった。

「あとで市に請求書を回すつもりさ」

ハンレーも調子を合わせたが、バーニーには、彼がそんなケチなまねをするはずがないと、わかっていた。

「写真は撮ったのか？」

と、ハンレーが訊いた。

バーニーは肩をすくめた。

「わりといけそうだよ。あの鶏のやつと、煙突がぶっ倒れるところと、爺さんが毛布に包まれて連れ出されてきたところをバッチリ撮らせてもらったよ。これで一つの時代が終わったって感じだねえ。あたしゃダイアモンドに一万人もの人間が住んでた時分のことを憶えてるんだ。みんなそれぞれ働いてたよ。ろくな給料はもらってなかったが、とにかくみんなちゃんと仕事についてたもんさ。昔はスラム街が出来るまでに五十年もかかったが、いまじゃ五年もすりゃ立派なやつがいっちょう出来上がりなんだから、イヤになっちまうね」

ハンレーは不愉快げに喉《のど》を鳴らした。

「それが進歩というものさ」

このとき、パトカーがカフェの前に来て止まった。そしてメイヨウ通りに出張っていた若い警官の一人が飛び降りて窓から店内をのぞき、ボスがブン屋といっしょにいるのを見て、どうしようかというふうにためらった。見習い記者はまるでそれに気がつかなかった。古狸のバーニーは気がつかないふりをしていた。ハンレーはストールから降りて、入口まで出ていった。外で雨のなかに立っていた警官がいった。

「すぐおいでください。じつは……妙なものが出てきたんです」

ハンレーは運転手を手招きした。そして、歩道に出てきた彼に、

「わたしは現場に戻る。爺さんのお守りを頼むぞ」

といって、カフェの中をちらりとのぞいた。

奥の片隅で、老人は食べるのをやめていた。片手でフォークを握り、もう一方の手でソーセージの半切れをはさんだパンを持ったまま、その場に凍りついたように、歩道に立っている三人の警官を無言でみつめている。

現場ではすべての作業が停止していた。雨合羽にヘルメットという作業員たちが、家の残骸《ざんがい》の中で、輪をつくって立っていた。一人だけ残っていた警官もそこにいた。ハンレーは車から降りると、壊れたレンガの堆積《やま》を乗り越えて、じっと下をのぞきこんでいる人の輪に歩み寄った。後方で野次馬のささやきあう声がした。

「爺さんの宝物が見つかったんだよ、きっと」

だれかの声がはっきり聞こえた。同意のざわめきがつづいた。

「あそこに一財産埋めてあったんだ。だから、いつまでたっても立ち退こうとしなかったんだよ」

ハンレーは人の輪に割ってはいり、視線の集中しているところに目をやった。崩れ落ちた

煙突の根元がまだ五フィートばかり、瓦礫の中に、残っている。その基部に、黒くすすけた暖炉がまだ壊れずにある。その脇に、家の外壁が、高さにして数フィート、まだ残っており、その内側のいちばん下のところ、崩れ落ちたレンガの堆積の中から、しなび、枯れきってはいるが、まだはっきり人間のものとわかる脚が一本、突き出ている。ナイロン・ストッキングの切れ端らしきものが、膝頭《ひざがしら》の下にこびりついていた。

「だれが見つけたんだ？」

ハンレーは訊いた。それに応えて現場監督が前に進み出た。

「ここにいるトミーが煙突の基部《もと》をツルハシで壊してたんですがね。ツルハシがうまく振れないんで、下にころがってるレンガを少しどけたんですよ。そうしたらこいつが見つかったもんで、わたしを呼んだというわけです」

この証人なら信頼できると、ハンレーは長年の勘《かん》でわかった。

「じゃ床の下にあったんだな？」

「いいえ、このへんはもともと湿地だったもので、家を建てるときに床の下はぜんぶコンクリートで固めてあるんです」

「じゃどこにあったんだ？」

現場監督は前にかがみこむようにして、暖炉の根元を指さした。

「居間の中から見ると、この暖炉は壁面と平らになるようにはめこんであるみたいですがね、じつは、そうじゃないんですよ。初めは壁から突き出していたんです。それをあとになってだれかが、暖炉の前面と平行にレンガで第二の壁を、まず部屋の一方の端まで、造っちまったんですね。だから、元の壁との間に十二インチばかりの隙間が天井まで出来たわけですよ。もちろん、片側だけじゃ釣り合いがとれないんで、もう一方の側にも同じように壁を築いたんですが、こっちのほうにも同じような隙間が出来てます。死体は向こうのほうの、もとからの壁と新しい壁との間に、はいってたんです。この細工を隠すために、壁紙も貼り替えてあります。そら、暖炉の前面にも新しい壁にも同じ紙が貼ってあるでしょう」

現場監督の指先をハンレーは目で追った。なるほど、シミの浮いた同じ壁紙の名残りが、マントルピースの上方や、死体を包みこんでいたレンガにこびりついている。バラの蕾《つぼみ》を模様にした古い壁紙である。そして暖炉の脇に見えている元の壁には、それよりもなお古い汚れきった縞《しま》模様の紙がたしかに、見える。

ハンレーは立ち上がって、

「よし、きょうの作業はこれで打ち切りだ。みんなもう帰ってもらっていいから。あとは警察の仕事だ」

ヘルメットの群れがレンガの山から退きはじめた。ハンレーは二人の部下のほうに向きなおって、指示をあたえた。

「制止線はそのままにして、ここを完全に封鎖してくれ。野次馬の数がふえたら、鎖の数もふやすんだ。とにかく、四方八方どこからも近づけないように封鎖するんだ。すぐに応援の者と鑑識を呼ぶから。鑑識の連中がいいというまで何にも触っちゃいかんぞ。いいな？」

二人の警官は敬礼した。ハンレーは車に戻って分署へ連絡した。そして、てきぱきと指示を連発し、さらにホイストン駅の裏にあるビクトリア朝時代からの薄汚い建物に陣取っている本庁刑事部の科学捜査課に電話をつないでもらった。都合のいいことに、電話を取ったのは課長のオキーフ警視だった。二人は長年のつきあいだった。ハンレーはさっそく現場で何が発見されたかを告げて、鑑識の出動を依頼した。

「すぐそっちへやるよ」

オキーフの声が電話の向こうで、いった。

「殺人班も差し向けようか？」

ハンレーはフンといった調子で答えた。

「その必要はない。うちの分署だけでじゅうぶん片づけられるよ」

「じゃ容疑者をつかんでるのか？」

「ああ、ちゃんと押えてある」

ハンレーはただちにカフェへ取って返した。現場を出るとき、バーニー・ケレハーの姿が見えたが、カメラマン氏は野次馬の群れに呑み込まれて身動きできない状態だった。立ち番の警官も、こんどは、あまり協力的でなく、彼を助け出そうとしなかった。

カフェでは、運転手がまだカウンターにへばりついていた。老人は、奥の席で、食後のお茶を味わっていた。彼は警視の巨体が近寄っていくのを無表情の眼差で迎えた。

「彼女を見つけたよ」

ハンレーはテーブルの上にかがみこんで、余人に聞こえないよう小声でいった。

「そろそろ出かけようじゃないか、ラーキンさん。署までね。ちょっと話を聞かせてもらわなきゃならないんだ」

老人は口を閉ざしたままハンレーをみつめかえした。そういえば、この爺さん、朝から一度も口をきいたことがない、と、ハンレーは今さらのように思った。老人の双眸《そうぼう》で何かがキラリと光った。恐怖？　解放感？　おそらく、恐怖だろう。長い年月、その恐怖にさいなまれてきたにちがいない。

老人は静かに立ち上がり、肘《ひじ》をハンレーにつかまれて、外の車に案内された。つづいて出てきた運転手が運転席に乗り込んだ。いつのまにか雨はあがり、寒風がキャンデーの包装紙を枯れ葉のように樹木一本ない街路に吹き散らしていた。パトカーは縁石を離れた。老人は肩を丸めてじっと前方を凝視していた。

「署に戻ってくれ」

ハンレーは運転手に命じた。

世界中どこの国へいっても、殺人事件の捜査を、テレビ映画もどきに霊感《れいかん》による推理を頼りに、展開する警察などありはしない。捜査の九十パーセントまでは、定石《じょうせき》どおりの地道な調査である。そして事務的な手続きがある。それも、うんざりするほど。

警視は老人をひとまず、調べ室の裏にある留置場に入れた。老人はべつに抗議もせず、弁護士を呼んでくれと頼みもしなかった。ハンレーは今すぐ老人を告発するつもりはなかった。

殺人容疑で少なくとも二十四時間は勾留《こうりゅう》できるのだ。その間に、何よりもまず、裏付けとなる事実をもっと集めたかった。デスクに戻った彼は、電話と格闘を開始した。

「定石どおりにやるんだよ、若いの、定石どおりに。おれたちはシャーロック・ホームズじゃないんだ」――昔、ハンレーが仕えた老警部がよくいったものである。まさに金言である。定石を無視したくだらないミスのために、せっかく見事に解決したはずの事件がどれほど多く法廷でおしゃかになったことか。

彼はまず、昼食に外出しようとしていた検視官をつかまえて、死体発見の事実を正式に報告した。ついで、ストア街のバス・ターミナルのすぐ後ろにある死体公示所に連絡して、本日午後、少々こみいった検視があるからと告げた。それからさらに、嘱託《しょくたく》の病理学者、ティム・マッカーシー教授の所在を捜していって、ついにキルディア・クラブでつかまえ、事情を説明して協力を求めた。教授は、本日の特別メニューにあるすばらしいキジの胸肉のことを考えながら溜め息をつき、すぐ現場へいくよと返事をした。

次にハンレーは、死体発見現場を囲うテントの手配をし、手の空いている部下たちにツルハシとシャベルを持ってメイヨウ通りへ出向くよう指示した。それから彼は食堂で昼食をとっていた分署所属の三人の刑事を部屋に呼び、自分もサンドイッチ二つと牛乳という昼食をあわただしく胃の腑におさめながら、三人に向かって、いった。

「忙しいのはわかってる。それはみな同じだ。だから、この事件を早く片づけてしまいたいんだ。そう長くはかからんはずだ」

まず彼は捜査主任の警部に現場検証を命じてただちに、メイヨウ通りへ派遣した。あと二人の若い刑事にもそれぞれ別個の仕事を割り振った。一人は、例の家についての調査を担当することになった。市の係員の話によると、あの家は現在、ラーキン老の自由保有不動産になっているが、それ以前の所有者や所有権の移転等については、市税務局の課税課へいけば簡単な記録があるはずで、なお詳細は登記所《とうきしょ》で調べる必要があるということだった。

もう一人の刑事はもっぱら足を使う仕事を受け持たされた。まず、グロースター・ダイアモンドに住んでいた者を片っ端から追跡調査すること。さいわい彼らのほとんどは市営団地に移転している。そしてラーキン家の近所に住んでいた連中、かつて流れた噂話、商店主、過去十五年間、スラムが撤去されるまでメイヨウ通りを巡回区域にしていたパトロール巡査、それから教区の神父――できるだけ古くからメイヨウ通りと老人のことを知っている神父《ひと》、とくにミセス・ラーキン、つまり故ミセス・ラーキンを知っている神父が望ましい、とハンレーは強調した――等を捜し出すこと。

最後に、ハンレーは、この朝、例の家を取り壊す前に運び出して市役所のバンに積みこんであった、老人の身の回りの品物を引き取りに、制服の警官を一名、分署のバンで派遣した。

ハンレーがすべての手配をすませて立ち上がり、大きく伸びをしたときには、時刻はすでに午後二時をすぎていた。彼は老人を面接室へ連れてくるよう命じて残りの牛乳を飲み干した。そして五分の間をおいて面接室へいった。彼が部屋にはいっていくと、老人は両掌を前で組んでテーブルにすわり、じっと壁をみつめていた。警官が一人、ドアのそばに立っていた。

「何かしゃべったか？」

ハンレーは小声で部下にたずねた。

「いいえ、ひとことも」

警視はうなずいて部下を去らせた。そして二人きりになったところで、老人と差し向かいにすわった。ハーバート・ジェームズ・ラーキン——これが市の記録に記載されている老人の氏名である。

「さてと、どうかな、ラーキンさん」

ハンレーは穏やかな口調でいった。

「何もかもしゃべったほうが賢明だと思わないかね？」

ハンレーは、こういう老人はおどかしても口を割るものではないと、長年の経験から知っていた。暗黒街に属する悪党ではないのだ。これまで彼は女房殺しの犯人を三人まで扱ったことがあるのだけれど、三人が三人ともおとなしい小心者で、話し合っているうちに、恐ろしい事件の顛末《てんまつ》を、テーブルで向かい合っている大柄の親切そうな彼に思い切ってぶちまけ、ホッと肩の荷をおろしたものである。老人はそろりそろりと顔を上げて彼を見、数分間その視線を固定したあげく、またテーブルにうつむきこんだ。ハンレーは煙草のパックを取り出し、それを開けて、すすめた。

「煙草は？」

老人は身じろぎもしない。

「じつをいうと、わたしもこれはやらないんだ」

そういってハンレーはそのパックを開けたまま、これ見よがしに卓上に置いて、傍にマッチの箱を添えた。

「あの家にあれだけ長く頑固にしがみついていたっていうのは、たしかに、まずいやり方じゃなかったけどね」

と、彼は老人の狡猾《こうかつ》さに感心してみせた。

「しかし、遅かれ早かれ、市が勝つに決まっていた。爺さんもそのことはわかっていたろう？　いずれそのうちに執行吏がやってくると思って、気が気じゃなかったはずだ」

老人の反応を、ハンレーは待った。心の内をあらわす何かのしるしでもいいと。が、老人からは何も返ってこなかった。しかし、彼は動じなかった。被疑者に口を割らせたいと思ったときは、雄牛のように辛抱強くなるのだ。それに犯人なら遅かれ早かれいずれはしゃべるのだ。犯行をしゃべるということは、犯人にとって、じつは、ひとつの救いであり、重荷からの解放なのである。告白という行為のもたらす解放感については、教会がだれよりもよく知っている。

「何年になるんだね、ラーキンさん？　何年心配しながら待ったんだ？　あの街に初めてブルドーザーがはいってから、どれくらいになる、え？　ずいぶん苦しい思いをしたことだろう」

老人の視線が上がり、ハンレーのそれにぶつかった。このとき、老人の眼差は懸命に何かを捜し求めているようだった。そこには自ら己に課した苦業とはいえ長年の孤独に耐えて後、同じ人間の暖かさを、わずかなものでもいい思い遣《や》りを、求める渇《かわ》きがあるように見えた。もうすぐだ、とハンレーは思った。と、老人の視線はついと横にそれ、ハンレーの肩越しに壁にそそがれた。

「もう終わったんだよ、ラーキンさん。何もかも。どうせいずれは露《あら》われることだったんだ。これからゆっくりと昔をたどってみようじゃないか。ひとつひとつ思い出しながらね。そしてすべてをひとつの糸につむいでいくんだ。わかるね。あれは奥さんだろう？　なんでまた？　情夫《おとこ》ができたため？　それともただの喧嘩の果てに？　偶然の事故だったのかな？　それをあんたは動転のあまり自分に責任があると思いこんで、隠者のような生活をはじめたのかもしれない」

老人の下唇が動いた。それを舌が撫《な》でた。そろそろ落ちるぞ、とハンレーは思った。もう長くはない。

「つらい思いをしたんだろうね、この長い歳月」

彼はつづけた。

「たった一人で、あれが起きる前と同じように友だちもないまま、彼女がまだそこにいる、すぐそばに、暖炉の脇にレンガで埋められているのだっていう事実にさいなまれてきたんだから」

何かが老人の眸《ひとみ》できらりと光った。思い出して改めてショックを受けたのだろうか？　ショック療法のほうがもっと効果的かもしれない。老人は二度つづけてまばたきをした。もうじきだ、あと一歩だ、とハンレーは思った。だが、ふたたび彼の目をとらえた老人の双眸《そうぼう》は、虚《うつ》ろに無表情だった。依然として何もいわなかった。

ハンレーはそれから一時間もねばったが、老人はついにひとことも言葉を発しなかった。

「まあすきなようにするがいいさ」

立ち上がりながら、ハンレーはいった。

「また戻ってくるからね。そのときにこのつづきをやろう」

ハンレーはメイヨウ通りに引き返した。現場は大賑《おおにぎ》わいだった。野次馬の数も増えていたが、彼らの視界は狭められていた。家の残骸は四方をテントで囲まれていたし、そのテントが風にあおられて隙間ができていたが、そこから中でおこなわれている作業を窺《うかが》い知ることはできなかった。道路の一部までとりこんだその囲いの中では、ごついブーツに作業衣姿の屈強の警官たち二十名が、瓦礫《がれき》をひとつずつ手で片づけていた。レンガや屋根のスレートのかけらから、階段や手摺《てすり》の砕かれた木切れ、タイルや天井の梁《はり》の断片といったものが、ひとつひとつ丁寧《ていねい》に取り除かれ、何かの手がかりになるのではないかと調べられたうえで——意味のありそうなものなど皆無だった——道路に投げ出された。その瓦礫の山は見る見るうちに大きく高くなっていった。食器戸棚の中身もことごとく調べられ、それがすむと、裏に何か隠されているものはないかと戸棚そのものがバラバラにされてしまった。また壁という壁が、内部に空洞《くうどう》があるかどうか叩いて調べられ、レンガが一枚ずつはがされて、道に放り出された。

暖炉のところでは、二人の男が特に念入りに作業をしていた。死体の上に積み重なってい

たガラクタが注意深く取り除かれ、今死体はうっすらと埃《ほこり》に覆われているだけ。それは胎児

のように身体を丸めて横たわっているが、空洞に閉じこめられていたときは、横を向いて正

座していたと思われる。マッカーシー教授は、崩れた壁の残りを見ていたが、そのうちに、

二人の男に何ごとか指示した。そして、その指示が達せられたのを見て、レンガの破片を踏

んで空洞の中にはいりこみ、柔らかい刷毛《はけ》で、掃除好きの主婦よろしく、古いモルタルの表

面に付着しているクリーム色の埃をはらいはじめた。

埃をほとんど取り除いたところで、教授はもう一度、こんどはより入念に死体を点検し、

露出している腿《もも》の一部と上腕部を軽く叩いてから、空洞を出た。

「ミイラになっているよ」

教授はハンレーにいった。

「ミイラですって?」

「そうなんだ。上下と前後左右、周囲をすっぽりレンガやコンクリートで囲まれたうえ、

二フィート横にある暖炉で適当に暖められたためにミイラ化現象が起こったんだよ。脱水が

腐敗を防いだわけだ。臓器は損なわれていないが、枯れ木のように固くなっている。今夜解《かい》

剖《ぼう》なんてとても無理だね。暖かいグリセリン液につけて組織を柔らかくしなくちゃいかん。

それには時間がかかるんだ」

「どれくらいです？」

「少なくとも十二時間。もっとかかるかもしれない。数日かかった例があるからね」

教授はちらりと時計をのぞいた。

「そろそろ四時だ。五時までには死体公示所へ運んでいって薬液につけよう。そうして明朝九時ごろ、仕事ができるかどうか様子を見にいってみるよ」

「なんたることだ」

ハンレーは嘆息をもらした。

「今夜のうちにけりをつけたかったのに」

「運がわるかったね。まあ、わたしも最善を尽すつもりだが、本当のところをいえば、臓器を調べても何も出ないと思うよ。首のまわりに索条溝《さくじょうこう》があるんだ」

「じゃ絞殺《こうさつ》ですか？」

「おそらくね」

いつも市の仕事を請け負っている葬儀屋の霊柩車《れいきゅうしゃ》が、テント囲いの外にきて止まった。そして、社員が二人、マッカーシー教授の指示に従って、棺台《ひつぎだい》の上に広い毛布をかけて横ざまに寝かせてあるコチコチの死体を、霊柩車に運び入れると、教授の車をお供につれて、ストア街の死体公示所へすっとんでいった。ハンレーは科学捜査課の指紋採取係に歩み寄って、

「何か収穫はあったか？」

と、たずねた。

指紋係は肩をすくめた。

「レンガや何かの破片ばかりで、表面のきれいなものなんてひとつもないんです」

「そっちはどうだ？」

と、ハンレーは写真係に訊いた。

「これといったものは見つかりません。床がきれいになるのを待って、なおよく調べてみます。何もなければ、引き揚げさせてもらいますよ」

建設会社の現場監督がそばにやってきた。彼は、家の残骸がいつ崩れ落ちるかもしれないということで、ハンレーの指示に従って、待機していたのだ。彼はニヤリと笑うと、

「えらく徹底的にやるもんですな」

と、ダブリン訛《なまり》丸出しでいった。

「これじゃうちの連中のやることがなくなりますよ」

ハンレーは、道路に山積みになっているレンガや材木の破片を指さして、いった。

「じゃ、あいつを片づけてくれないか。あの分はもう用済みだから」

現場監督は、しだいに濃くなっていく夕闇のなかで、時計をのぞいた。

「あと一時間は動けますね。その間に、あれをだいたい片づけてしまいましょう。家の残りの部分ですが、明日になったら手をつけられますか？　なにしろ、うちの親父ときたら、早く駐車場を完成させてフェンスを張りたいって、やきもきしてるんですよ」

「朝九時に連絡してくれ。そのとき教えるから」

分署へ帰る前に、ハンレーは、現場検証の指揮をとっている警部を呼んで、いった。

「移動式のライトが来ることになってるから、それを使って床の表面を詳しく調べてくれ。最初に張ったあと何か細工《さいく》した跡があるかどうか」

警部はうなずいた。

「いまのところ、死体の隠し場所はあの一か所だけのようです。でも、念には念を入れて徹底的に調べてみますよ」

分署に戻ったハンレーは、留置場にいる老人について何かを物語ってくれそうなものを初めて、目にした。デスクの上に、この朝、執行吏があの家から持ち出して市役所のバンに積みこんだ雑多な品物が、そっくり山になっていた。彼は文書の類をひとつずつ手に取り、拡大鏡を使って古い消えかかった文字を丹念に読んでいった。

出生証明書で、老人の氏名、出生地がダブリンだということ、そして年齢がわかった。一九一一年生まれだから現在、六十七歳ということになる。手紙も数通あったが、差出人はいずれもハンレーの関心をひくような人物でなく、その内容も事件とは関係のないもののように思えた。しかし、ハンレーの興味をかきたてたものも、ふたつほどあった。ひとつは映像のうすれた古い写真で、ガラスのない枠の中でシミで汚れ、そっくりかえっていた。それはイギリス陸軍の制服らしきものを着た兵隊の写真で、なにやら頼りなげな微笑を浮べている。まぎれもなくあの老人の若いときの姿である。肉づきのいい若い女性が、花束を持って、彼の腕にしがみついている。その服装は、しかし、ウエディングドレスではなく、四〇年代の後半に流行した、肩のぴんと張った中間色のツーピースである。

もうひとつの品物は、葉巻の箱である。その中には、やはり事件とは無関係の数通の手紙、勲章を三つ線章にピンでとめたもの、そしてイギリス陸軍の給料帳が納めてある。ハンレーは電話に手を伸ばした。時刻はすでに五時二十分になっていたが、運がよければ相手はまだオフィスにいるかもしれない——まさしく彼はついていた。サンディフォードにあるイギリス大使館では、駐在武官がまだデスクにいた。ハンレーは事情を説明した。ドーキンス少佐は、喜んでお役に立ちたいといってくれた。もちろん、非公式に、である。当然のことである。公式の協力要請は、然《しか》るべきチャンネルを通しておこなわれなければならない。アイルランド、イギリス両国の警察の接触は、公式にはすべて公式のチャンネルを通すことになっているのである。だからどうしても非公式の接触が多くなるのだが、そこでは双方の期待以上の緊密さがしばしば見られた。ドーキンス少佐は、帰宅途中、遠い回り道になるというのに、分署に寄ってみようと約束してくれた。

若い刑事二人のうち、関係のある役所へ調査にいっていた方が分署へ戻ってきたのは、暗くなってだいぶ時間がたってからだった。登記簿や課税台帳を調べてきたのだ。ハンレーのデスクの前にすわった刑事は、ノートを開いて、メモしてきたことを読みながら、報告をはじめた。

メイヨウ通り三十八番地の家は、登記簿によると、一九五四年に、ハーバート・ジェームズ・ラーキンが、そのとき前所有者はすでに死亡していたのだが、買い取っている。代金四百ポンドを払って、自由保有権を得ているのだ。抵当権《ていとうけん》を設定したという記録はないので、全額即金で支払ったものと思われる。課税台帳によると、当該家屋は購入日以降、ハーバート・ジェームズ・ラーキンとその妻バイオレット・ラーキンの所有となっている。妻バイオレットの死亡あるいは離別の記録はないが、当時は、たとえ住居人に変更があっても、書面による届け出がない場合はその種の事項を台帳に記載しなかったのである。しかもカスタムハウスで一九五四年度までの死亡証明書を閲覧《えつらん》した結果、メイヨウ通り三十八番地あるいは他の住所で、バイオレット・ラーキンなる女性が死亡したという記録はないということが判明した。

保健福祉局の記録によると、ラーキンは二年前から年金を受け取っており——付加年金は申請もしていない——年金生活にはいるまでは商店の店員や夜警として働いている。そして最後にひとつ、と刑事はいった。一九四五年以降の源泉課税票によると、ラーキンの前の住所は、イギリスの北ロンドンになっている。

ハンレーはデスクの上にあったイギリス陸軍の給料帳を、刑事のほうへ押しやった。

「じゃ、やっこさん、イギリス陸軍にいたんですね」

と、刑事は意外という面持ちでいった。

「べつに珍しくないさ。第二次大戦中は五万人からのアイルランド人がイギリス軍にはいってるんだ。どうやらラーキンもその一人だったらしい」

「じゃたぶん、女房はイギリス人ですよ。あの爺さん、一九五四年に、女房を連れて北ロンドンからダブリンに戻ってきてるんです」

「女房はイギリス人だったと考えて間違いないだろうね」

そういってハンレーは結婚写真を刑事のほうへ押しやった。

「ラーキンが結婚したのは軍隊時代だからね」

このとき内線電話が鳴って、イギリス大使館付き武官が受付けに来ているとしらせてきた。ハンレーは刑事にうなずいて、去らせた。そして電話に応えて、いった。

「お通ししてくれないか」

ドーキンス少佐に会えたことは、まったく運《つき》のないこの日のハンレーにとって、唯一の収穫だった。少佐はピンストライプのズボンに包まれた足を上品に組み、ぴかぴかに磨き上げた靴の爪先をハンレーのほうに向けて、静かに説明に耳を傾けた。そして、例の結婚写真を手にとって、しばらく熱心に見入った。

やがて少佐は、片手に拡大鏡を、もう一方の手に金色のシャープペンシルを持ってハンレーのわきに回ってきた。そしてシャープペンシルの先端で、ラーキンの軍帽の記章を叩いて、

「竜騎兵《りゅうきへい》です」

と、断定した。

「どうしてわかるんです？」

ドーキンス少佐は拡大鏡をハンレーに渡して、いった。

「双頭《そうとう》の鷲《わし》が見えるでしょう。そいつは竜騎兵の記章でしてな。非常に特徴がある。他に類のないものですよ」

「ほかに何かお気づきの点は？」

ドーキンスは新郎の胸についている三個の勲章を指し示した。

「この最初のやつは一九三九―一九四五年の星章です。そしてこちらの端にある三番目のは戦勝勲章です。真ん中のやつはアフリカ戦線の星章ですが、第八軍の従軍記念略章らしきものがついている。なるほど、わかりました。竜騎兵連隊は北アフリカでロンメルと戦ったのです。竜騎兵といっても、実際は、装甲車《そうこうしゃ》に乗っているのですがね」

ハンレーは三個の勲章を取り出した。写真にうつっているのは礼装用のそれであるが、今デスクの上にあるのは、略装のときに用いるミニアチュア版である。それを一瞥して、ドーキンス少佐がいった。

「なるほど。同じものだ。第八軍の従軍記念略章もついているでしょう」

ハンレーは拡大鏡でのぞいた。同じ模様が見えた。次に彼は給料帳を少佐に渡した。ドーキンスは目を輝かせて、ページをぱらぱらぱらとめくった。

「一九四〇年十月、リバプールで志願入隊。たぶんバートンの店で手続きをとったのでしょう」

「バートンの店って？」

「仕立屋でしてな。戦時中、そこがリバプール市の徴兵センターになっていた。アイルランドから海路リバプールにやってきた志願者は、徴兵係の下士官の案内で、みなその店へいったものです。一九四五年に復員して、同四六年に名誉除隊。おかしいな……」

「何がですか？」

「一九四〇年に志願入隊し、北アフリカで装甲車に搭乗《とうじょう》して戦い、その後一九四六年まで現役にとどまっていたというのに、ずっと一兵卒だ。袖章一本ももらってない。伍長にさえなっていない」

少佐は結婚写真に写っている制服の袖を指先で叩いた。

「成績がかんばしくなかったんでしょう」

と、ハンレーは推測を述べた。

「あるいはね」

「この男の軍隊時代の記録をもっと詳しく教えていただけませんか？」

「朝一番におしらせしましょう」

そう請け合った少佐は、給料帳の記載事項をメモして、帰っていった。

ハンレーは食堂で夕食をとり、もう一人の刑事が報告に戻ってくるのを待った。その刑事が帰ってきたのは十時半をすぎてからで、疲れ切っていたが、意気揚々としていた。

「メイヨウ通りに住んでたころラーキン夫婦を知ってたという人間十五人に会って話を聞いたんですがね」

と、刑事は報告した。

「そのうち三人はずばり、貴重な証言をしてくれましたよ。すぐ隣りにいたモーラン夫人ってのは、あそこに三十年も住んでたとかで、ラーキン夫婦が引っ越してきたときのことも憶えてるんです。もう一人は、今は引退してる郵便配達で、去年までメイヨウ通りを担当してた人です。最後はバーン神父で、この人も今は引退して、インチコアにある退職神父の家に住んでいます。今そこから戻ってきたんです。だからこんなに遅くなったんです」

ハンレーは椅子に背をあずけて、刑事がノートの最初のページを開いて報告するのに耳を傾けた。

「モーラン夫人の記憶によると、一九五四年に、三十八番地のあの家に住んでいた男やもめが亡くなり、そのあとすぐに、〝売り家〟の札がかけられたんだそうです。でも、その札がかかっていたのは二週間だけで、二週間後にはラーキン夫婦が引っ越してきたそうです。ラーキンはそのとき四十五歳ぐらいで、女房のほうはずっと若かったようです。女房はロンドンっ子で、ロンドンに住んでたとき亭主は商店に勤めていたと、モーラン夫人に話していますす。そしてある年の夏、ラーキンの女房は忽然《こつぜん》と姿を消しました。モーラン夫人は、一九六三年だったと証言してます」

「どうしてそうはっきり憶えているんだ？」

「その年の十一月に、ケネディが暗殺されたからですよ。ニュースはテレビのある近所の酒場から伝わったそうで、二十分もたたないうちに街中の人間が通りに出て、騒々しくしゃべりあっていたそうです。もちろん、モーラン夫人も大いに興奮し、このニュースをラーキンに教えてやろうと隣の家に飛び込んでいったんだそうです。興奮のあまりノックもせずに家に駆け込み、居間にはいっていったんですね。ラーキンは仰天して、モーラン夫人を追い出したそうです。そのとき女房はすでに姿を消してました。でも、春から夏まではたしかにいたんです。毎週土曜の夜はモーラン家へベビーシッターにきてたそうですから。その赤ん坊はモーラン夫人の二人目の子供で、一九六三年の一月に生まれています。ですから、ラーキンの女房が姿を消したのは、同年の夏の終わりごろということになります」

「理由はどう説明されていたんだ、当時？」

「ラーキンを見限って出ていった、ということになってたそうです」

刑事は躊躇《ちゅうちょ》なく、いった。

「だれもそれを疑わなかったそうです。ラーキンは働き者だったようですが、なにしろ夜女房を連れてどこかへ遊びにいくなんてことが一度もなかったそうで、土曜日でさえそうだったといいます。だから女房もベビーシッターなんかできたわけですよ。それで夫婦はよく喧嘩をしたそうです。それに女房のほうは遊び好きで、少々浮わついたところがあったんですね。とにかく、女房が荷物をまとめて出ていったという噂を聞いても近所の者はだれも驚かず、女たちのなかには、もっと女房を可愛がってやらないからいけないんだ、あれじゃ棄てられて当然だという者もいたそうです。そういうわけで、みんな何も疑わなかったんですね。

女房に逃げられたあとラーキンはますます自分に閉じこもるようになり、めったに外出もせず、身の回りや家のことにもまったくかまわなくなったようです。近所の連中が、下町なんかでよくやるように、世話を焼こうとして声をかけても、まるで相手にしないというありさまで、しまいにはみんなサジを投げて、いっさいかまわなくなりました。その後二、三年してラーキンは商店をクビになって夜警の仕事につき、暗くなってから家を出て、日の出前に帰ってくるという生活をはじめました。玄関のドアは、夜は外に出ているし昼間は眠りたいからというわけで四六時中、カギをかけてたそうです。自分でそういったというんです。で、まあ、そういう生活をしながら一方じゃ、ペットを飼いはじめたんですね。初めは裏庭に小屋を作って、白イタチを飼ってたんですが、そのうちそいつに逃げられてしまい、次に鳩を飼ったところ、これもどこかへ飛んでいったか撃たれたかして、いなくなってしまった。で、最後に鶏を飼い出して、これはここ十年ずっとあそこにいたそうです。

教区の神父だった人も、このモーラン夫人の記憶をほぼ肯定しました。ラーキンの女房はイギリス人だったんですが、カトリックで、教会へは熱心にかよってたそうです。懺悔《ざんげ》も定期的にやっています。それが一九六三年の八月に突如として失踪《しっそう》しました。街の連中はほとんど、あれは男をつくって駆け落ちしたんだと噂しあったそうですが、バーン神父もそれを疑わなかったといってます。現役をはなれているとはいえ神父ですから、懺悔の内容は明かしてくれませんでしたが、その噂を疑わなかったとまではいってくれたんです。女房の失踪後、神父はラーキンの家へ二、三度行《い》ったそうですが、やっこさん、教会とはまったく縁のない男で、精神的な慰めなんて要らんといって相手にしなかったそうです。そしていなくなった女房のことを売女《ばいた》呼ばわりしたそうですよ」

「うなずけることばかりだな」

考えこみながら、ハンレーはいった。

「おそらく女房が駆け落ちしようと思いはじめたころ、やつがそのことに気づいて、暴力をふるったんだろう。まあ、よくあることだよ」

郵便配達の話は、右の二人の証言とほぼ同じで、新しくつけくわえることはほとんどなかった。彼は地元の人間で、地元の酒場によく顔を出していた。ラーキンのカミさんも土曜日の夜など、一杯ひっかけによくきていて、ある年の夏などその酒場で女給として働いたこともあったが、亭主にすぐやめさせられたという。郵便配達の記憶によると、彼女はラーキンよりはるかに若く、陽気で活発な女だったが、それだけに浮気っぽいところが多分にあったようだ。

「特徴は？」

と、ハンレーは訊いた。

「背は低くて、五フィート三インチぐらい。身体は太めで、丸々としてたようです。髪は黒に近い縮《ちぢ》れっ毛。よく笑ったそうです。胸が大きかったらしいですね。これは郵便配達に聞いたんですが、以前よくあったビールのポンプ、あの旧式のポンプから彼女がビールをジョッキに注ぐときの恰好は、ちょいとした見ものだったそうですよ。でも、ラーキンは、そのことを知って怒り狂い、酒場へ乗りこんできて、女房を引きずって帰ったそうです。女房が家を出たのか消えたのか、とにかく姿を消したのは、そのすぐあとだったということです」

ハンレーは立ち上がって、伸びをした。時刻は夜中の十二時に近かった。彼は若い刑事の肩に手をのせて、いった。

「今夜はもう遅いから、帰ってくれ。報告書を文字にするのは明日の朝でいいから」

最後に戻ってきたのは、現場検証をとりしきっていた警部だった。

「だめですね」

と、彼はハンレーに報告した。

「レンガをひとつ残らずひっぱがしたんですが、役に立ちそうなものは何も出ませんでした」

「それじゃ、こっちの知りたいことは、あの女の死体に聞くしかないな。ラーキンからじかに聞き出す手もあるが」

「やっこさん、しゃべりましたか？」

「いや、まだだ。でも、いずれはしゃべるさ。みんな結局最後にはしゃべるんだ」

警部も家へ帰っていった。ハンレーは細君に電話をかけて、今夜は署に泊るからと断わった。そして十二時すぎに留置場へいってみた。

老人はまだ起きていた。ベッドの端に腰をかけて、向かいの壁をみつめている。ハンレーはそばにいた警官に顎をしゃくり、三人は調べ室へ移動した。警官が隅にすわってノートを構えた。ハンレーは老人に向かって、尋問に際しての注意を読み聞かせた。

「ハーバート・ジェームズ・ラーキン、あなたは尋問に際して、しゃべりたくなければしゃべらなくてもいい。しかし、しゃべったことは記録され、証拠として使われる場合がある」

それから彼は老人と向かいあってすわった。

「十五年になるね、ラーキンさん。ああいうものといっしょにひとつ屋根の下で暮らしたんだ、ずいぶん長い歳月に思われたことだろう。たしか一九六三年の八月だったな？ 近所の人が憶えてるんだ。神父さんもね。郵便配達でさえちゃんと記憶してるよ。どうだね、話してくれないかな」

老人は目を上げて、数瞬の間、ハンレーの眼差をとらえたが、すぐまた視線をテーブルに落とした。何もいわなかった。ハンレーはそうやって明け方近くまで頑張った。ラーキンは疲れたそぶりさえ見せなかった。隅に控えている警官のほうがだらしなくて、欠伸《あくび》を連発していた。ハンレーは、ラーキンが夜警だったことを思い出した。昼間より夜起きていることのほうが多かったのだろう。

霜のこびりついた調べ室の窓から、曙《あけぼの》を告げる灰色の光が射しはじめたころ、ハンレーはやっと腰を上げた。

「まあ、好きにするがいいさ」

と、彼はいった。

「あんたがしゃべらなくても、バイオレットがしゃべってくれるよ。おかしな話だろう、エ？　壁の中の墓から、十五年ぶりに、しゃべってくれるんだから。これから二、三時間後に、病理学の先生を相手にね。先生の研究室で、どうやって殺されたのか、それがいつのことか、をしゃべるんだ。場合によっちゃ、なぜ、という理由まで。そうしたらわたしはまたここへ戻ってきて、あんたを告発するよ」

ハンレーは容易なことでは怒らないほうだが、老人の沈黙にはさすがに苛立《いらだ》ちはじめていた。ほとんどしゃべらないというのならまだしも、まるきりひとこともしゃべらず、あの奇怪な表情をたたえた目で、ただじっとハンレーをみつめるだけなのだ。あの表情は何だろう、とハンレーは自分にたずねた。怯《おび》え？　ハンレーに対する恐怖？　良心の呵責《かしやく》？　解放感？　殺人者はしばしば解放感を味わうものだが、そういうときはふつう何もかもしゃべってしまう。嘲《あざけ》り？　いや、嘲りの類《たぐい》ではない。ご当人はもうぎりぎりのところまで追いつめられているのだ。

ようやく立ち上がったハンレーは、大きな手で顎の無精髭《ぶしようひげ》をこすって、オフィスへ帰った。ラーキンは留置場へ戻された。

夜明けの警視殿はそれから三時間、椅子にのけぞるように身を預けて両足を前に投げ出し、大きくいびきをかきながら仮眠をとった。そして午前八時には早くも目を覚まし、洗面所へいって顔を洗い、髭をそった。八時半に出勤してきた二人の若い見習い巡査は、署長を見て飛び上がり、呆気《あつけ》にとられている彼を尻目に、寝ぼけ眼で仕事にとりかかった。午前九時、朝食をすませた彼は、山のように溜まっている書類と早くも格闘を開始していた。そして九時半、建設業者の現場監督から仕事にかかっていいかという問い合わせの電話がはいった。ハンレーはしばらく考えてから、

「いいだろう。フェンスで囲い込んで、コンクリートをうってくれ」

それから二十分後に、こんどはマッカーシー教授から電話がかかってきた。

「やっと手足が伸びたよ」

先生は上機嫌だった。

「皮膚もメスがとおるくらい柔らかくなってね。今、薬液から出して乾かしているところだ。一時間もすれば仕事をはじめられる」

「いつレポートをいただけますか？」

「レポートにつく形容詞によるね。公式のレポートなら二、三日待ってもらわなきゃいかん。非公式のやつでもいいというのなら、昼食後にでも、それまでにわかったことを教えるよ。すくなくとも死因ぐらいはね。首のまわりの筋はやはり索条溝だったよ。きのう見たときにもそう思ったんだが、ナイロンのストッキングで絞めたんだね」

病理学者は、二時半までにストア街の死体公示所からハンレーのオフィスへ出向いてきてくれることになった。

その後、午前中はだれからも連絡がなく、正午になってドーキンス少佐が電話をかけてきた。

「運がよかった」

と、武官はいった。

「国防省の記録保管所に旧友がいることがわかりましてな、最優先で調べてくれたのです」

「そりゃどうも。さっそくですが、メモをとりますので、お願いします」

「記録といってもわりあい単純なものなんですが、わたしたちがきのう推定したことをはっきり裏付けてくれましたよ」

あんたが推定したことだ、と、ハンレーは心の中でひとりごちた。イギリス人ってやつは、見えすいた儀礼を使うからつきあいにくい。

「兵卒ハーバート・ジェームズ・ラーキンは、一九四〇年十月、ダブリンからフェリーでリバプールに到着、陸軍に志願。ヨークシャー州のキャタリック基地で基礎訓練を受けた後、竜騎兵連隊に配属となり、一九四一年三月、輸送船でエジプトに送られ、同連隊に合流。彼が伍長にもなれなかったのは、その後に起こったことが原因となっています」

「その原因っていうのは？」

「捕虜《ほりょ》になったのです。その年の秋、ロンメルが仕掛けた大攻勢で、ドイツ軍に捕われたんですな。そして終戦間際まで、第三帝国の東端、シレジアの地にある捕虜収容所で、農業労働者として使役《しえき》されました。そして一九四四年十月、ロシア軍によって解放され、翌年四月に帰還しています。戦争が終わったのが五月ですから、やっとそれに間に合ったわけですな」

「結婚について何かわかりましたか？」

「もちろん」

ドーキンス少佐はいった。

「まだ隊にいるときに結婚しましたから、軍には当然、それについての記録があります。一九四五年十一月十四日、北ロンドン、エドモントンにあるセイント・メリー・セイビア・カトリック教会で結婚。花嫁はバイオレット・メリー・スミス。ホテルの客室係で、そのとき十七歳です。彼はその後、あなたもご存じのように、一九四六年一月に名誉除隊となり、一九五四年までエドモントンに留まって、商店に勤めていました。軍の記録にのっている最後の住所は、従って、その当時のものですな」

ハンレーはドーキンスにたっぷり礼をいって、電話を切った。ラーキンは、三十五歳になろうというときに、十七の娘と結婚したのだ。だから二人がメイヨウ通りに移転してきたとき、女房はまだ生きのいい二十六歳で、ラーキンのほうはかなりくたびれた四十三歳だったはずである。そして女房は、一九六三年八月に死んだときには三十五歳の女盛りで、セクシーな魅力に満ちあふれていただろうし、亭主はクソ面白くもない偏屈《へんくつ》になりはてていたことだろう。そう、この余りにもちがいすぎる取り合わせが、問題の因になったといえるのではないだろうか。ハンレーはマッカーシー教授が来るのを今かいまかといらいらしながら待ちつづけた。

おもしろい本、
おさがしですか。
ェア

天野喜孝
美樹本晴彦
安彦良和
幡池裕行
出渕 裕

…戦

…彦良和　420円

魔　宴
イラストレーター　加藤俊章　420円

…悲歌　アルスラーン戦記③
田中芳樹
イラストレーター　天野喜孝
8月末刊

★そしてゾンビがやって来る　美苑学院ホラークラブ①
竹河　聖
イラストレーター　内田美智子
490円

★バンドネオンの豹《ジャガー》①地底王国の冒険
高橋克彦
イラストレーター　横山　宏
8月末刊

★竹取物語
星　新一訳
イラストレーター　和田　誠
300円

★は書下し、○はオリジナル文庫。

書下し
オリジナル

## 既　刊

魔界水滸伝①～⑤……栗本　薫　①～③490円　④・⑤460円
リモコン・パパ……岬　兄悟　420円
わたしがママよ……岬　兄悟　420円
バックサイド・ハンター！……岬　兄悟　460円
ポップコーンLOVE……岬　兄悟　420円
悪夢喰らい……夢枕　獏　380円
半　獣　神……夢枕　獏　300円
お前が悪い！……火浦　功　380円
大熱血。未来放浪ガルディーン①……火浦　功　460円
ハードボイルドで行こう……火浦　功　420円
快盗戦士T・T……斉藤英一朗　380円
盗賊！T・Tを追え……斉藤英一朗　380円
T・T過去からの殺し屋……斉藤英一朗　380円

ウィンダリア―童話めいた戦史―……藤川桂介　380円
宇宙皇子①～④……藤川桂介　①～③460円　④490円
叛逆王ユニカ……井沢元彦　460円
ドラゴンバスター……井沢元彦　340円
邪神復活……井沢元彦　460円
淫　魔　宴……菊地秀行　380円
王都炎上　アルスラーン戦記①……田中芳樹　380円
王子二人　アルスラーン戦記②……田中芳樹　380円
ガル・フォース　赤い悪魔のサンバ……富田祐弘　460円
処女少女マンガ家の念力……大原まり子　380円
神々の血脈　第1話　末裔たちの邂逅　西谷　史　380円

角川書店
〒102　東京都千代田区富士見2-13-3
☎03(238)8521(営)
振替東京3-195208

# 角川文庫

嘱託病理学者は約束をきちんと守るお人で、二時半にはもうハンレーのデスクの前で椅子にすわっていた。そしてパイプを出して悠然《ゆうぜん》とタバコを詰めはじめた。

「仕事場は禁煙でね」

と、彼は一応、弁解してみせた。

「でも、こいつは身体にしみついた消毒液の臭いを消してくれるんでね。むしろ感謝してもらいたいくらいだよ」

それから彼はご満悦のていでパイプを吹かし、

「解剖の結果だが、お望みどおりの結論が出たよ」

と、さらりといってのけた。

「あれは疑いもなく他殺だ。ナイロンのストッキングを使って首を絞め、窒息させたのだ。そのときのショックも死因の一部になったと考えられる。ここにある舌骨が――」

教授は顎と喉仏の間を指さした。

「三か所で折れている。死亡前に、頭部に打撃がくわえられて頭皮が裂傷を負っているが、これは死因じゃない。おそらく、その一撃で被害者は意識朦朧《もうろう》となり、抵抗力を失って絞殺されたのだろう」

ハンレーは椅子に背をもたせて、

「さすがに先生ですね。死亡した年はわかりますか？」

「そうそう」

教授はアタッシェケースに手を伸ばし、

「きみにプレゼントがあるんだ」

といいながら、ポリエチレンの袋を取り出した。その中には縦が六インチ横が四インチばかりの黄色に褪《あ》せた新聞の切れ端らしきものがはいっていた。

「頭部の裂傷から出血があったにちがいない。犯人は、じゅうたんが汚れるのを防ぐために、傷口を紙で覆ったのだろうね。そうしておいて、第二の壁の向こうに秘密牢をつくったというわけだ。しかし、幸いにも、傷口を覆ったのがある日刊紙の一部で、発行年月日がまだ消えずに残っているんだ」

ハンレーはポリエチレンの袋を受け取り、読書用のスタンドと拡大鏡の助けを借りて、透明な袋の外から、その新聞の切れ端を調べはじめた。やがて彼はさっと身体を起こして、

「こいつは、古新聞だったんですよ」

「ずいぶん古いものだよ」

「そりゃ古いでしょう、傷口を包むのに使われたときにはすでにもう古新聞だったんですから」

ハンレーは自説を譲《ゆず》らなかった。マッカーシーは肩をすくめて、

「そういうこともありうるだろうな」

と、妥協した。

「なにしろ相手はミイラだからね、死亡した年月を正確に割り出すなんてことはとてもで

きない。推定できるだけでね」

ハンレーは緊張を解いて、

「わたしもそれをいいたかったんです」

と、ホッとしたようにいった。

「ラーキンは、簞笥《たんす》か戸棚の中に敷いてあって、何年も手つかずになっていた新聞を取り出したにちがいありませんよ。だから発行年月日が、一九四三年三月十三日になってるんです」

「あの死体も、じつは、同じくらい古いんだよ」

と、マッカーシーがいった。

「わたしは死亡年を一九四一年から一九四五年までの間だと踏んでいる。たぶん、この新聞が発行されてから数週間以内のことだろうね」

ハンレーは長い間、きびしい表情で、教授を凝視した。

「バイオレット・メリー・ラーキンが死んだのは、一九六三年の八月です」

マッカーシーは彼の視線を静かに受けとめながら、パイプに煙草を詰めなおした。そして穏やかな声音で、

「どうも話が食い違っているようだね」

「わたしは死体公示所へいってる例の死体のことを話してるんです」

「わたしもそうだよ」

「ラーキンは一九五四年に女房を連れてロンドンから引き揚げてきました」

慎重な口調で、ハンレーはいった。

「夫婦はメイヨウ通り三十八番地の家を、前の所有者でそこに住んでいた人の死後、買い取りました。女房のバイオレットは、九年後の一九六三年八月に、亭主を棄てて出奔《しゅっぽん》したことになっていました。そして昨日、その家を取り壊し中に、偽装のために造った壁の向こう側で、死体となって発見されたのです」

「ラーキンとバイオレットが夫婦としていつからいつまであの家にいたのか、その点についてきみは何もいってくれなかった」

マッカーシーのいうとおりだった。

「きみはただ事実上ミイラ化した死体を病理学的に検査してくれと頼んだだけだ。だから、わたしはその検査をやったのだ」

「あの死体はミイラ化してます」

ハンレーは食い下がった。

「死体があういう状態ですから、死亡した年を推定するにしても、そうとう広い幅があると思いますが」

「二十年もの違いは出ないよ」

マッカーシーは穏やかにいった。

「あの死体からは一九五四年以後も生きていたという証拠は何ひとつ発見されなかった。

内臓を調べたら一目瞭然《いちもくりょうぜん》だよ。もちろん、ナイロンのストッキングは分析できる。新聞も然りだ。ただまあきみのいうように、両方とも使われたときにはすでに二十年たっていた、ということもありうるとは思うよ。でもねえ、頭髪、爪、臓器といったものには、そういうことはありえないんだ」

ハンレーは、目ざめながら悪夢を見ているような気がした。そう、あのときも、一九五一年、最後のトリプル・クラウンの最終戦、彼は巨体にものをいわせてイギリス・チームのディフェンスを突き破りながら、ゴールラインめざして突進していった。そして、あと数歩というところで、ボールが手からこぼれはじめた。勢いに乗じてトライを敢行したが、手はボールを保持できなかった……

ハッと彼は自分を取り戻した。

「時間的にズレがありすぎるってことのほかに何かありますか？　あの死体は背の低い女のもので、約五フィート三インチだったでしょう」

マッカーシーはかぶりを振った。

「気の毒だが、骨ってやつは、たとえ三十五年間、レンガ壁の向こうに閉じ込められていても、伸び縮みはしないものなのだ。あの女性は身長が五フィート十インチから十一インチで、骨ばった身体の持ち主だよ」

「髪は黒いでしょう、縮れていて？」

「赤茶色で、まっすぐの髪だ。まだ頭にくっついているよ」

「死亡時の年齢は三十五くらいでしょう？」

「いや、五十はゆうに越してるね。そして経産婦《けいさんぷ》だ。二人、生んでるよ。二回目のときに、膣口に裂傷を負って縫合《ほうごう》手術をしている」

「するとなんですか――」

と、ハンレーは訊いた。

「一九五四年からバイオレットが家出するまでは夫婦ともども、その後十五年間はラーキンが一人で、居間の壁に閉じ込められた死体といっしょに暮らしたとおっしゃるんですか？」

「そうにちがいないじゃないか。死体ってやつはああいう温暖な環境下にあると短時間でミイラ化するものでね、ミイラになると死臭を発しないのだ。あの死体は、わたしの推定するように一九四三年に殺された女性のものだとすれば、ラーキン夫婦が引っ越してきた一九五四年までにすでに、昨日発見されたのと同じ状態になっていたと思われる。ところで、ラーキンは、一九四三年には、どこにいたんだね？」

「シレジアの捕虜収容所です」

「とすると――」

教授は立ち上がりながら、いった。

「あの女性を殺して、暖炉のそばに閉じ込めたのは、ラーキンじゃない。じゃ犯人はだれなんだろう？」

ハンレーは内線電話をつかんで、刑事部屋を呼び出した。聞き込みに歩いた例の若い刑事が電話に出た。

「ちょっと訊くが」

ハンレーは慎重な口調でいった。

「メイヨウ通りのあの家に、一九五四年に死ぬまで住んでたという元の所有者は、何という男だ？」

「知りません」

「どれくらいの期間、住んでいたんだ？」

「メモにはとらなかったんですが、話に聞いたところでは、前の住人は三十年、あそこにいたそうです。寡男《やもめ》だったようです」

「そのはずだよ」

ハンレーは唸《うな》るように、いった。

「名前は？」

一瞬の沈黙があった。

「訊くのを忘れました」

それから二時間後、老人は、玄関には新聞記者が張り込んでいる恐れがあるというので、裏口から釈放された。こんどは護送のパトカーがいなかった。ポケットには市営ホステルの所番地を書いた紙がはいっていた。彼は相変わらず無言のまま足をひきずるようにして歩道を進み、ダイアモンドのみすぼらしい街路に消えていった。

メイヨウ通りでは、あの家があったために途切れていた金網のフェンスが今や完全につながり、駐車場をすっぽり囲い込んでいた。つい前日まで家と庭があったところでは、跡を埋めたコンクリートが早くもほとんど乾いていた。しだいにたちこめてくる夕闇のなかで、現場監督が二人の作業員と共に、コンクリートの上を歩きまわっていた。ときおり彼は、鉄をかぶせた作業靴の踵《かかと》で、コンクリートの表面を蹴りつけた。

「だいたい乾いたな。親父さんは夜までにアスファルトを敷いてもらいたいといってるんだ」

通りの反対側に広がる瓦礫の原っぱでは、手摺、階段、屋根や天井の梁、戸棚、窓枠やドア、板囲いの残り、古い外便所、鶏小屋といったガラクタの山が勢いよく燃えていた。その火が明るくあたりを照らしているのに、作業員たちは、フェンスの金網を通して自分たちのほうをみつめている老いぼれた男の姿に、だれひとり気づかなかった。

新しく長方形に敷きつめたコンクリートの上を歩きまわって検査をおえた現場監督は、そのいちばん奥、かつて裏庭の端を囲っていた板塀のあったところまできて、フッと足許をみつめた。

「何だ、こりゃ？　ここんとこは新しくうったコンクリートじゃないぞ。古いよ、こいつは」

彼が指し示した箇所には、幅が六フィート、奥行きが二フィートほどの古いコンクリート板が露出していた。

「そこは鶏小屋の床だったんですよ」

この朝、生コンを流した作業員がいった。

「新しいのをかぶせなかったんだな」

「そうです。上に新しく流すとそこだけ高くなっちまうでしょう。コブみたいに盛り上がってみっともないスよ」

「ここがもしも沈んだりしたら、親父にやり直しをさせられたうえに、給料をさっ引かれるぞ」

現場監督は不機嫌な声でいった。そして近くにあった、先端の尖ったバールを持ってきて頭上に大きく振りかぶり、古いコンクリートの上に先端を叩きつけた。バールは跳ね返された。現場監督は唸り声をあげて、

「これぐらい固けりゃいいだろう」

と、納得した。そして待機しているブルドーザーのほうを向いて、手招きをした。

「よし、やってくれ、マイケル」

ブルドーザーのブレードが、湯気を立てているアスファルトの山に背後から近づいて、押しはじめた。熱い山は、柔らかく湿った砂糖のように崩れながら、長方形に広がったコンクリート敷きのほうへ移動していった。アスファルトが平らにかきならされるにつれて、そこはたちまち灰色から黒に塗りつぶされていった。そして、延展機《えんてんき》の背後で待機していたロー

ラーが最後の仕上げをした。最後の光が空から消えたころ、作業員は全員、引き揚げていった。駐車場はついに完成したのである。

金網の外で、老人はゆっくりと身体を回し、足をひきずりながら歩き出した。彼は何もいわなかった。ついにひとこともしゃべらなかった。しかし、このとき初めて、微笑を浮かべた。それは心からの安堵《あんど》を示す長い、しあわせそうな微笑だった。

# アイルランドに蛇はいない

仕事がほしいというその新顔を、マッキーンは不審の念を面ににじませながら、デスク越しに見やった。これまでその類の人間を雇ったことがないのである。しかし、マッキーンはもともと冷淡な男ではないし、その若者が金を必要とし、そのために働きたいというのであれば、チャンスをあたえるのにやぶさかでなかった。

「きつい仕事だが、わかってるんだろうね？」

彼はベルファスト訛《なまり》むき出しで訊いた。

「はい、わかってます」

と、求職の若者が答えた。

「だいたいが勝負の早い仕事でね。働き手によけいな質問をしたり、罰則で縛《しば》ったりはしないが、日雇いが原則だ。日雇いってのがどういうことかわかってるかね？」

「いいえ」

「それはつまり、賃金は高いが、現金で払うってことだ。役所《おかみ》とはいっさいかかわりがない。わかるかな？」

つまり、源泉所得税も国民健康保険料も差っ引かれないということである。そのかわり、マッキーンは説明しなかったが、健康保険の適用は受けられないし、政府の定めた健康安全基準も無視される。要するに、無税の金が手っ取りばやく稼げるということで、もちろんマッキーンは請負人《うけおいにん》としてたんまりとピンハネする仕掛けになっている。若い求職者は〝わかった〟とうなずいたが、実際は何もわかっていなかった。マッキーンは試すような目つきで改めて相手をみつめた。

「ロイヤル・ビクトリア大学で医学を勉強している最高学年の学生だといったね?」

医学生はうなずいた。

「いま夏休みなんだって?」

またも相手はうなずいた。医学部を卒業するのに奨学金だけでは足りないので、不足分をアルバイトで稼ぎたいというわけである。マッキーンはバンゴー(ベルファスト近くの沿岸都市)に薄よごれたオフィスをかまえて、もぐりの家屋解体業を営んでいる。資産といえるものはポンコツのトラック一台と中古の大ハンマーが一山だけというしがない請負師なのだが、だれの世話にもならぬ自助自立、叩き上げの人間を自認し、当然のことにアルスター・プロテスタントの勤労倫理を全面的に支持している。勤労を徳とする人間に出会えば、相手が何者であろうと、むげに拒否するはずがない。

「じゃ働いてもらおうか」

と、彼はいった。

「さっそくこのバンゴーで下宿を捜したほうがいいな。ベルファストから通ったんじゃ仕事の間に合わない。朝の七時から日の暮れまで、たっぷり働いてもらうからね。時間給で、きつい仕事だが率はいいよ。ただし、ひとことでも役所にしゃべったら、シャベルにのっけたクソみたいに、さっさと放り出す」

「わかってます。いつから働かせてもらえますか？」

「毎朝六時半に中央駅の駅前広場までトラックが人夫を迎えにいくことになってる。月曜日の朝、その時間にそこまできてくれ。人夫頭《にんぷがしら》はビッグ・ビリー・キャメロンって男だ。あんたのことはちゃんと伝えておくから」

「よろしくお願いします、マッキーンさん」

医学生は席を立とうとした。

「最後にもうひとつ」

と、マッキーンは鉛筆を宙に浮かせて、いった。

「名前はなんていうんだね？」

「ハーキシャン・ラム・ラルです」

マッキーンは手に持った鉛筆と前に置いた名簿と医学生を交互に見やった。

「じゃラムと呼ぶことにしよう」

そういって請負師は名簿に〝ラム〟と書きくわえた。

医学生は、北アイルランドはダウン郡の北岸に位置するバンゴーの、明るい七月の陽光のなかへ出ていった。

バンゴー市のレイルウェー・ビュー・ストリートには、安宿や下宿屋が蝟集《いしゅう》している。貧乏医学生のラム・ラルは、土曜日の夕刻、その通りの中ほどにある薄汚い下宿屋の安い一室にようやく身を落ち着けた。みすぼらしい仮のねぐらではあるが、毎朝、日の出直後にトラックが迎えにやってくる中央駅に近いという取《と》り柄《え》が、すくなくとも、あった。煤《すす》けた窓から、土盛りした線路の土手が見えた。その線路を伝って、ベルファストからの列車が駅に進入してくるのだ。

その部屋を見つけるまでに、ラム・ラルは数軒の宿屋や下宿屋をたずね歩いた。窓に〝朝食つきの部屋あり〟という貼り紙をした宿屋や下宿屋の大半は、彼が玄関先に姿をあらわしたとたんに、満室になってしまった。もっとも、夏も盛りのこの時期、季節労働者が大量に流れこんできているという事情もあるにはあった。最後に行き当たったのがマクガーク夫人の下宿屋で、女将《おかみ》がカトリック教徒ということで、部屋がまだ幾つか空いていたのである。ラム・ラルは、日曜日の朝、ベルファストから持ち物を運びこんだ。ほとんどが医学の教科書類であった。そして、午後、ひとりベッドに横たわった彼は、故郷パンジャブ（インド北西部）の赤茶けた丘陵に降りそそぐ、ぎらぎらと強い陽光に想いをはせた。あと一年すれば医者の資格がとれる。そしてさらに一年、インターン生として修業を積んだあと、故郷に帰って同胞《どうほう》のために働く――それが彼の夢であった。その夢を実現するために、この夏、最終学年をおえるのに必要な金を稼ぐつもりなのだ。卒業さえすれば、あとはサラリーをもらう身分になれるのである。

月曜日の朝、彼は目覚時計の助けをかりて六時十五分前に起き、冷水で顔と身体を洗い、六時をすぎたばかりの時刻には早くも駅前広場に着いていた。少しばかり時間の余裕があったので、早朝から店を開けているカフェにはいって、ブラックティーを二杯飲んだ。それで夜までもたそうというのだ。人夫の一人が運転するポンコツ・トラックが到着したのは六時十五分で、一ダースほどの人夫がその傍に集まった。ハーキシャン・ラム・ラルは、その連中のところへいって自己紹介すべきか、それとも距離をおいて待っているべきか、どちらとも判断がつきかねた。が、結局、そのまま待つことにした。

六時二十五分になって、現場監督の人夫頭が自分の車でやってきて、それを脇道に駐車させると、のっそりとトラックに歩み寄った。マッキーンに渡された名簿を手に持っていた。彼は人夫たちをさっと見渡し、顔ぶれがそろっているのを確かめてうなずいた。このとき、インド人医学生が近づいてきた。現場監督はにらみつけるような眼光で彼を見すえて、

「新しく雇われた黒ん坊ってのはおまえか？」

と、訊いた。

ラム・ラルは途中で立ち止まった。

「ハーキシャン・ラム・ラルです。よろしく」

ビリー・キャメロンがどうして〝ビッグ〟という形容詞をつけて呼ばれるようになったのか、それは彼の身体を見れば一目瞭然だった。なにしろ背丈が六フィート三インチ（約一メートル九十センチ）もある巨漢なのだ。しかも裏に鋲《びょう》をうち爪先を鋼板で覆った防護靴をはいている。そしてごつい肩から丸太棒みたいな腕がぶら下がり、頭には燃えるような赤毛をいただいている。その頭髪よりも色の薄いまつげにおおわれたやや小ぶりの両の目が、痩せて筋ばったイ

ンド人をにらみすえた。いかにも気にくわんという様子だった。彼はペッと地面に唾《つば》を吐き棄てると、

「さっさとトラックに乗れ」

現場へ向かうトラックの中で、キャメロンは運転台に上がって助手席にすわったが、このトラックは運転台と荷台との間に仕切りがなく、十二人の人夫たちは荷台の両側にとりつけてある木のベンチに腰をかけていた。ラム・ラルは新顔らしく遠慮して荷台の後板のわきにすわった。隣は明るい青い目をした小柄だが芯《しん》の強そうな男で、名前は、後でわかったのだが、トミー・バーンズ。この男はどうやら友好的だった。

「おまえさん、どこの出だい？」

と、好奇心まるだしで彼はたずねた。

「インドです。パンジャブです」

「どっちだい？」

ラム・ラルは苦笑した。

「パンジャブはインドの一部ですよ」

バーンズはここで暫時、考えこんでいたが、やがて意を決したように、たずねた。

「で、プロテスタントなのか？　それともカトリックかい？」

「どちらでもありません」

と、ラム・ラルは辛抱強く答えた。

「ぼくはヒンズー教徒です」

「クリスチャンじゃねえってのかい？」

と、バーンズは呆《ぼう》けたように訊いた。

「そうです。ヒンズー教の信者なんです」

「おい、みんな」

と、バーンズは仲間たちに声をかけた。

「こちらさんはクリスチャンじゃねえんだってさ」

しかし、そのことでべつに怒っている様子はなかった。目新しい、面白そうな玩具に出くわした幼児のように、ただもう好奇心を燃やしているだけなのだ。

運転台からキャメロンが振り向いて、

「そうさ」

と、吠えるようにいった。

「異教徒だよ」

ラム・ラルの顔面に湛えられていた微笑が、この一言で、すうっと消えた。前方にあるキャンバスの幌《ほろ》に向けられた視線が凍りついたように動かなかった。トラックはすでにバンゴーを南に出はずれ、高速道路をニュートナーズへ向けて走っていた。しばらくして、バーンズが彼に仲間たちを紹介しはじめた。クレイグ、マンロー、パターソン、ボイドといった名前があった。ブラウンは二人いた。ラム・ラルはベルファストでの生活もかなりの年月になるので、これらの名前がもともとスコットランド系だということはすぐわかった。彼らこそ長老教会に属する熱烈な信者で、北アイルランド六州で多数派を形成するプロテスタントの中枢《ちゅうすう》なのである。人夫たちはみな愛想よく彼にうなずきかえした。

「あんたは弁当を持ってこなかったのか、若いの？」

パターソンという年長の男が訊いた。

「ええ」

と、ラム・ラルは答えた。

「時間が早かったもので、女将さんに頼めなかったんです」

「弁当なしじゃ困るぜ」

バーンズが横から、いった。

「どうせ朝メシも用意してないんだろう。メシ時にはおれたち自分で茶をいれて弁当をやらかすんだよ」

「明日はちゃんと弁当箱を買って、詰めてきます」

バーンズは、インド人のはいているラバーソールのやわなブーツに目をとめた。

「おまえさん、いままでこういう仕事をやったことがあんのかい？」

ラム・ラルはかぶりを振った。

「防護靴がなくちゃいけねえよ。足を守るために、さ」

ラム・ラルは、今夜町に帰って防護靴を売っている店がまだどこかで開いているようなら、ぜひ一足買うと約束した。トラックはニュートナーズを通り抜け、コンバーという小さな町に向かってA21号線を依然として南下していた。真向かいにすわっていたクレイグがラム・ラルのほうを向いて、たずねた。

「あんたのほんとうの仕事は何だい?」

「ベルファストにあるロイヤル・ビクトリア大学で医学を勉強しているんです」

と、ラム・ラルは答えた。

「来年卒業して資格をとる予定なんですが」

これを聞いてトミー・バーンズが喜んだ。

「そいじゃ本物の医者にあと一歩ってとこじゃねえか。おい、ビッグ・ビリー、だれかがけがでもしたときにゃ、ラムに診《み》てもらえるぜ」

ビッグ・ビリーは不機嫌な声で水を差した。

「おれには指一本さわらせせんよ」

それきり車内の会話は途絶《とだ》えてしまい、トラックが現場に着くまで気まずい沈黙がつづいた。運転手はコンバーの町を出たところで北西に進路をとり、ダンドナルド道路を二マイル走った地点で右折して細い脇道にはいり、樹林を抜けたところでようやく止まった。そこに解体を待つ建物があった。

それは垂直にそそり立つ長大な側壁をもつ古い大きなウイスキー蒸溜《じょうりゅう》工場で、長くうち棄てられたままになっていた。この地方にはこうした工場が二か所あって良質のアイリッシュ・ウイスキーを作り出していたのだが、二つとも、もうずいぶん以前に閉鎖になっていた。この工場は、ダンドナルドからコンバーを経てストラングファド湾にそそぐコンバー河の畔《ほとり》にあって、かつては河に設置した水車で動力を得ていた。モルトは樹林の中を延びる脇道を利用して馬車で運びこまれ、出来上がったウイスキーは同じように馬車で運び出された。動力源となった味水《うまみず》は大桶《バット》の中でも使われたものである。しかし、その盛んだった工場も、長い年月、空き家となって見棄てられてきたのだ。

もちろん、地元の子供たちが見逃すはずがなく、彼らの絶好の遊び場所になった。が、それもある日までのことで、子供の一人が誤って足を折るという事故があったために州議会が調査した結果、危険物と判定されて、所有者に対して解体命令が出されたのである。

その所有者は、かつて羽振りのよかった郷士《ごうし》の末裔《まつえい》で、解体工事を出来るだけ安くあげたいと考えた。そこでもぐりの解体屋マッキーンが登場したのである。大がかりな機械を使えば作業は速くすむが、それだけに金もかかる。ところが、ビッグ・ビリーとその配下は大ハンマーとかなてこですべてをやってのけるのだ。おまけに、マッキーンは、古材のうちまだ使えるものと、数百万トンにのぼる熟成したレンガを、請負い専門の建築業者に売り渡す約束をしていた。近ごろ金持ちのあいだでは、家を新築するとき〝粋〟を求めるのが流行《はやり》で、てっとりばやくいえば擬古趣味がもてはやされているのだ。それゆえ、財界人たちの新式の〝古式荘園風〟邸宅を飾るために、日にさらされて時代のついたレンガや古い梁材《はりざい》がプレミアムつきで売買されるというありさま。マッキーンは抜け目のない男なのだ。

トラックがバンゴーへ引き返していったところで、ビッグ・ビリーがいった。

「ここが現場だ。仕事は屋根瓦からはじめる。要領はわかってるな」

人夫たちは、積み上げた工具のわきに立っていた。重さ七ポンドのヘッドがついた大ハンマー、長さ六フィート、厚味が一インチ以上もあるかなてこ、湾曲した先端が二つに割れて釘の頭をはさむようになっている長さが一ヤードもある釘抜き、柄が短くて大きなヘッドのついたハンマー、それに各種のノコギリ。人夫たちの安全を守るための装備といえるのは、止め金のついた帯ひもと数百フィートのロープだけ。ラム・ラルは建物を見上げて、思わず息を呑んだ。それは四階の高さがあり、彼は高所が苦手なのだ。しかも、足場などという金のかかるものは、もちろん、つけるはずがない。

人夫の一人が、だれにいわれるまでもなく、さっさと建物に歩み寄って板戸をもぎとり、トランプでも裂くようにそれをバラバラにして、焚火《たきび》をはじめた。まもなく、湯わかしに入れた河の水がわきはじめ、茶の用意ができた。ラム・ラルをのぞいて人夫たちはみなエナメルのコップを持っていた。これも買わなくてはと、彼は脳裡《のうり》に記録した。喉《のど》の渇く、埃《ほこり》っぽい仕事なのだ。トミー・バーンズが飲み干したコップに茶を注ぎなおして彼に差し出した。

「じゃみんな」

そして、

「インドにも茶はあるのかい？」

と、たずねた。

ラム・ラルは差し出されたコップを受け取った。茶は甘ったるくて、白っぽく濁っていた。ラム・ラルはそれが嫌いだった。

午前中は屋根の上にあがりっぱなしで作業がつづいた。瓦は再利用しないので、下地から手で引き剝がして、河から離れたほうの地面に投げ落とした。がらくたで河の流れを妨げてはいけないという指示が出ているので、瓦や土はすべて、河とは反対側に投げ棄てなければならないのだ。そのあたりは一面にエニシダや、ハリエニシダといった雑草が深く生い茂っていた。男たちは、だれかが足を滑らせても他の者がそれを支えられるように、お互いの身体をロープでつないでいた。瓦がなくなるにつれて、たる木の間に大きな隙間が見えはじめた。そこから最上階の床がのぞけた。モルトの貯蔵庫として使われていたところである。

十時になって、彼らは、がたぴしする内部の階段を伝って下に降り、やかんで新しくまた茶をつくって、草の上で朝メシを食った。もちろん、用意のないラム・ラルは一人かやの外だった。午後二時に昼メシとなった。人夫たちは分厚いサンドイッチを重ねたやつにかぶりついた。とりのこされたラム・ラルは一人じっと自分の手を見た。切り傷が数か所あって、血がにじんでいた。身体中の筋肉が疼《うず》き、それ以上に胃の腑《ふ》がひもじさに熱くなっていた。彼はここでまた、防護手袋を買うこと、と心の中でメモをとった。

トミー・バーンズが弁当箱からサンドイッチをひとつ摑み出して、

「腹はへってないのか、ラム?」

と、訊いた。

「おれは食いきれねえほど持ってきてんだ」

「おまえ、何をやってるんだ？」

ビッグ・ビリーが向かい側から声をとばした。一同、火を囲んで車座になっているのだ。

バーンズはちょっと鼻白んで答えた。

「だから、この若《わか》い衆《しゅ》にサンドイッチをやろうってんだよ」

「てめえの食い物はてめえで持ってくりゃいいんだ」

と、キャメロンは険しい声でいった。

「よけいなことをするんじゃねえ」

人夫たちはみな弁当箱に目を落として、黙々と口をうごかした。ビッグ・ビリーにさからっても勝ち目はない。みなそれを知っているのだ。

「すみません、ぼくはべつにひもじくありませんから」

バーンズにそう断ると、ラム・ラルは火のそばを離れて河岸へいき、そこに腰をおろして、燃えるように痛む手を水にひたした。

日没時、トラックが迎えにきたときには、大きな屋根の瓦が半分なくなっていた。あと一日で瓦の撤去作業が終わると、次はたる木にとりかかる予定で、それはノコギリと釘抜きを使っての作業となる。

週日を通じて仕事はつづき、かつては威容を誇った建物も、たる木をはじめ床板や梁《はり》まで取り去られて、巨大な空洞《くうどう》と化してしまった。虚《うつ》ろな窓が、大きく見開いた眼のように、間近に迫った己の死をみつめていた。この種の重労働に慣れていなかったラム・ラルは、筋肉という筋肉が休みなく疼《うず》き、手はまめだらけになっていたが、ただもうがむしゃらに働きつづけた。それほど金が必要なのだ。

彼はブリキの弁当箱、エナメルのコップ、防護靴、そして防護手袋を買いそろえていた。ただし、防護手袋を使っているのは彼だけだった。ほかの連中は、長年の労働で掌《て》が固くなっているので、そんなものは必要ないのだ。仕事はじめの日から、ビッグ・ビリー・キャメロンは、目の仇のように、ラム・ラルをいびりつづけた。いつもいちばんきつい仕事を彼に命じ、高所恐怖症だとわかってからはいちばん高いところに追いやった。若いパンジャブ人は、金のために、歯をくいしばってそれに耐えた。そして、土曜日、破局が訪れた。

建物は木材部分がすべて撤去され、作業は石材部分に移っていた。建物は河と反対側に倒さねばならないのだが、最も簡単な方法は、空地に面した側壁の角に爆薬を仕掛けることである。しかし、ダイナマイトを使うことなど論外だった。北アイルランドでは、ダイナマイトの取得や使用に特別の許可が必要で、買えば当然、税務署にも知られてしまう。そうなるとマッキーンと人夫たちはばっちり所得税をとられるし、マッキーンの場合はさらに国民健康保険の保険料を徴収される。そういうわけで、彼らは、たわんだ床の上に危うく立っている壁を、ハンマーで叩き壊しながら、一ヤード四方くらいずつ、突き崩すという厄介な方法をとることになった。

昼食時、キャメロンは建物の周囲を二、三回まわって検分し、焚火のまわりに車座になってすわっている人夫たちのところへ戻ってきた。そして三階部分の外壁を適当な大きさに割って壊していく、そのやり方について説明をはじめた。まず彼はラム・ラルのほうを向いて、「おまえが上にあがってくれ。壁が動き出したら、その頭を外に向かって蹴りつけるんだ」

ラム・ラルは、問題になっている壁のその部分を見上げた。基部にそって大きな亀裂《きれつ》がはしっている。

「あのレンガ壁はいまにも倒れそうです」

と、彼は落ち着いた声音でいった。

「上に乗っかっている者はいっしょに落ちてしまいますよ」

キャメロンは彼をにらみつけた。顔面は紅潮し、眼球の白目が怒りでピンク色に変わっていた。

「そんなことはいわれなくてもわかってる。てめえはいわれたとおりにやればいいんだよ、薄汚い黒ん坊めが」

人夫頭はくるりと身体の向きを変えると、足音も荒くそこを離れた。

ラム・ラルはさっと立ち上がった。そして険しい声で人夫頭の後ろ姿に呼びかけた。

「ミスター・キャメロン……」

キャメロンはぎくりとして振り向いた。人夫たちはポカンと口を開けた。ラム・ラルはゆっくりと大男の人夫頭に歩み寄った。

「ひとつだけはっきりいっておきたいことがある」

決然とした声で彼はいった。そのひびきは人夫たちにも明瞭にわかった。

「ぼくはインド北部にあるパンジャブの出身だ。クシャトリアという戦士のカーストに属している。いまでこそぼくは医学を勉強する金に不自由しているが、二千年前、おまえの先祖がまだ素裸で地面を這いまわっているころ、ぼくの先祖たちは戦士や王族、支配者や学者だったのだ。これ以上、ぼくを侮辱《ぶじょく》するのはやめてくれ」

ビッグ・ビリー・キャメロンはインド人医学生をにらみつけた。白目は朱に染まっていた。人夫たちは愕《おどろ》きのあまり呆然《ぼうぜん》としていた。

「へえ、そうかい」

と、キャメロンは静かにいった。

「ごたいそうなこったな。ところが、いまはちょいとばかり事情がちがうんだ。口惜しかったら何とかしてみろ」

そういうなり彼は右手を振りまわした。大きく開いた掌がラム・ラルの横っ面に叩きつけられた。衝撃で若者の身体は数フィート先に吹っ飛ばされた。頭がガクンと垂れた。トミー・バーンズが大声で叫ぶのが聞こえた。

「そのままじっとしてろ、若い衆。起きたらビッグ・ビリーになぐり殺されるぞ」

ラム・ラルは陽光を見上げた。巨人は両の拳《こぶし》を固めて、大きく立ちはだかっていた。この大きなアルスター人を相手に戦っても勝ち目はないと彼は悟《さと》った。屈辱の思いに全身をゆさぶられた。彼の先祖たちは、剣と長槍を手に、北アイルランド六州の百倍もあろうかという大平原を馬で疾駆し、刃向かう敵をことごとく征服したのだ。

ラム・ラルは目を閉じて、じっとしていた。数秒後、巨漢の歩み去る音がした。人夫たちが小声でしゃべりはじめた。彼は両の目をさらにきつく閉じて、無念の涙を抑えた。闇のなかにパンジャブの焼けつきそうな平原と馬を駆る男たちの姿を彼は見た。誇り高く勇猛な男たち、鉤鼻《かぎばな》で黒い目をし、荒々しく髭《ひげ》をたくわえ、頭にターバンを巻いた、五つの河の地の戦士たちの姿を。

はるかな昔、世界の夜明け、マケドニアのイスケンデルは、熱い飢えた眼《まなこ》の部下たちを率いて、それらの平原を席捲《せっけん》した。大王と尊称された若き神アレクサンダー（イスケンデル）は、齢《よわい》二十五にして、もはや征服すべき土地がないといって涙したという。後にパンジャブの野を疾駆した勇猛な騎兵こそ、大王の部下たちの子孫であり、ハーキシャン・ラム・ラルの先祖なのだ。

倒れ伏したラム・ラルのそばを、彼ら戦士たちが駆け抜けていった。彼らは一様にラム・ラルのみじめな姿を馬上から見おろし、一様にひとつの言葉を彼に投げ与えた――復讐《ふくしゅう》。ラム・ラルは無言のうちに立ち上がった。屈辱をうけたなら、然るべく報いなければならない。それが彼の属する人々の掟《おきて》なのだ。この日、彼は終日、無言で作業をつづけた。だれにも話しかけず、だれもまた彼に話しかけなかった。

その日、夕刻、部屋に帰ったラム・ラルは、夜の闇が迫るなかで、準備にとりかかった。

まずがたぴしの化粧台からブラシと櫛《くし》を片づけ、ついで汚れた上置きの布をとり、鏡を台からはずした。ついで、ヒンズー教の聖典を取り出して、力と正義を司る偉大な女神シャクティの、一ページ大の肖像画を切り取った。そして、それを化粧台のすぐ上の壁にピンでとめて、そこを仮の神殿に仕立てた。

すでに花輪は用意してあった。中央駅の駅前にある花屋で一束の花を買い求めて、作ったものである。彼は女神の肖像画の片側に、砂を満たした鉢を置き、その中にロウソクを立てて火をつけた。次に、スーツケースから布袋を取り出し、中から線香を六本ほど抜き取った。そして本棚にあった首の細い安物の花びんにそれを差して、先端に火をつけた。香の甘ったるい刺激臭が部屋にひろがりはじめた。夜空には、大きな雷雲が海から近づいていた。

こうして神殿の用意をととのえたラム・ラルは、花輪を手にその前に立って頭を下げ、女神の導きを求めて祈りはじめた。最初の雷鳴がバンゴーの街に轟《とどろ》きわたった。ラム・ラルが祈りに使った言葉は現代のパンジャブ語ではなくて、古くからの祈りの言葉、サンスクリット語であった。

「デビ・シャクティ（女神シャクティ）……マアア（偉大なる母）……」

ふたたび雷鳴の音がして、最初の雨滴が落ちてきた。彼は花輪の花をひとつ摘み取って、シャクティの画の前に供えた。

「わたしは不当に虐待《ぎゃくたい》をうけました。虐待者に復讐を求めます……」

彼は二個目の花を摘んで、一個目のわきに供えた。

こうして彼の祈りは一時間にわたってつづけられた。その間に雨は本降りになった。それは頭上の瓦を叩き、背後の窓を伝って流れ落ちた。そして雷雨がおさまったとき、彼の祈りも終わった。彼はどのような形で報復を遂《と》げるかを知りたいと思い、女神に教示を乞うたのだ。

祈りが終わったときには線香も燃え尽き、その香りが室内に濃くたちこめていた。ロウソクは短くなっていた。女神の画の前、ラッカーニスを塗った化粧台の上には、花輪の花がひとつ残らず供えられていた。女神シャクティは無表情に彼に視線を返していた。

彼は神殿の前を離れ、背後の窓に歩み寄って外を見やった。すでに雨はやんでいたが、ガラス越しに見えるものはすべて濡れていた。と、窓の上方にある樋から水滴が漏れ落ち、それが汚れたガラスの上をついと滑って、汚れのなかに一筋の径《みち》をつくった。水滴は、埃のために真っすぐには伝い落ちず、蛇行《だこう》した。そして見守る彼の目を惹きつけながら、窓の片隅まで流れていった。ようやくそれが止まったとき、彼は、ドレシングガウンが釘に掛けてある部屋の一隅に向き直って、放心したようにそこをみつめた。

雷雨のあいだに、ガウンの紐が抜けて床に落ちていた。ちょうど蛇がとぐろを巻いたような形で、結び目のある一方の端は下になって見えないが、もう一方の端はカーペットの上に延びていた。その先端についている一ダースほどの房のうち、二本だけが、二叉《ふたまた》にわかれた舌のように突き出ていた。まさに、とぐろを巻いた蛇そのものであった。それを見てラム・ラルは女神の教示を読み取った。翌日、彼はシーク族の知人に会うため、汽車でベルファストへいった。

ランジト・シンは、やはり医学を学んでいる留学生であるが、彼とはちがって恵まれていた。両親が金持ちなので、たっぷり仕送りをうけているのだ。シンは借りているホステルの豪華な自室で彼を迎えた。

「じつは家から連絡があってね」

と、ラム・ラルはいった。

「父が死にかかっているらしいんだ」

「そいつは気の毒だな」

と、ランジト・シンはいった。

「同情するよ」

「それで、父がぼくに会いたいといってるんだ。ぼくは長男だしね、ぜひとも帰らなくちゃならないんだよ」

「そりゃもちろんだよ」

と、シンは相槌《あいづち》をうった。長男は必ず父親の臨終に立ち合わなければならないという掟があるのだ。

「問題は飛行機代なんだ」

と、ラム・ラルはいった。

「いまバイトをやって稼いでいるところなんだけど、手許にある金じゃ旅費がまかなえないんだよ。足りない分だけ貸してくれないか。帰ってきたらバイトの稼ぎできっと返すから」

シーク教徒は金銭感覚に富んでいて、利率がよくて返済が確実なら、喜んで金を貸す。ランジト・シンは、月曜日の朝、銀行から金をおろして貸してやると約束した。

この日、日曜日の夜、ラム・ラルはマッキーン氏をグルームスポートの自宅に訪問した。もぐりの家屋解体業者は、缶ビールをわきにすえて、テレビを見ていた。日曜日の夜の一時《ひととき》をそうやってすごすのが、お好みの流儀なのだ。それでも彼は、ラム・ラルが細君に案内されて姿をあらわしたのを見て、テレビの音量をしぼった。

「じつは、父のことなんですが」

と、ラム・ラルは切り出した。

「いま死にかけているんです」

「ほう、そいつは気の毒だな」

「それで、どうしても帰らなくちゃならないんです。父親の臨終の床に詰めるのは長男の義務でして、これは古くからの習慣なんです」

マッキーンにも息子が一人いるが、カナダへいったきりでもう七年も会っていない。

「なるほど」

と、彼は感心したようにいった。

「それはいいことだな」

「飛行機代はもう借りてあります。明日出発すれば、週末までには戻ってこられると思います。そこで、お願いなんですが、マッキーンさん、ぼくには今の仕事がこれまで以上に必要なんです。来学期の学費のほかに借金も返さなくちゃなりませんから。週末までに戻ってきたら、つづけて働かせてもらえませんか」

「いいだろう」

と、請負師はいった。

「ただし休んだ日の日当は払わんよ。それに休みが来週以降にずれこんだときは仕事は保証できん。しかしまあ週末までに戻ってきたら、これまでどおり働いてもらおう。同じ条件でな」

「ありがとうございます」

と、ラム・ラルはいった。

「ご親切、感謝します」

彼はレイルウェー・ビュー・ストリートの下宿屋の部屋をひきはらいはしなかったが、その夜はベルファストに借りているホステルの自室ですごした。そして月曜日の朝、ランジト・シンに同道して銀行へいった。シーク教徒はそこで必要な金を引き出してヒンズー教徒に貸し与えた。ラムはただちにタクシーでアルダーグローブ空港へいき、シャトル便でロンドンへ出ると、いちばん早く出るインド行きの便に乗るべくエコノミークラスの航空券を買った。そして二十四時間後、火ぶくれのできそうな熱暑のボンベイに着陸した。

水曜日、彼は捜し求めていたものを、グラント・ロード・ブリッジにある人混みのバザールでついに発見した。チャタジーなる人物が経営する〝熱帯魚及び爬虫類《はちゅうるい》専門〟商会の店内は、若い医学生が爬虫類に関する解説書を小脇にかかえてぶらぶらとはいっていったとき、他に客はほとんどいなかった。老齢の店主は薄暗い店の奥にひとりすわっていた。周囲には熱帯魚を入れた水槽や前面にガラスをはめた箱がずらりと並べてあった。箱の中では、蛇やトカゲが暑さにぐったりしたように居眠りをしている。

チャタジー氏は医学界ともまんざら無縁でなかった。数か所の医学センターに、研究や解剖用にサンプルを納めていたし、ときには海外からの注文にも応じてかなりもうけていた。彼は、医学生がこういうものがほしいと説明するのを聞きながら、白い髭《ひげ》をはやした顎《あご》を振ってしきりにうなずいていた。

「なるほど、わかりました」

と、グラジャト族の商人は、聞き終わって、いった。

「その蛇なら知ってますよ。しかし、あんたも運のいいお人だ。ちょうどいま一匹いるんですよ。ほんの二、三日前にラジプタナから入荷したばかりでしてな」

店主は自慢の聖所へラム・ラルを案内した。そして二人は無言で、ガラス越しに蛇の新居をじっとのぞいた。

〝エクヒス・カリナトゥス〟と解説書にはあったが、もちろんその本はイギリス人の著したもので、これはラテン語の学名である。わかりやすくいえば、鋸歯《きょし》状の鱗《うろこ》をした毒蛇で、毒蛇のなかでは最も小さく、最も危険な種類である。

この蛇は、解説書によると、西は西アフリカから北はイラン、東はインド、パキスタンまで、広大な地域に分布している。そして環境適応性がきわめて強く、西アフリカの高温多湿のブッシュにも、冬期イランの寒冷な高地にも、インドの焼けつくような丘陵にも適応できる。

箱の中に敷いた葉っぱの下で、何かが動いた。

解説書によると、体長九インチから十三インチで、きわめて細い。色はオリーブ・ブラウンで、淡い斑点がわずかにあるが、これはほとんど目立たない場合が多い。そして体の側面にやや色の濃い線が一本ずつはしっている。暑く乾燥した日には、熱気を避けて日陰で眠る。

箱の中でふたたび葉っぱがガサゴソと動き、小さな頭があらわれた。

解説書にはさらに、扱いはきわめて危険で、有名なコブラなどよりはるかに多くの死者を出している、とある。体が小さいために、つい不用意に手や足で触るからである。著者の脚注によれば、キプリングはそのすばらしい小説「リキ・ティキ・タビー」の中で例の小さな毒蛇に言及して、体長約二フィートのクライトだといっているが、あれはおそらくこの鋸歯鱗蛇であろうという。著者は偉大なキプリングの誤りをとらえて自慢したかったらしい。

箱の中で、二叉の黒い舌が、ガラス越しにのぞく二人のインド人に向かって、さっとはしった。

非常に機敏で苛立《いらだ》ちやすい、という言葉で、往年のイギリス人動物学者は〝エクヒス・カリナトゥス〃の章を閉じている。

何の前触れもなくいきなりさっと襲いかかるのだ。牙は、小さな二本の棘《とげ》のように、きわめて細く小さく、ほとんど目にはいらないくらいの傷しかあたえない。苦痛も感じないが、死はほとんど免《まぬが》れない。嚙まれた者はふつう二時間から四時間で死に至るが、この時間の差は被害者の体重や嚙まれたときとその後の体力によって左右される。死因は、例外なく、脳出血のかたちをとる。

「いくらで売ってくれます？」

と、ラム・ラルはささやくように訊いた。

グラジャト族の老人は大げさに両手を広げて、

「すばらしいやつですからな」

と、いかにも手放すのが惜しいというようにいった。

「しかもなかなか手にはいりません。五百ルピーはいただかないと」

ラム・ラルは値切りに値切って三百五十ルピーまで値を下げさせ、蛇を壜に入れて持ち去った。

ロンドンへの帰路にそなえて、ラム・ラルは葉巻を一箱買い求めて中身を棄て、蓋《ふた》に空気抜きの小さな穴を二十ほどあけた。小さな毒蛇は、食べ物なら一週間、水なら二、三日、なしでも平気だということを、彼は知っていた。微量の空気さえあれば生き延びることができるのだ。それで彼は葉巻の箱に葉っぱとタオルといっしょに蛇を入れ、シールをしなおして包装した。タオル地には空気が包まれているので、スーツケースの中にしまっても蛇は十分呼吸できるのである。

ショルダーバッグはすでに持っていたが、彼はさらに安い布製のスーツケースを買い、バザールの店で買った衣類を詰めこんで、その中ほどに葉巻の箱を隠した。そしてボンベイ空港へ向かってホテルを出発する数分前に初めて、スーツケースを閉めて、鍵をかけた。ロンドン行きの便に搭乗する際に、スーツケースはボーイングの荷物室に預けてしまった。検査をうけたのは機内に持ちこむショルダーバッグだけで、もちろん支障のあるようなものは何も入れていなかった。

インド航空のジェット機は、金曜日の朝、ロンドンのヒースロー空港に着陸した。ラム・ラルは、イギリスに入国しようとするインド人移民の長い列にくわわった。彼は留学生で移民ではないということを容易に証明できたので、あっさりと出入国管理のゲートを通過できた。そして手荷物引渡し用コンベヤーのところに着いたのは、最初の手荷物がようやくあらわれはじめたときで、二ダースと待たないうちに自分のスーツケースに再会できた。彼はすぐそれを持ってトイレにはいり、葉巻の箱を抜き取ってショルダーバッグに移した。

税関の〝申告無用〟チャンネルで一応待ったをかけられたが、調べられたのはスーツケースだけだった。係官はショルダーバッグにもちらりと目をやったがそのまま通してくれた。

そこから彼は連絡バスでNO１ビルまでいき、正午のシャトル便でベルファストへ向けて発った。そして午後のティータイムまでにはバンゴーに着き、ようやく密輸品を検分することができた。

ラム・ラルはベッドサイドテーブルにのせてあるガラスを取ると、危険な中身のはいっている箱の蓋の下に慎重にそれを差しこんでから、蓋を開けた。箱の中で毒蛇がぐるぐる回っているのが、ガラスを通して見えた。やがて蛇は一瞬、動きを止めると、黒い怒った目で彼をにらんだ。彼はさっとガラスを引き抜くと同時に、パッと蓋を閉じた。

「さあ、眠るんだ、小さな友達」

と、彼は祈るようにいった。

「眠れるものなら眠っておけ。そして朝になったら、女神シャクティの言いつけを実行するんだ」

暗くなる前に彼はネジ蓋のついた小さな壜入りのコーヒーを買ってきて、中身を陶器の壺に移した。そして翌朝、防護手袋をつけて毒蛇を葉巻の箱からコーヒーの空き壜に入れ替えた。そのとき怒った蛇が手袋に嚙みついたが、彼は気にしなかった。昼までにはまた毒が貯えられるからだ。彼はガラスの壜の中でとぐろを巻いている蛇の様子をたしかめると、ネジ蓋をぐいと強く締《し》めて、壜を弁当箱の中にしまった。そして迎えのトラックに乗るべく下宿屋を出ていった。

ビッグ・ビリー・キャメロンは、仕事場に着くとすぐ上着を脱いで手近にある釘か木の小枝にかけるという習慣がある。そして、ラム・ラルが観察したところによると、大男の人夫頭は昼食後必ずその上着のところへいって右側のポケットからパイプとタバコ入れを取り出す。この一連の動きは毎日、変わることがない。一服たのしんだあと、パイプに残ったタバコの吸いかすを叩き出し、のっそりと立ち上がって、パイプを上着のポケットに戻しながら、

「よし、仕事にかかるぞ」

と、人夫たちに声をかける。彼がパイプをしまって振り向いたときに、人夫たちが立ち上がっていないと、たちまち機嫌がわるくなる。

ラム・ラルの計画は単純だが失敗の可能性はほとんどないといってよかった。午前中に毒蛇をキャメロンの上着の右ポケットに忍び込ませておくのだ。昼食のサンドイッチをたいらげたあと、無頼《ぶらい》の人夫頭は火のそばから立ち上がって上着のところへいき、ポケットに手を突っ込む。その瞬間、蛇は、偉大な女神シャクティの命じたことを実行するのである。そのためにこそ、わざわざ地球を半周して連れられてきたのだ。無法なアルスター人を処刑するのは毒蛇であって、ラム・ラルではないのである。

キャメロンは怒声をあげてポケットから手を引き抜くだろう。その指には毒牙を肉に食い込ませた蛇がぶら下がっているはずである。ラム・ラルはわざと愕《おどろ》いたふりをして飛び上がり、蛇をむしりとって地面に投げつけ、頭を踏みにじる。毒を使いきった直後だから、まったく危険はないのだ。そして最後に、ラム・ラルは、さもへきえきしたような素振りで毒蛇の死骸をつまみ上げてコンバー河に投げ棄てる。かくしてすべての証拠は水に流されて海に消えていくのだ。万が一、疑いをかけられるようなことがあっても、それはあくまでも推測であって、それ以上には発展しえない。

午前十一時すぎ、大ハンマーの代わりを取ってくるという口実で持ち場を離れたラム・ラルは、弁当箱を開けてコーヒーの空き壜を取り出すと、ネジ蓋をはずして中身を、掛けてある人夫頭の上着の右ポケットに、ゆすり落とした。この間、六十秒たらず。彼はだれにも怪しまれることなく、持ち場に帰った。

昼食時、ラム・ラルは食べ物が喉をとおらなかった。人夫たちは、いつものように、焚火を囲んですわっていた。乾いた古い角材が勢いよく炎を上げてはぜ、その上でやかんが湯気を立てていた。男たちは、例によって、冗談を言い合い、ビッグ・ビリーは細君の用意した厚切りパンのサンドイッチを黙々と食べていた。ラム・ラルは、車座の中でも上着に近い位置に席を占めていた。彼は無理をしてサンドイッチを口に押し込んだ。胸は早鐘《はやがね》を打ち、緊張は徐々に昂《たか》まっていった。

やがてビッグ・ビリーは、食べ終わったサンドイッチの包み紙をくしゃくしゃに丸めて火に投げ込み、げっぷをひとつ漏らした。そしてウッと喉を鳴らして立ち上がると、上着のほうへ歩き出した。ラム・ラルは顔をねじって彼の動きを見守った。ほかの者はだれも二人の様子に注意をはらわなかった。ビリー・キャメロンは上着のところに辿《たど》り着いて、右のポケットに手を差し入れた。ラム・ラルは思わず息を止めた。キャメロンの手は数秒の間ポケットの中をまさぐっていたが、すぐにパイプとタバコ入れをつかみ出した。そしてパイプのボウルにタバコを詰めはじめた。そのとき、彼は自分に向けられているラム・ラルの視線に気づいた。

「何を見てんだ？」

彼は怒気を含んだ声で訊いた。

「べつに」

そう答えてラム・ラルは焚火のほうに向き直った。しかし、そのままじっとすわっていることはできなかった。彼は立ち上がると、伸びをしながら身体を半分キャメロンのほうへ向けた。視界の片隅に、キャメロンがタバコ入れをポケットに戻してマッチ箱を取り出す姿が映った。人夫頭はパイプに火をつけると、満足げに一口吸いつけた。そして、ゆっくりと焚火のそばに戻ってきた。

ラム・ラルは改めてすわりなおして、信じられない思いで炎をみつめた。なぜ、と彼は自分にたずねた。偉大な女神シャクティはなぜこのような仕打ちに出たのだ？　あの毒蛇は女神の使徒であり、女神の命令で彼が買い求めた復讐の手段ではなかったのか。にもかかわらず女神は蛇を抑えた。自ら選んだ復讐の手段を使おうとしなかったのだ。ラム・ラルはまたそっと振り向いて、上着のほうを盗み見た。裾のいちばん左端、その裏地の中で何かが動き、そしてまた静かになった。ラム・ラルはショックのあまり思わず目をつむった。裏地にあいていた穴が、小さな穴が彼の計画をすべて損なってしまったのだ。彼は午後の作業が終わるまで不安と危惧《きぐ》の念にさいなまれながらほとんど呆然として時をすごした。

バンゴーへ帰るトラックの中で、ビッグ・ビリー・キャメロンは、例によって、運転台にすわっていたが、暑さのせいで上着を着ずに、それを畳んで膝にのせていた。駅前広場で、ラム・ラルは、人夫頭が畳んだままの上着を乗用車のバックシートに投げ込んで走り去っていくのを不安の表情で見守った。彼は、バスを待っているトミー・バーンズのところへいって、

「ちょっとうかがいますが、キャメロンさんには家族がいるんでしょうか？」

「いるとも」

と、小男は無邪気に答えた。

「かみさんと子供が二人だ」

「家はここから遠いんですか？」

と、ラム・ラルは訊いた。

「だって、車に乗って来てるでしょう」

「遠くはないさ。キルクーレーの市営住宅地だよ。たしか、ガナウェー・ガーデンズだったな。なんだい、たずねていこうってのかい？」

「いえ、そんなんじゃないんです」

と、ラム・ラルはあわてて否定した。

「じゃまた月曜日に」

部屋に帰ったラム・ラルは、正義の女神の物いわぬ画をじっとみつめた。

「ぼくはあいつの奥さんや子供を殺すつもりはありません」

と、彼は女神にいった。

「奥さんや子供に罪はないんですから」

女神は遠い眼差しでみつめかえすのみで、何の応えも示さなかった。

ハーキシャン・ラム・ラルは不安におののきながら土曜日をすごしたが、夕方になってついにたまりかね、環状道路ぞいに広がるキルクーレー住宅団地まで歩いていって、ガナウェー・ガーデンズを捜し出した。それはオーウェンロー・ガーデンズの外れ、ウォバーン・ウォークの真向かいにあった。ウォバーン・ウォークの角に公衆電話のボックスがあったので、彼はそこで電話をかけるふりをしながら、一時間ほど、道路の反対側に延びる短い家並みを見守った。そして、とある窓にビッグ・ビリー・キャメロンらしき姿を発見して、そこが、彼の家だと見当をつけた。

その家からティーンエイジャーの娘が出てきて、友達と遊びにいくのが見えた。一瞬、彼は、その娘に近寄って、父親の上着にどんな悪魔がひそんでいるか告げたいという衝動に駆られたが、それを実行する勇気はとてもなかった。

そろそろ夕闇が訪れようという時刻に、一人の女性が買い物カゴを持って家から出てきた。ラム・ラルはその女性をクランデボーイ・ショッピングセンターまで尾行《びこう》していった。そのセンターは土曜日に給料をもらう人たちのために遅い時間まで営業しているのだ。キャメロン夫人だと彼が見当をつけたその女性は、スチュアーツというスーパーマーケットにはいっていった。インド人医学生は商品棚をめぐる彼女の後につき従い、なんとか勇気を振り絞って家に存在する危険を打ち明けようとした。だが、またもや彼はくじけてしまった。そして、人違いということもありうる、あれはキャメロンの家ではないかもしれないではないかと、自分に弁解した。もしそうだとしたら、狂人として警察に突き出されてしまう。

その夜、ラム・ラルは、鋸歯鱗の毒蛇が上着の裏地の隠れ場所からすべり出て、寝静まった市営住宅の中を、音もなく死の散歩をしているという幻想にさいなまれて、ほとんど眠れなかった。

明けて日曜日、ラム・ラルはふたたびキルクーレー住宅団地を徘徊《はいかい》し、こんどこそはっきりとキャメロンの自宅を突き止めた。裏庭に出ているビッグ・ビリーの姿をはっきりとみとめたのだ。午後も半ばの時刻になると、彼の姿が近所の人たちの目をひきはじめた。彼は、勇をふるって玄関に歩み寄り、自分の行為を告白するか、それができないならさっさとそこを離れて、すべてを女神の手にゆだねるか、ふたつにひとつだと判断した。しかし、あの恐ろしいキャメロンに面と向かって、子供たちにどのような死の危険が迫っているかを打ち明けるなんて、考えただけでも怖かった。結局、彼はそのままレイルウェー・ビュー・ストリートに引き返した。

月曜日の朝、キャメロン家では、六時十五分前に家族全員が起き出した。明るく晴れた八月の朝であった。六時には親子四人が奥にある狭いキッチンで朝食の席に着いた。息子と娘と細君はまだガウン姿だったが、ビッグ・ビリーはすでにもう仕事着に着替えていた。例の上着は、週末に、廊下にあるクローゼットの中に掛けたまま放置してあった。

六時をすぎてすぐ、娘のジェニーが、マーマレードを塗ったトーストを口の中に押し込みながら立ち上がった。

「顔を洗わなくっちゃ」

「その前に、おい、クローゼットから上着を取ってきてくれ」

と、父親がオートミールを食べながら、娘に命じた。娘は、数秒後に、衿をつかんで上着を持ってくると、父親にそれを差し出した。彼は顔を上げずに、

「ドアの裏に掛けといてくれ」

と、いった。

娘はいわれたとおりにしたが、その上着には衿吊《えりつ》りがなく、ドアの掛け金も錆びた古釘などではなくて、よく滑るクロームメッキの新品だったために、上着はほんの一瞬、そこにとどまっていただけで、すぐキッチンの床に落ちてしまった。父親は顔を上げると、部屋を出ていこうとする娘の背に向かって大声でいった。

「ジェニー、ちゃんと掛けなおしておけ」

キャメロン家には、家長にさからう者など一人もいない。ジェニーは戻ってきて上着を拾い上げると、こんどはしっかりと掛け金にかけた。そのとき、何か細長い黒っぽいものが上着のひだから床に落ち、乾いた音を立てながらリノリウムの上を滑って隅に這い込んだ。娘はギョッとなってそれをみつめた。

「父さん、上着に何を入れてたのよ？」

ビッグ・ビリー・キャメロンは、口へ運びかけたオートミールのスプーンを途中で止めた。

細君はレンジから振り向いた。十四歳のボビーは、トーストにバターを塗るのをやめて、そいつをみつめた。小さな生き物は並んだ戸棚の端に接した隅にとぐろを巻いて、小さな舌をすばやくひらめかせながら、懸命に己を守ろうとするかのように、人間世界をにらみ返した。

「まあイヤだ、蛇じゃないの」

と、キャメロン夫人がいった。

「何をバカなことといってるんだ、母さん。知らないのか、アイルランドに蛇はいないんだ。常識じゃないか」

と、夫がいった。

彼はスプーンを下に置いた。

「何だと思う、ボビー？」

ビッグ・ビリーは、家の内外《うちそと》で暴君として君臨しているが、幼い息子の持つ知識には渋々ながら敬意を表していた。ボビーは学校の成績がよく、父親の知らないことをいろいろ学んで知っていた。少年は、フクロウのような眼鏡を通して蛇を凝視した。

「きっとヘビトカゲだよ、父さん」

と、彼はいった。

「先学期、生物の授業のために、学校で飼ってたことがあるんだ。解剖用に買ったんだよ。海の向こうから」

「トカゲには見えないけどな」

と、父親はいった。

「そう見えるだけさ。ほんとうは足のないトカゲなんだ」

「じゃなんだって蛇と呼ぶんだ？」

と、気の荒い父親が訊いた。

「知らないよ」

「いったい何のために学校へいってるんだ？」

「嚙みつくの？」

細君が恐ろしそうにたずねた。

「嚙んだりしないよ」

と、ボビーがいった。

「無害なんだ」

「殺してしまえ」

と、キャメロンがいった。

「殺してクズ缶に棄ててしまうんだ」

息子は食卓から立ち上がると、片方のスリッパを脱ぎ、ハエ叩きのようにそれを構えて、裸足《はだし》のまま隅のほうへ進みはじめた。と、そのとき、父親が急に考えを変えた。彼はうれしそうに微笑しながら、皿から顔を上げた。

「ちょっと待った。ちょっと待つんだ、ボビー」

と、彼は息子に声をかけた。

「いいことを思いついたんだ。母さん、何か壜を持ってきてくれ」

「どんな壜です？」

と、細君は訊いた。

「どんな壜たって、そんなことおれにわかるもんか。とにかく、蓋のついたやつがいい」

細君は溜め息をもらし、蛇のわきを迂回して、戸棚を開けた。そして、並んでいる壜を検分して、

「干し豆のはいっているジャムの壜があるけど」

「じゃ豆をほかのものに移して、壜を貸してくれ」

と、キャメロンは命じた。いわれるままに細君はその壜を夫に渡した。

「どうしようっての、父さん？」

と、ボビーがたずねた。

「こんど現場で黒ん坊が一人働いてるんだ。異教徒だよ。蛇のいっぱいいる国から来たんだ。ひとつそいつをからかってやろうと思ってな。ちょいとした冗談さ。おい、オーブン用の手袋をよこしな、ジェニー」

「手袋なんていらないよ」

と、ボビーはいった。

「噛んだりしないんだから」

「汚いものにはじかに触《さわ》りたくないんだ」

「汚かないよ。清潔な動物なんだよ」

「おまえってやつは、学校で勉強してるわりには、ものをしらないバカだな。聖書はいってるじゃないか——『汝、腹にて這い、ちりを食すべし……』って。いや、こういうやつは、ちり以上に汚いものを食ってるにちがいないんだ。素手で触るなんてまっぴらだよ」

ジェニーはオーブン用の手袋を父親に渡した。ビッグ・ビリーは右手を手袋で保護し、蓋を外したジャムの壜を左手で持って、毒蛇の前に立ちはだかった。右手がゆっくりと降りていった。そして、さっとすばやく蛇に襲いかかった。が、小さな蛇の動きはそれよりも速かった。細く小さな牙が手袋の掌の詰め物に鋭く食いこんだ。キャメロンは、自分の手で視界をふさがれていたので、その動きに気がつかなかった。結局、蛇は、何の害も与えることなく、壜の中に押し込められ、蓋がかぶさった。家族四人は、蛇が怒り狂ってのたうつさまを、ガラス越しにながめた。

「無害かどうかしらないけど、大嫌いだわ」

と、細君がいった。

「お願いだから早く連れてってちょうだい」

「すぐ出かけるよ」

と、夫はいった。

「おかげですっかり遅くなっちまった」

彼はすでに弁当箱のはいっているショルダーバッグにジャムの壜を入れると、パイプとタバコ入れを上着の右ポケットに押し込み、それらを持って車のところへ出ていった。彼はいつもより五分遅れて駅前広場に着いたが、インド人の医学生がじっと自分をみつめているのに気づいて呆気《あっけ》にとられた。

——あれでもうおれには眼《がん》つけなどしないと思っていたのに、ふといやつだ。

彼はニュートナーズからコンバーへ向けて南下するトラックの中で、ひとり胸の内で舌打ちをした。

朝の作業が半ばまで進んだころには、人夫たちはみなビッグ・ビリーが用意した密かな悪戯《いた》《ずら》のことをこっそり打ち明けられ、それが〝黒ん坊〟に対して仕掛けられたらどういう結果になるかと、胸の痛いような気分で待っていた。しかし、みな不吉な予感など持っていなかった。ヘビトカゲは無害だとビッグ・ビリーに保証されていたので、たちのいい悪ふざけだとしか考えていなかったのだ。そんな謀《たくら》みがあるとは知らないラム・ラルは、不安と疑念にさいなまれながら、仕事をつづけた。

昼休みのとき、不審を感じ取って然るべきだった。それほど人夫たちが緊張していたのだ。彼らは、例によって、焚火の周囲に車座になってすわったが、話す言葉はいつになくぎごちなく、ラム・ラルが密かな悩みに気もそぞろでなかったら、彼らの表情に見え隠れするニヤニヤ笑いや、ときおり彼のほうに投げかけられる盗み見の視線に当然、気がついたことだろう。しかし、彼はまったくそれらに気づかなかった。そして膝の間に弁当箱を置いて、それを開いた。と、サンドイッチとリンゴの間で、あの毒蛇がとぐろを巻き、攻撃の構えで鎌首を後ろにそらしているではないか。

インド人の悲鳴が空地にひびき渡った。ついで人夫たちの間からドッと笑い声が起こった。悲鳴と同時に、ラム・ラルは弁当箱を力いっぱい投げ飛ばし、それは空中高く舞い上がった。中身が四散して、エニシダやハリエニシダの長く生え茂った草地に落下した。

ラム・ラルは大声で叫びながら立ち上がった。人夫たちは、転げ転げしながら笑いこけた。なかでもビッグ・ビリーの笑いは、ひときわ激しかった。彼がこれほど笑ったことは、じつに、久し振りだった。

「蛇だ」

と、ラム・ラルは叫んだ。

「毒を持ってるんだ。みんな早く逃げろ。噛まれたら死ぬぞ」

この言葉に、人夫たちの笑いは倍加した。みなもう自分を抑えきれなかった。悪ふざけの対象になったインド人の反応が、予想以上のものだったからだ。

「嘘じゃない。あいつは蛇なんだ。恐ろしい毒蛇なんだ」

ビッグ・ビリーの顔は、笑いでくしゃくしゃになっていた。彼は涙を拭くと、立っているラム・ラルの向かい側に腰をおろした。インド人は狂ったように周囲を見まわしていた。

「無知な男だな、おまえも」

と、人夫頭は喘《あえ》ぐようにいった。

「知らんのか？　アイルランドに蛇はいないんだ。わかったか？　蛇なんぞ一匹もいやしないんだ」

彼は腹をよじって笑いこけた。そして反り身になって、雑草の中に両手をついた。そのとき、棘《とげ》のように小さい二本の牙が右手首の内側の静脈に突き刺さったのだが、彼はまったくそれに気がつかなかった。

悪戯は終わった。空腹を忘れていた男たちは弁当にかぶりついた。ハーキシャン・ラム・ラルは、背の高い草むらから離れた場所に、渋々といった様子で腰をおろしたが、湯気の立つお茶を手に絶えず周囲を見まわしながら、左手だけでサンドイッチを口に運んだ。昼食後、彼らはまた仕事にかかった。古いウイスキー工場はほとんど解体されて、瓦礫《がれき》とまだ使える材木の山が、八月の太陽の下で、高くそびえていた。

三時半を回ったころ、ビッグ・ビリー・キャメロンは仕事の手を休めて立ち上がると、つるはしをかたわらに置いて、額に手をやった。そして、手首の内側にできた小さな腫《は》れをちょいと舐《な》めてから、ふたたび作業をはじめた。が、五分後に、彼はまた背を伸ばした。

「どうも気分がよくない」

と、彼は、隣りにいたパターソンにいった。

「日陰でちょっと休むよ」

それからしばらく彼は立ち木の下にすわっていたが、やがて両手で頭をかかえこんでしまった。そして四時十五分すぎ、割れるように痛む頭をかかえこんだまま、一回ぴくりと身体を痙《ひきつ》らせたかと思うと、どっと横ざまに倒れた。その様子にトミー・バーンズが気づいたのは、それから五分後だった。彼はパターソンのところへいって、

「ビッグ・ビリーの様子が変だぜ。声をかけても返事をしないんだ」

人夫たちはいっせいに作業をやめて、人夫頭のよこたわっている木陰に集まった。ビッグ・ビリーの両眼は、顔から数インチのところにある雑草をみつめたまま微動だにしない。パターソンが彼の上にかがみこんだ。危険な解体屋の仕事を長くやっているので、死人を見るのはこれが初めてではなかった。

「ラム」

と、彼はインド人医学生にいった。

「おまえは医学を勉強してるんだろう。どう思う？」

ラム・ラルは、診《み》るまでもないとわかっていたが一応、そのふりをした。やがて彼は立ち上がったが何もいわなかった。しかし、パターソンはすぐ了解した。

「みんなここにいてくれ」

と、彼は仲間に命じた。

「おれは電話で救急車を頼んで、ついでにマッキーン親方に連絡してくる」

そういって彼はあたふたと森の小径を本道のほうへ去っていった。

三十分後にまず救急車が到着した。それは小径を辿ってやってくると、二人の係員がキャメロンを担架にのせて車内に収容した。救急車はただちに彼をニュートナーズ総合病院へ運

んでいった。近くで救急患者の受け入れ設備がある病院はそこだけだが、人夫頭はそこに着いたときに、ＤＯＡ――到着時すでに死亡――と記録された。マッキーンが心配顔でおろおろしながら病院に駆け着けたのは、それから三十分後だった。

死亡時の状況が不明のために、解剖が必要ということになり、遺体が移されたニュートナーズ市の死体安置所で、ノース・ダウン地区担当の病理学者の手でそれはおこなわれた。火曜日のことである。その夜、病理学者のレポートが、ベルファストにあるノース・ダウン検視官事務所に送付された。

そのレポートには異状は記録されていなかった。故人は年齢四十一、大柄で頑強そのものの身体をしていた。遺体には、主として掌と手首に、小さな切り傷や擦り傷がついていたが、これは土方という仕事の性質上当然ありうべきことで、いずれも死因とはまったく関係がない。死因は、明らかに、脳出血であり、おそらく炎暑のなかでの重労働によって起きたものである云々。

こうしたレポートを受け取った場合、検視官は通常、検視をおこなわない。自然死として死亡証明書をバンゴー市の担当課に送ればすむのである。しかし、このケースには、ハーキシャン・ラム・ラルにはうかがい知れないことが裏にあった。

ビッグ・ビリー・キャメロンは、プロテスタントの激烈な非合法軍事組織、アルスター志願兵部隊（ＵＶＦ）のバンゴー地区評議会の幹部だったのである。アルスター内における死亡事例を、どのように自然なものであれ、すべてプログラミングしているラーガンのコンピューターがこの事実をはじき出し、ラーガンのある人物がカースルレイにあるロイヤル・アルスター警察本部に電話をかけた。

アルスター警察本部のだれかがベルファストの検視官事務所に電話連絡をとり、その結果、公式の検視法廷による審査が指示された。アルスターにおいては、死は決して偶発事ではありえず、しかも、うわべはあくまでも偶発事とみなさなければならない。すくなくとも、ある種の人々にとってはそうである。審査は、翌水曜日、バンゴーの市役所でおこなわれることになった。マッキーンにとっては迷惑しごくのことだった。審査には税務署の役人も出席したからである。UVF評議会の説得によって過激派ロイヤリストの代表も二名、顔を見せたが、その連中は後ろのほうに席をとって終始、無言だった。故人の仕事仲間もほとんど出席し、彼らは前のほう、キャメロン夫人の近くに着席した。

証言を求められたのはパターソンだけだった。彼は検視官に促されて、月曜日の出来事について説明した。しかし、事実関係については議論の余地がなかったので、他の人夫たちはだれも、ラム・ラルでさえ、証言を求められなかった。検視官は解剖医のレポートを読みあげた。その内容にも疑問の余地はまったく存しなかった。検視官は朗読を終えると、自分の判定を述べる前に、事故を要約して次のようにいった。

「解剖医のレポートはまったく明瞭なものであります。また本日ここでパターソン氏から昼食時の出来事について、つまり、故人がインド人留学生に仕掛けた愚かな悪ふざけについて詳細な証言がありました。故キャメロン氏は自分の悪ふざけの成功に喜んで笑いすぎ、それが脳卒中の誘因《ゆういん》となったもののようであります。つづいて炎天下でおこなわれたつるはしとシャベルを使っての重労働が決定打となって、脳中の大きな血管が破裂してしまったのでしょう。解剖医の医学用語でいえば、脳出血が起こったのです。当法廷は、ウィリアム・キャメロン氏の死因が偶発的なものであったとの判定を下すとともに、未亡人並びに遺児に対して心から哀悼《あいとう》の意を表します」

バンゴー市役所の外にひろがる芝生の上で、マッキーンは人夫たちにいった。

「おまえさんたちには悪いがはっきりいっとこう。仕事はつづけてもらうが、税務署にバレてしまった以上、給料から税金や何かを差っ引かせてもらう。明日は葬式で、仕事は休みにする。ひきつづいて仕事をしたい者は金曜日に顔を出してくれ」

ハーキシャン・ラム・ラルは葬式に出なかった。バンゴー市営墓地で葬式がおこなわれているころ、彼はタクシーでコンバーの現場近くまでいった。そして、例の小径にはいっていく前に、運ちゃんに向かって、戻ってくるまで待っていてくれと頼んだ。運ちゃんはバンゴーの人間で、キャメロンが死んだことを知っていたので、

「現場でお弔《とむら》いをしてやろうってのかね？」

と、訊いた。

「まあね」

と、ラム・ラルは答えた。

「それがインド流のやり方ってわけか」

「そういうことだ」

「なるほど、おれたちは墓のそばでやるんだが、どっちがいいとも悪いともいえんな」

そういって運ちゃんは、待っている間に読むつもりらしく、新聞を取り出した。

ハーキシャン・ラム・ラルは小径を伝って例の空き地までいき、焚火の跡に立った。そして、砂まじりの地面に生えているエニシダなどの高く伸びた雑草を見まわした。

「ビシャ・セルプ」

と、彼は、どこかに隠れているにちがいない毒蛇に呼びかけた。

「ああ、毒をもつ蛇よ、聞こえるか？　おまえは、ぼくがそのためにはるばるラジプタナの丘から連れてきた目的を果たしてくれた。しかし、おまえもすでに死んでいるはずだった。すべてがぼくの計画どおりに運んでいれば、おまえを殺して、その汚い死骸を河に投げ棄てるつもりだったのだ。

聞いているか、死の使いよ？　じゃよく聞くのだ。おまえは予定より少し長生きするかもしれないが、やがては、すべての生き物が死ぬように、死んでいく。そのときは、つがう雌《めす》もいないまま、独りだけで死んでいくのだ。なぜなら、アイルランドに蛇はいないからだ」

鋸歯《きょし》状の鱗《うろこ》をもつ毒蛇に彼のこの言葉は聞こえなかったし、聞こえたとしても、理解できるはずがなかった。蛇は、彼の足下にある暖かい砂にうがった穴の底で、造物主に命じられたことを実行するのに夢中だった。

尻尾の付け根に二枚の皿状の鱗があって、排出孔を隠している。いま、その尻尾が直立し、体は原始のリズムをもって脈打っている。やがて鱗が分れ、その下からあらわれた排出孔から、透明な嚢《ふくろ》にくるまれた長さ一インチほどの、生まれたときから親に劣らず危険な子蛇が一匹ずつ、押し出された。母蛇は十二匹の赤ん坊をこの世に送り出したのである。

厄やく
日び

フランスのルアーブルから帰ってきた大型フェリー、セイント・キリアン号は、またもや襲ってきた大きなうねりに船首を埋め、ずんぐりとした巨体をさらにすこしアイルランドに近づけた。Ａデッキの上で、運転手のリーアム・クラークは手摺《てすり》にもたれて、いよいよ近くなってくるウェクスフォード郡の低い丘陵を見定めようと前方に目をこらした。

あと二十分もすれば、このアイリッシュ・コンチネンタル・ライン所有のフェリーは、ロスレアの小さな港に接岸する。大陸航路の一航海がまたひとつ完了するわけである。クラークは時計を一瞥《いちべつ》した。時刻は午後二時二十分前。ダブリンの自宅で待つ家族のもとへ、夕食時までには帰れるだろうと、彼は思った。

船《フェリー》は、いつものことながら、時間どおりに入港しようとしていた。クラークは手摺から身を離すと、乗客用ラウンジへ引き返して、荷物をまとめた。そこで待っていても退屈なだけなので、彼は三階下のカーデッキへ降りていった。そこでは彼の大型トレーラーが他のトラックや乗用車といっしょに上陸を待っていた。車を持ちこんだ乗客たちが呼ばれるまでにはまだ十分ほどあるのだが、どうせなら運転台に乗りこんで腰を落ち着けていようと思ったのだ。フェリーが接岸するときの様子を眺めるのは、初めのうちこそ、もの珍しくて面白いものだが、彼ほどのベテランになるとそんなもの珍しさなどとっくに消え失せていた。それよりも、船の中で買ったアイルランドの新聞の賑《にぎ》やかな紙面を読んでいるほうが、二十四時間前のものだけれど、ずっと面白かった。

彼は、ぬくぬくと居心地のいい運転台に上がって、腰を落ち着けた。船首の巨大な扉が開いて、ロスレアの埠頭《ふとう》にトラックが吐き出されるまで、ゆっくり待っていようというわけである。フロントガラスの上方にある日除け《サンバイザー》には、税関にはいったらすぐ差し出せるように、通関用の書類が一式、はさんであった。

セイント・キリアン号は、定刻五分前に突堤の先端を通過し、二時ちょうどに船首の扉を開いた。カーデッキはすでに騒音で震えんばかりだった。上陸を待ち切れない観光客たちが早々とエンジンをかけたのだ。観光客はいつもそうだ。無数のエグゾーストパイプから排気ガスが吹き出していたが、出口に近い場所を占領しているのは大型トラックで、彼らがまず先に上陸することになっていた。

クラークはスターター・ボタンを押した。巨《おお》きなボルボのトレーラーのエンジンが、身震《みぶる》いしながら息を吹き返した。彼は前から三番目だった。整理係が手を振って、前進の合図をした。まず先頭の二台が、轟音《ごうおん》をたてて排気ガスを噴出しながら、鉄板を張ったランプを踏み鳴らして埠頭におりた。クラークも後を追った。油圧ブレーキが解かれるシューッという音が、外気から遮断されたやや静かな運転台まで聞こえてき、やがてランプの鉄板が車輪の下にあった。

他の車輛のエンジンがまきちらす轟音とタイヤが踏み鳴らす鉄板のカタカタという音のせいで、クラークは、自分のトラックの下、下後方のどこかで発した鋭い破壊音に気づかなかった。こうして彼はセイント・キリアン号の船倉から降り、丸石を敷き固めた埠頭を二百ヤードほど進んで、ふたたび日陰にはいった。そこは高く大きなアーチ型の天井をもった税関の上屋だった。係官の一人が、先行したトラックのわきに空いている通関検査用のベイにはいれと、手を振って合図しているのが、フロントガラス越しに見えた。彼は指示に従った。そして、所定の位置にトレーラーを停止させてエンジンを切り、サンバイザーにはさんであった書類一式を手に取って、コンクリートの床に降り立った。この税関では常連なので係官とはたいてい顔なじみだったが、今回の係官とは初対面だった。係官はうなずいて、書類をと手を差し出した。そしてさっそく書類をめくって目を通しはじめた。

わずか十分ほどで、係官は、すべて異状なしと納得した。免許証、保険証書、積荷目録(送り状)、関税支払確認書、その他もろもろの許可書の類——ヨーロッパ共同市場内でも商品を国から国へ移動させるにはさまざまの手続きが必要なのである。係官は書類をクラークに返そうとして、何かに視線をとらえられた。

「おい、あれはいったい何だ?」

クラークは係官の視線を追った。運転台の下にあるコンクリートの床にオイルが溜まってい、その円が徐々に大きく広がりつつあった。運転台のリアアクスル(後車軸)の近くから、オイルがしたたり落ちているのだ。

「なんてこった」

クラークは情けない声を出した。

「デファレンシャル・ケース（差動歯車装置をおさめたレモン型の容器）のノーズピースがいかれたらしいや」

係官は、クラークも顔なじみの上司を手招きし、二人でしゃがみこんで、オイルの漏れている箇所を確かめた。すでに二パイント（約一リットル強）余りが上屋の床にもれてしまってい、残りの三パイントほどもじき流れ出てしまうだろう。先任の税関吏が立ち上がって、

「これじゃ動かせんね」

と、クラークにいい、ついで部下に向かって、つけくわえた。

「ほかのトラックを片づけてしまおう」

クラークは故障箇所をよく見てみようと、運転台の下にもぐりこんだ。前部上方にあるエンジンから、ごついプロペラシャフト（推進軸）が伸びて鋳鉄《ちゅうてつ》製の大きなこぶ――デファレンシャル・ケースにつながっている。このケースの中で、回転するプロペラシャフトの動力が差動装置によって横の動きとなってリアアクスルを回転させる。その駆動力によって車は前進するのだ。こうした動力の方向転換を可能にするのは、歯車の複雑なアセンブリーであり、それらの歯車はケース内を満たしている潤滑油の助けをかりて機能する。オイルがなくなると、歯車はたちまち焼きついてしまう。そのオイルがいま漏れ出ているのだ。ノーズピースがヒビ割れてしまったのだ。

このリアアクスルの上方にシャシーがあり、その上に荷台《トレーラー》がのっかっているのである。クラークは運転台の下から這い出した。

「完全にいかれてやがる」

と、彼はいった。

「会社に連絡しなくちゃならない。ちょっと電話を貸してくれないか」

先任係官はガラス張りのオフィスのほうに顎《あご》をしゃくって、そのまま他のトラックの検査にとりかかった。運ちゃんたちが数人、それぞれ運転台から首を突き出して、電話をかけにいくクラークを猥雑《わいざつ》な言葉でからかった。

電話はかけたけれど、ダブリンの会社にはだれもいなかった。みな昼食のために外出しているのだという。クラークは不機嫌な顔でいらいらしながら税関の上屋の周辺をほっつき歩いて時間をつぶした。その間に、観光客の車もみな上屋を出て内陸部へ発《た》っていった。午後三時になって彼はようやくタラ運輸の専務をつかまえ、事情を説明した。

「しかし、そんなものはストックしてないよ」

と、専務はいった。

「ボルボ・トラックの代理店に頼まなくちゃならん。一時間ほどしてまたかけなおしてくれんか」

午後四時になっても交換部品が手に入ったという返事はなく、五時には、フィッシュガード発のこの日最後のフェリーも入港して、税関も店じまいしてしまった。クラークはもう一度会社に電話を入れて、今夜はロスレアに泊まることにするが、念のため一時間後にまた連絡すると報告した。係官の一人が親切にも彼をロスレアの町まで車で送ってくれ、おまけに朝食付きの宿屋を紹介してくれた。クラークはそこで一泊することにして部屋をとった。

午後六時、ようやく彼は会社から返事をとりつけた。交換用のノーズピースを翌朝九時に受け取り、社の整備員にバンでそれを持っていかせる、十二時までには着くはずだという。クラークは細君に電話をかけて帰りが一日遅くなると告げ、軽食をとってパブへ飲みに出かけた。そのころ、三マイル離れた税関の上屋では、タラ運輸の鮮やかな緑と白でくっきりと塗りわけたトレーラー・トラックが、漏れ出たギヤオイルにまたがって、ひとりポツンとすわりこんでいた。

翌朝、クラークはゆっくりと朝寝を楽しみ、午前九時に起き出した。そして十時に会社へ電話をかけて、交換部品はすでに手に入った、バンは五分以内に出発するという返事をもらった。会社の言葉に嘘はなかった。ちょうど十二時に、整備員の運転する小型のバンが埠頭をカタカタと走ってきて、税関の上屋にすべりこんだ。中でクラークが待っていた。

陽気な整備員は白イタチよろしくトラックの下にもぐりこんだ。舌打ちしながら何かごそごそやっている音が、クラークの耳に聞こえた。やがて彼は外へ這い出してきたが、早くもたっぷり油で汚れていた。

「ノーズピースのケースだよ」

と、彼は、いわずもがなのことをいった。

「真っ二つに割れてやがる」

「どれくらい時間がかかる？」

「手伝ってくれたら、一時間半でここから出られるようにしてやるよ」

しかし、結局は一時間半を少しオーバーした。作業はまず、コンクリートの床に溜まったオイルを拭《ふ》き取る仕事からはじまったが、五パイントもの量となると容易ではなかった。オイルがどうにか片づくと、整備員はごついレンチを使って、ノーズピースをメインケースに固定している大型のボルトを一本ずつ慎重にはずした。そして二本のハーフシャフトを引き抜いたあと、こんどはプロペラシャフトをゆるめはじめた。クラークは床にすわって、ときどきいわれるままに工具を手渡しながら、作業を見守っていた。彼ら二人のようすを、税関の係官がまたじっと眺めている。フェリーが入港する合い間は、税関も暇なのだ。

一時少し前に、割れたノーズピースのケースがやっとはずれた。クラークは空腹を覚え、少し離れたところにあるカフェへ昼メシを食いにいこうと整備員を誘ったが、相手は、ついでだから最後までやってしまいたいといって、作業をつづけた。海では、セイント・キリアンの姉妹船で、やや小ぶりのセイント・パトリック号が水平線に姿をあらわし、ロスレアに向かって帰りを急いでいた。

整備員は、それまでの逆の手順で、作業を再開した。新しいケースを取り付け、プロペラシャフトを固定し、ハーフシャフトを差しこんだ。午後一時半、セイント・パトリック号は、陸《おか》から見ているものにも、その船体がはっきり見える位置まで、近づいてきた。

マーフィーも陸から見ていた。港の背後にある、低い台地の頂きに生い茂っている雑草のなかに彼は腹這いになっていた。草が恰好《かっこう》の隠れみのになって、百ヤードも離れると彼の姿はまったく見えなかった。もちろん、周囲にはまったく人影がなかった。彼は双眼鏡を目にあてて、近づいてくるフェリーを見張っていた。

「おいでなすったぜ」

と、彼はいった。

「ぴったし時間どおりだ」

すぐわきの高い雑草のなかに身を伏せていた用心棒のブレンダンが、呻《うめ》くように喉《のど》を鳴らして、訊いた。

「うまくいくかな、マーフィー？」

「あたりめえよ。軍隊の作戦みてえに念には念を入れて計画を練ってあるんだ。失敗するわけがねえ」

マーフィーはクズ鉄を商いながら片手間に〝盗難《まげた》〟車を売り買いしている小悪党で、もっとましなプロの犯罪者が彼の計画のことを知ったら、この仕事《ヤマ》はおまえさんの手に余るよ、と、のたまうにちがいない。しかし、マーフィーはすでに数千ポンドの金を準備に注ぎこんでおり、だれが何といおうといまさら後に退けないのだ。彼は近づいてくるフェリーを見張りつづけた。

税関の上屋では、整備員が新しいノーズピースの周囲に並ぶ最後のナットを締め終わり、トラックの下から這い出して立ち上がると、大きくひとつ伸びをした。

「いっちょうアガリだ」

と、彼はいった。

「これでギヤオイルを五パイント入れたらすぐにも出発できるよ」

彼はデファレンシャル・ケースの側面についている小さなフランジナットをはずしにかかった。その間に、クラークはギヤオイルの一ガロン缶と漏斗《じょうご》をバンから持ってきた。港では、セイント・パトリック号が慎重な動きで船首を係船位置に差しこんで、舫《もや》った。船首の鉄扉が開いて、ランプが降りた。

マーフィーは双眼鏡を握り締めて、セイント・パトリック号の船首にあいた暗い穴を注視した。まず初めに姿をあらわしたのは、フランス語の社名と社章のはいった灰褐色のトラックであった。そして二番目に午後の陽光のなかに巨体をさらしたトラックは、白とエメラルドグリーンに鮮やかに輝いていた。荷台の側面には〝ＴＡＲＡ《タラ》〟という社名が緑色の文字で大きく書かれている。マーフィーはゆっくりと息を吐き出した。

「来た来た」

彼はささやくようにいった。

「あいつがそうだ」

「じゃもう出かけるんだろう？」

と、ブレンダンが訊いた。このチンピラ、双眼鏡を持っていないので様子がよくわからず、そろそろ退屈しかけているのだ。

「あわてちゃいけねえ」

と、マーフィーはいった。

「税関から出てくるのをまずちゃんと確かめなきゃ」

整備員は、オイル注入口のナットをきつく締めつけてから、クラークのほうに向きなおった。

「終わったよ。いつでも発てる。おれは手や顔を洗ってから出発するよ。ダブリンに着くまでにはどうせどっかで追い越すと思うけどね」

整備員はオイルの空き缶と工具をバンにしまうと、洗剤溶液のビンを持って洗面所へ向かった。このとき、タラ運輸所属のもう一台の大型トレーラーが埠頭側の入口から上屋《ベイ》にはいってきた。係官が手で合図してその巨体をクラークのトラックの隣りにある検査場に入れた。運転手がすぐ降りてきた。

「どうなってんだ、リーアム？」

クラークは事情を説明した。係官が、新しくはいってきた運転手の書類を検査するために近づいてきた。

「もういっていいかな？」

と、クラークはたずねた。

「早く消えてくれ」

係官はいった。

「長いこと居坐られて、えらい迷惑だよ」

二十四時間ぶりにクラークは運転台によじのぼり、エンジンに活を入れて、クラッチを入れた。そして同僚に手を振りながらギヤを入れ替えた。トレーラーはゆっくりと上屋から陽光のなかへ走り出た。

マーフィーは、大型トレーラーが上屋の出口からあらわれたのをみとめて、双眼鏡を握りなおした。

「もう出てきやがったぜ」

と、彼はブレンダンにいった。

「すんなり検査に通ったんだ。まあ見てみろよ」

彼はそばまで這い上がってきて下をみつめているブレンダンに、双眼鏡を渡した。そこから五百ヤードばかり離れたところでは、ちょうどクラークの大型トレーラーがロスレアの町に至る道路へ曲りこもうとしているところだった。

「見える、見える」

と、ブレンダンはいった。

「あの中に極上のフランスのブランデーが七百五十ケースも詰まってんだ」

マーフィーは得意満面でいった。

「ビンにして九千本だ。小売り値は一本で十ポンドじゃきかねえ。そのうち四ポンドはおれの懐にはいるんだ。どう思う、エ？」

「それだけたくさんありゃたらふく飲めるな」

「ゼニがたんまりはいるんだよ、バカ。よし、出かけようぜ」

二人は台地の頂きから這いずりおり、下の砂まじりの小道に止めてある車のところまで、腰をかがめながら走った。

小悪党たちは車に乗りこむと、港から町に延びる道路の際まで、小道をバックした。そしてほんの数秒待つうちに、クラークが彼らの鼻っ先を轟音《ごうおん》とともに駆け抜けた。マーフィーはただちにトレーラーの後に車をつけて、追尾しはじめた。二人が乗っているのは黒いフォード・グラナダのサルーンで、二日前に盗んだばかりの車《やつ》だった。

大型トレーラーは一回も止まらなかった。クラークは早く自宅に帰りたいのだ。やがてトレーラーはスレイニー河にかかる橋を渡り、ウェクスフォードの町を離れてダブリンに至る道を北上しはじめた。それを確認して、マーフィーは最初の電話をかけることにした。

利用する公衆電話はすでにちゃんと決めてあり、いざというとき他人に占領されていてはまずいので受話器の震動板をはずしてあった。予想どおり、ボックスの中にはだれもいなかった。ところが、何者かが使いものにならない電話に腹を立てたのだろう、受話器のコードを引きちぎってあった。マーフィーは呪《のろ》いの声をあげて、また車を進めた。やがて彼はエニスコーシーの北はずれ、郵便局のわきで公衆電話のボックスを見つけた。ブレーキをかけながら、前方に目をやると、トレーラーは轟音をのこして視界から消え去っていった。

彼が呼び出したのは、ゴーレイを北に出はずれたところにあるもうひとつの公衆電話で、そこでは仲間が二人、待機していた。

「どこにいたんだよ、いままで」

ブレイディが苛立《いらだ》った声音でいった。

「こっちは、おめえ、キーオウと二人で、一時間以上も待ってたんだぜ」

「そう気をもむなって」

と、マーフィーは仲間をなだめた。

「やっこさん、ちゃんと時間どおりに走ってるよ。すぐ例の道路わきの駐車場へいって、藪《やぶ》の中に隠れていてくれ。やつがトラックを止めて降りるまで出ちゃいけねえぞ」

マーフィーは電話を切って、車を進めた。スピードに差があるので、ファーンズ村の手前で早くもトレーラーに追いつき、そこからまた尾行を開始した。カモリンが近くなったところで、彼はブレンダンのほうを向いて、いった。

「そろそろ法秩序の守護者《しゅごしゃ》に早変わりしようぜ」

ふたたび彼は道路から車をはずし、下見のときに調べておいた狭い田舎道《いなか》にはいっていった。周囲に人影はなかった。

二人は車から飛び出すと、バックシートから鞄《かばん》を取り出した。そして着ていたウインドブレーカーを、前のジッパーを開いて脱ぎ、鞄から二枚の上着をひっぱり出した。二人ともすでに黒の靴とソックスとズボンを身につけていた。しかも、ウインドブレーカーの下には、正規の警官スタイルの青いシャツと黒いネクタイを着用していた。これに鞄から取り出した上着をつけて変装を完成した。マーフィーの上着には巡査部長の位を示す三本の金筋がついており、ブレンダンのは金筋なしで、こちらは平巡査というわけである。両方とも、アイルランド警察、GARDAの記章がついていた。最後に、やはり鞄から取り出した制帽が二人の頭にのっかった。

鞄にはもう一種類、品物が残っていた。裏に接着剤のついた黒いプラスチックシートのロール二個である。マーフィーはそれを延ばして裏打ちの布をはがし、シートの両端を持って、グラナダの左右両側のフロントドアに丁寧に貼りつけた。シートの黒が塗装の黒と溶けあって境い目がわからなかった。シートには白い文字で〝GARDA〟としるしてあった。車を盗むとき黒のグラナダを選んだのは、それがパトカーにいちばん多い車種だったからである。

鍵のかかったトランクから、ブレンダンが最後の備品を取り出した。長さ二フィートの三角のブロックである。底にあたる部分には強力な磁石《じしゃく》がとりつけてあり、それで車の屋根にしっかりと固定された。それぞれ車の前と後ろを向いた二つの面にはガラスがはめこんであって、そこにも〝GARDA〟という言葉がしるしてあった。本物は中に電球がはいっていて文字が明るく浮き上がって見えるのだが、いまは昼間だから灯がついていなくても何ら差し支えない。

二人は車に乗りこんで田舎道から本道に戻ったが、その恰好といい車といい、ちょっと見には、ハイウェー・パトロールそのものだった。ハンドルを握っているのはブレンダンで、巡査部長のマーフィーは悠然と助手席にすわっていた。彼らはまもなく、ゴーレイの町で、赤信号で止まっている大型トレーラーを見つけた。

古い市場町ゴーレイの北からアークローまで、新しい二車線の道路ができている。その北行きの車線を半分ほどいったところに、道路のわきを広げて緊急用の駐車場が設けてある。マーフィーはそこを待ち伏せの場所として選んであった。大型トレーラーの後ろに数珠《じゅず》つなぎになって、いらいらしていた車の列は、二車線区間にはいるやいなや、喜々としてトレーラーを追い越していった。この瞬間をマーフィーは待っていたのだ。彼は窓ガラスを下げて、

「よし」とブレンダンにいった。

グラナダはするするとトレーラーの運転台のわきに寄っていって、その位置を保った。クラークはわきに寄ってきたパトカーを見降ろして、助手席で手を振っている巡査部長の姿に気づいた。そして何ごとかと窓ガラスを下に降ろした。

「後ろのタイヤがへこんでるぞ」

マーフィーは風に負けないように大声でいった。

「その向こうにある駐車場に入れろ」

クラークは前方を見やった。緊急用の駐車場があることを示す、大きく〝P〟としるした標識《ひょうしき》が見えた。彼はうなずいて、スピードを落としはじめた。パトカーが前に出て、指示した駐車場へ曲りこんでいった。大型トレーラーがあとに続いて、グラナダの後ろに止まった。

クラークは運転台から降りた。

「後ろのほうのやつだ」

と、マーフィーはいった。

「ちょっと来てみろ」

クラークは巡査部長殿のあとについてトラックの前をまわり、緑と白の長いボディにそって後部へいった。どのタイヤもパンクなどしていなかったのだが、彼はそれを見極《みきわ》める暇をあたえられなかった。背後の藪が割れて、オーバーオールに頭からすっぽりかぶった覆面という恰好のブレイディとキーオウが転がるようにして飛び出してきた。手袋をはめた手がクラークの口をふさぎ、ごつい腕が胸に巻きつき、同時にもう一対の腕が脚を抱きこんだ。次の瞬間、クラークの身体はズダ袋のように宙に浮いて、たちまち藪の中に消えてしまった。

それから一分もたたないうちに、クラークは、胸のポケットにタラ運輸の略字をしるしたお仕着せのオーバーオールを剝ぎ取られ、両の手首と口と目に粘着テープを巻かれた。そして、道路を往きかう車からの視線をさえぎる自分のトラックの巨体の陰で、〝パトカー〟のバックシートに荷物よろしく放りこまれた。床に伏せて静かにしてろ、と、荒々しい声が命じた。クラークはおとなしくそれに従った。

それから二分後、キーオウがタラ運輸のオーバーオールを着て藪の中から姿をあらわし、トレーラーの運転台のドアのわきに立っているマーフィーに合流した。ギャング団のリーダーは、とことんついてないクラークの運転免許証を調べていた。

「ほんとうの本物」

と、マーフィーはいった。

「おまえの名前はリーアム・クラークだ。それからこの書類もみなちゃんとととのってるはずだ。二時前にロスレアの税関をパスしたばかりだからな」

キーオウは、アイルランド共和国の賓客《ひんきゃく》としてマウントジョイの刑務所でおつとめをするまでトラックの運ちゃんをやっていた男であるが、マーフィーの言葉に不機嫌な声で応じて、運転台によじ登った。そして運転装置をひとわたり確かめてから、

「これなら問題ねえや」

といって、書類の束をサンバイザーではさんだ。

「じゃ一時間後に例の農場で会おう」

そういってマーフィーは、ハイジャックしたトレーラーが駐車場から出て、北行きの車の流れに割ってはいるのを見届けた。

それからすぐ彼はパトカーに戻った。ブレイディがバックシートで、目隠しをされて床に横たわっているクラークの身体に両足をのっけてすわっていた。すでにオーバーオールと覆面をとって、ツイードのジャケットを着込んでいた。クラークにはマーフィーの顔を見るチャンスがあるにはあったのだが、それもほんの数秒のことで、しかも相手は警官の制帽をかぶっていた。他の三人の顔はまるで見ていなかった。もしもマーフィーを犯人として名指す機会があったとしても、仲間の三人が彼のアリバイを立証する手筈《てはず》になっていた。

マーフィーは道路の前後を見渡した。車の姿がとぎれている。彼はブレンダンを見やってうなずいた。たちまち二人はドアから〝GARDA〟の標識をはがして丸め、バックシートに放りこんだ。ふたたび前後を見渡す。車が一台、わき目もふらずに通りすぎた。マーフィーは偽パトカーの屋根から標識灯をはずして、ブレイディに投げ渡した。そこでまた道路の

偵察《ていさつ》。車の姿なし。二人は制服の上着をぬいで、これまたブレイディに。ウインドブレーカーを着こむ。かくして、駐車場からすべり出たときのグラナダは、ごくふつうの乗用車に逆戻りしていた。中に乗っているのは、外から見るかぎり、三人の民間人だけだった。

グラナダはアークローの北はずれでトレーラーを追い越した。そのとき、ふたたびハンドルを握っていたマーフィーは、低くクラクションを鳴らした。キーオウは、追い越していくグラナダに向かって、親指を立ててオーケーのサインを送った。

キルマカノーグまで一気に北上したマーフィーはそこから間道にはいり、ロッキー・バレーと呼ばれる丘陵の合い間の道をカラリー・ボグのほうへ向かって進んだ。なんの変哲《へんてつ》もない田舎だが、じつはその荒れ地の上方に、住む人もないままに打ち棄てられている一軒の農家を見つけておいたのである。そこの唯一の取り柄は、屋敷内に大型トレーラーがすっぽりおさまるくらいの大きな納屋があることで、それが必要にして十分な条件なのだ。その農家に通じているのは泥道一本だけで、しかも針葉樹の木立ちが屏風《びょうぶ》よろしく外からの視界をさえぎっている。

マーフィー一行がそこに到着したのは日没直前で、トレーラーより五十分早く、北アイルランドから取り引き相手の男たちがバンを四台つらねてやってくるまでにまだ二時間もあった。

それにしても、うまい仕事《ヤマ》を、取り引きを思いついたものだと、マーフィーは自分で自分をほめてやりたくなった。南で九千本ものブランデーを処分するとなると容易ではないのだ。

保税品で、ケースごと、ビンごとに通し番号がふってあり、南で叩き売ると遅かれ早かれ足がついてしまう。しかし、アルスターでは、テロ合戦で騒然としている北の場合は、事情がまったく異なる。向こうには、もぐりの酒場が、免許のない飲み屋がごまんとある。みな法律の埒外《らちがい》にあって営業しているのだ。

そうしたもぐり酒場はプロテスタント系とカトリック系に画然と分かたれ、地下の暗黒組織の手にがっちりと握られているのだが、彼ら暴力の徒はとうの昔からちゃっかり愛国の烈士に変身している。これはなにもマーフィーでなくても知っている事実だが、北アイルランドの栄光のためと称しておこなわれている党派、宗派による殺しのかなりの部分は、愛国心の発露とは似ても似つかぬ、暴力組織間のいざこざの結果なのである。

マーフィーがそうした大物の英雄の一人を取り引きの相手に選んだのは、こうした裏を知っていたからである。その男は、あるもぐり酒場のネットワークに一手に酒を供給している卸屋で、そういうネットワークにならら盗品のブランデーであろうと余計な質問いっさいなしで流すことができるのだ。相手は運転手をひきつれてこの農家に来る予定で、ブランデーを四台のバンに積みこみ、キャッシュで代金を払い、迷路のような田舎道をたどりながらファーマナー—モナハン・ラインぞいに点在する湖の間を縫って国境を越え、夜明けまでにブツを北に運びこむ手筈になっている。

マーフィーは、ブレンダンとブレイディに命じて、ついてないトラックの運ちゃんを農家の母屋《おもや》に運びこませた。クラークは荒れほうだいの台所の隅に連れこまれ、積みあげてある何かの袋の上に放り出された。三人のハイジャッカーたちは、時間をつぶすべく腰を落ち着けた。午後七時、緑と白に塗り分けたトレーラーが、ライトを消したまま、薄闇のなかを、喘《あえ》ぎ喘ぎ泥道を登ってきた。その音を聞いて、三人は外へ飛び出した。そして、覆いをつけたフラッシュライトを使いながら、古い納屋の扉を開けた。キーオウがトレーラーを中に入れると、すぐさま扉が閉まった。キーオウは運転台から飛び降りた。

「おれの仕事はこれですんだぜ。一杯飲ませてもらおうか」

「よくやった」

と、マーフィーがねぎらった。

「おまえはもうこいつを運転しなくていい。夜中までには空になるから、こんどはおれが運転して、十マイルばかり離れたところへ棄てにいく。何が飲みたい？」

「ブランデーなんぞ一口どうだい？」

と、ブレイディがいった。四人は声をあげて笑った。ぴったりのジョークだ。

「ちょっぴり飲むだけなのにケースをあけるのはもったいねえよ」

と、マーフィーがいった。

「それにおれはウイスキー党なんだ。こいつでいいか？」

彼はポケットからフラスコを出した。みなそれでけっこうということになった。やがて八時十五分前、あたりがすっかり暗くなった。マーフィーは北からの客人を誘導するために、フラッシュライトを持って泥道のはずれまで出ていった。地理は正確に教えてあるのだが、道を見すごすこともないではないからだ。八時十分すぎに、彼は四台のバンを案内して農家に戻ってきた。一行が庭に着くと、ラクダのオーバーを着た大柄の男が、先頭のバンの助手席から降りたった。手にアタッシェケースを提げていた。男は愛想ひとつ口にするでなく、いきなり、

「マーフィーか？」

と、訊いた。マーフィーはうなずいた。

「ブツは用意してあるんだろうな？」

「フランスから船で着いたばかりさ。トラックに積んだままだ。納屋の中だよ」

「トラックの荷台は開けちゃいまいな。もしも開けてたら、ケースをひとつ残らず調べさせてもらうぞ」

男はドスをきかせた。マーフィーは思わず唾を呑みこんだ。強奪《ごうだつ》したブツを見てみたいという衝動をこれまで何とか抑えてきたのだが、それでよかったのだとホッとした。

「フランスで貼った税関の封印《シール》はそのままだよ。自分の目で確かめてくれ」

北から来た男は低く喉を鳴らして、手下に顎をしゃくった。子分どもはすばやく納屋の扉を開けにかかった。彼らのフラッシュライトが、荷台の後部のドアについている二重のロックを照らし出した。税関のシールはロックを覆ったまま破れてなかった。アルスターの男はふたたび喉を鳴らして、よし、とうなずいた。子分の一人がかなてこを持ってロックに近づいた。北の男は首をぐいと傾けて、

「向こうへいこうか」

マーフィーはライトを手にして男を母屋の居間とおぼしき部屋に案内した。北部人はアタッシェケースの鍵をあけてテーブルにのせると、蓋を開いた。みつめるマーフィーの眼前に、ポンド紙幣の束が姿をあらわした。これほどの大金を目にするのは初めてだった。

「一本四ポンドで九千本だ」

と、マーフィーはいった。

「締めて三万六千ポンドってことになる」

「三万五千だ」

と、北部人は唸《うな》るようにいった。

「おれはきっちりした数字が好きなんだよ」

マーフィーはさからわなかった。そのほうが、男の様子から見て、賢明のように思えたのだ。それに三万五千でもべつに不満はなかった。仲間に三千ポンドずつやって、諸経費を差っ引いても、彼の取り分は優に二万ポンドを越えるのである。

「いいだろう」

このとき、子分の一人が、破れた窓から顔をのぞかせた。その子分はボスに向かって、

「ちょっと来て、見てもらいてえんで」

とだけいって、顔をひっこめた。ボスはアタッシェケースをパチンと閉めると、取っ手をつかんで、大股で外へ出ていった。四人のアルスター人とキーオウ、ブレイディ、そしてブ

レンダンが、納屋の中で、開いたトラックのドアを取り囲んでいた。六本のフラッシュライトが荷台の内部を照らし出していた。そこに見えているのは、世界的に有名なブランデー・メーカーの名前がはいったケースの山ではなくて、まったく別の代物《しろもの》だった。ビニールの袋がぎっしり詰まっているのだ。袋にはある有名な園芸用品メーカーの名前が印刷されてい、その下に〝バラ用肥料〟という言葉が麗々しく刷りこんである。北から来た男は、表情を変えずに、この積み荷を凝視していた。

「これはどういうことだ?」

歯ぎしりするように彼はいった。

マーフィーは思わず下顎をひいて、口中に湧き出た苦い唾をごくりと呑みこんだ。

「わかんねえ」

泣き声だった。

「ほんと、わけがわかんねえよ」

この言葉に嘘はなかった。彼が入手した情報は非の打ちどころがなかったし……金もかかっているのだ。フェリーもトラックも間違いなかった。この日午後ロスレアに入港したセイント・パトリック号には、タラ運輸の大型トレーラーは一台しか乗ってないということも確かめてあったのである。

「運転手はどこにいる?」

男は吠《ほ》えた。

「母屋にいるよ」

「いってみよう」

マーフィーは男を案内していった。ツキのないリーアム・クラークは、哀れなヒナ鶏よろしく手足を縛られて袋の上に転がされたままだった。

「てめえのあの積み荷はいったい何だ？」

アルスターの男は挨拶《あいさつ》ぬきで訊いた。

クラークは、サルグツワをかまされた口でわけのわからない怒声をあげた。男は子分の一人にうなずいた。そいつは前に進み出ると、クラークの口をふさいでいるバンソウコウを、手加減もあらばこそ、一気に引き剝がした。目をふさいでいるバンソウコウはそのままだった。

「あの積み荷はいったい何だと訊いてるんだ」

男はくりかえした。クラークはごくりと唾を呑みこんで、

「バラの肥料さ。嘘だと思うなら送り状を見てみろ」

男は、フラッシュライトで照らしながら、マーフィーから取りあげた書類の束をめくった。そして、送り状のところで動きを止めると、マーフィーの鼻っ先にそれを突き出した。

「こいつを見なかったのか、バカヤロー」

マーフィーは昂まる不安と恐怖を運転手にぶつけた。

「なんでおれにいわなかったんだ？」

クラークは心底、怒りに燃えあがり、姿の見えない悪党たちを前にしながらも、クソ度胸を発揮して、

「サルグツワをかまされてちゃ何もいえないだろう」

と、怒鳴りかえした。

「そりゃもっともだよ、マーフィー」

わきからブレンダンが口を添えた。この男、根がすなおなのだ。

「うるせえ」

マーフィーはだんだん絶望的になってきた。ついとクラークの上にかがみこんで、

「あの下にブランデーを隠してあるんじゃねえのか？」

クラークがブランデーのことなどまるで知らないってことは、その表情が雄弁にものがたっていた。

「ブランデー？」

と、彼はこだまのように訊き返した。

「そんなものがあるはずないだろう。ベルギーじゃブランデーはできないんだ」

「ベルギー？」

マーフィーは泣きわめくようにいった。

「てめえはフランスのコニャック地方からルアーブルに出たはずだぞ」

「コニャックへなんぞいったことはない」

と、クラークは怒鳴った。

「おれはもっぱらバラの肥料を運んでるんだ。原料はピートモスと発酵分解させた牛糞でね。そいつをアイルランドからベルギーへ輸出してるんだ。あの荷は先週、運んでいったんだが、向こうの輸入元がアントワープで荷を開けて検査した結果、品質が水準に満たないといって、受け取りを拒んだ。しようがないんで、ダブリンのうちの会社に連絡すると、そのまま持って帰れって指示を受けたんだ。それからアントワープで書類をととのえるのに三日もかかって、やっときのう帰ってきたんだ。書類を見ればちゃんとわかるよ」

北から来た男は、フラッシュライトの灯で、手にした書類に目をとおした。書類はクラークの話を裏づけていた。男は腹立たしげに唸《うな》って、書類の束を床に叩きつけた。そして、

「ちょっと来てもらおうか」

と、マーフィーにいって、外へ出ていった。マーフィーは、自分は何も知らない、わけがわからないとブツブツ言い訳しながら、あとにつづいた。

庭の暗闇のなかで、男はマーフィーの弁解をさえぎった。そしてアタッシェケースを下に置くと、やにわにマーフィーのほうに向きなおってウインドブレーカーの衿元をむんずとつかみ、軽々と彼の身体を宙に浮かして、納屋の扉に叩きつけた。

「いいか、よっく聞け、カトリックのクズ野郎」

男は吐き捨てるようにいった。

マーフィーは、この取り引き相手がアルスターの暗黒街でどちらの側に与《くみ》しているのか決

めかねていたのだが、いまの言葉でやっとそれがわかった。

「てめえは」

と、男はささやくように、いった。その凄味《すごみ》のある声音に、マーフィーは血が凍るような思いをした。

「クソをかっさらったんだ、クソったれ。おまけに、このおれや子分どもの貴重な時間と、おれの大事な金を無駄にしやがった……」

「誓ってもいいよ……」

かすれた声でマーフィーはいった。どうにも空気がすんなり肺にはいってくれないのだ。

「お袋の墓にかけても……次の船便で来るんだよ。明日の午後二時だ。また最初っからやりなおすから――」

「もうごめんだな」

と、男は低い声でいった。

「もちろん、取り引きは中止だ。最後にひとことだけいっとくが、こんどおれをだましやがったら、子分の二人もここへ差し向けて、息の根をとめてやる。わかったかい？」

ひでえもんだ、北の連中ってのはまるで野獣とおんなじだ、と、マーフィーは心の中でつぶやいた。イギリス人とどっこいどっこいだ。もちろん、こんなことを口に出していったら、それこそ命がいくつあっても足りない。彼は、こくりと、うなずいた。それから五分後、北の男は、空のバンを四台ひきつれて、去っていった。

母屋に戻ったマーフィーは、フラッシュライトの灯のかげで、シラケきった仲間といっしょに、フラスコのウイスキーを空にした。

「これからどうするんだい？」

と、ブレイディが訊いた。

「そうさなあ――」

マーフィーは答えた。

「とにかく、証拠になるようなものは全部きれいに片づけなきゃなんねえ。みんなもうかりもしなかったが、損もしなかったということたな。おれだけは別だけどさ」

「おれたちがもらうはずの三千ポンドはどうなるんだ？」

こんどはキーオウが訊いた。マーフィーは考えこんだ。アルスターの男にさんざんおどかされたばかりだというのに、ここでまた仲間におどされたんじゃ間尺《ましやく》にあわない。

「よし、一人につき千五百で手を打とうじゃないか。そのかわり、金が都合つくまで待ってくれ。なにしろこの仕事の準備にいろいろ使ったもんで、いまンところ、すっからかんなんだ」

三人の仲間は、うれしげな顔こそしなかったが、どうやら気が和《やわ》らいだようだった。

「ブレンダン、それからブレイディとキーオウ、おまえたちはここをきれいに片づけてくれ。証拠になるようなものはみなひとつ残らず消してしまうんだ。庭についてる足跡やタイヤの跡も忘れるな。それがすんだら、グラナダにあの運ちゃんを乗っけて、どっか南のほうへいって靴なしで道端に放り出してこい。口も目もテープでふさいであるし、手首もしばってあるから、警察に通報するまでには時間がかかるはずだ。やつを放り出したら、すぐ北へ引き返して、うちへ帰ってくれ。それから、キーオウ、おまえにいった言葉はちゃんと守るぜ。あのトラックはおれが運転して、キッピュアあたりの山ン中に棄ててくる。なあに、帰りは歩いて街道まで出て、ヒッチハイクでもしてダブリンへ帰るよ。じゃ、いまの手筈でいいな？」

みな同意した。イヤでもそうするしかないのである。北から来た男がトレーラーの後部ドアのロックを引きちぎってくれたおかげで、四人の小悪党はあたりを這いずりまわって、掛け金を固定するのに使う木片を捜さねばならなかった。そして、いまいましい荷の詰まっている荷台のドアを閉め、掛け金をかけて、木片を差しこんだ。さっそくマーフィーは運転台によじ登り、農家を出て泥道を街道まで進むと、そこで左折して、ジュース・フォレスト経由でウィクローの丘陵地帯へ向かうべく、走り出した。

九時半すぎ、マーフィーは、ラウンドウッドの森を過ぎたところで、そのトラクターに出くわした。夜の十時がこようという時間に、百姓がトラクターをころがしているなんて、マーフィーならずとも思いもしない。しかもそのトラクターたるや、ヘッドライトが片目で、おまけにレンズは泥だらけときている。そして、後ろにつないだ荷車には十トンもあろうかというワラの山がうずたかく積み上げてある。

石垣にはさまれた田舎道をガタゴト進んでいたマーフィーは、前方からやってくる荷車つきトラクターの巨体に気づいて、思わずブレーキを踏みこんだ。

トレーラー式のトラックというやつは、同じ長さのふつうのトラックが曲り切れないような角でもすんなり曲ってしまうという芸当が可能だが、いざブレーキをかけるという段になると、これほど厄介な代物はない。牽引《けんいん》する運転台と荷を積んでいるトレーラー部分とが一直線につながってないかぎり、ブレーキをかけたとたんに、連結部でジャックナイフのように折れ曲ってしまうのだ。重いトレーラー部分は惰性《だせい》で運転台のほうへ突き進み、それに押されて運転台は横を向いてスリップという不様《ぶざま》な仕儀とあいなる。まさにそういう事態に、マーフィーのトレーラー・トラックは見舞われてしまったのである。

　運転台がかろうじて横転を免れたのは、ウィクローの丘陵地帯によくある石垣のおかげだった。百姓のほうはというと、とっさにトラクターのアクセルを踏みこんで、そばにあった農家の門に突っこみ、衝突するならワラの山を積んだ荷車にどうぞといわんばかり。マーフィーの乗っている運転台は、後ろからトレーラーに突っかけられて、スリップしはじめた。肥料《クソ》の重みとは恐ろしいもので、必死に踏みこんだブレーキも効かず、運転台はもろにワラの山に突っこんでしまい、派手に崩れ落ちたワラの山にほとんど埋まってしまった。そしてトレーラーのほうは石垣にぶつかってはねかえされ、はずみで反対側の石垣に突っかかっていって往復ビンタをくらった。

　鉄と石がこすれあう悲鳴がやんだとき、百姓の荷車はまだどうにか立っていたが、トラクターとの連結部がちぎれたために、十フィートも後ろへはね飛ばされていた。百姓自身は、激突のショックでシートからはじき飛ばされ、牧草の山に落下して何やら一心不乱に造物主たる神と会話をかわしている。マーフィーは、ワラに埋もれた運転台の薄明りの中で、呆然とすわりこんでいた。

石垣にぶつかったショックで、トレーラーの後部ドアを固定していた掛け金の木片が折れて飛び、ドアは両開きに開いてしまっていた。そして積み荷のバラ用肥料の袋が一部、後ろの路面に落下して散らばっている。マーフィーは運転台のドアを開け、道路に出ようとワラと格闘しはじめた。出来るだけ早くここを離れて、出来るだけ遠くへ逃げていく——彼の頭にはその考えしかなかった。さいわい、暗闇のなかなので、百姓に顔を見られる心配はない。運転台から出るときに、内部に付着しているはずの指紋《しもん》を消し忘れたことに気づいたが、いまさらどうしようもない。

すでに百姓は牧草の山から脱出し、マーフィーの運転台のわきに来て立っていた。あたりには、アフターシェーブ・ローションならぬ田舎の香水の臭いが充満している。百姓はマーフィーと話をつけようと待ちかまえている様子だった。マーフィーは、なけなしの頭をフル回転させた。どうにか百姓をなだめて、ワラの積みかえを手伝いましょうと申し出てやろう。そして隙を見て運転台の指紋を拭き取り、次の隙をついて闇にまぎれこむのだ。

パトカーがやってきたのは、まさに、このときである。パトカーというやつは奇妙なもので、こっちで用のあるときはグリーンランドでイチゴを捜すみたいに見つからないくせに、だれかの車の塗装をちょいとでも剝がそうものなら、忽然《こつぜん》として姿をあらわすのだ。そのパトカーは、ダブリンからある大臣をアナモー近くの別荘までエスコートしていって、首都へ帰る途中だった。ヘッドライトの光を見たとき、マーフィーは、ふつうの乗用車だろう、ぐらいにしか考えなかった。ところが、ライトが消えてから改めてよく見ると、なんと本物のパトカーではないか。屋根には〝GARDA〟の標識灯がのっかっていて、それには彼のでっちあげた偽物《にせもの》とちがって、ちゃんと灯がついているのだ。

巡査部長と平巡査というコンビは、すわりこんでいるトラクターのわきをゆっくりと歩いてきて、崩れ落ちたワラの山を検分した。マーフィーは、何とかごまかして言い逃れるしかないと悟った。暗闇のなかだから、どうにかなるだろう。

「あんたのですか？」

巡査部長がトレーラーのほうへ顎をしゃくった。

「そうです」

「街道からずいぶん離れてますな」

「そうなんスよ。それにこんな時間になっちまって」

と、マーフィーは応えた。

「じつは、フェリーがきょうの午後遅くロスレアに着いたもんでしてね。早く荷を届けて家へ帰りたいと思って、近道をしてたんですよ」

「書類を拝見しましょう」

マーフィーは運転台に首を突っこみ、リーアム・クラークの持っていた書類の束を取って、彼に渡した。

「リーアム・クラーク？」

マーフィーはうなずいた。書類はみな本物だから、その点は心配ない。トラクターの被害状況を調べにいっていた平巡査が戻ってきた。そして百姓に向かって、

「ヘッドライトが片方、こわれてるね。それにもう一方は泥だらけだ。あれじゃこのトレーラーが十ヤード先まできても見えやしないだろう」

巡査部長殿はマーフィーに書類を返して、百姓のほうに注意を移した。百姓は、ついさっきまで、おれのほうは悪くないと、あれほど自信たっぷりの顔つきをしていたのだが、とたんにしおれてしまった。逆にマーフィーのほうは気分がよくなった。

「こんなことはいいたかないんですが、お巡りさんのおっしゃるとおりでして、すぐ前にくるまでトラクターも荷車もまったく見えなかったんスよ」

「免許証は？」

と、巡査部長は百姓に訊いた。

「家に置いてあります」

「もちろん、保険はかけてあるんだろうね。そうであることを祈るよ。じきわかることだがね。それはともかく、ヘッドライトがいかれていたんじゃトラクターは動かせん。荷車を畑の中にでもどけてから、早いとこワラを片づけてくれ。夜が明けてから取りにくればいい。あんたはパトカーで自宅まで送っていって、免許証を見せてもらうからな」

マーフィーはますます気が楽になった。ポリ公め、すぐいっちまうんだ。平巡査がトレーラーのヘッドライトを調べはじめた。もちろん、異状はない。巡査は次にテールランプを見にいった。

「積み荷は何です？」

と、巡査部長が訊いた。

「肥料です。ピートモスと牛糞を混ぜたやつでして、バラによく効くんですよ」

巡査部長は大声で笑いこけた。そして、荷車を畑の中に引っ張りこんで、そこへワラを投げこんでいる百姓のほうへ向きなおった。道路をふさいでいたワラはすでにほとんどなくなっていた。

「このトレーラーは肥《こえ》を積んでるんだそうだよ」

と、巡査部長は百姓にいった。

「肥にぶつかるとは百姓らしくていい」

彼は自分のウイットにご機嫌だった。

平巡査がトレーラーの後部から引き返してきた。

「ドアが開いてます」

と、彼はいった。

「袋がいくつか道路に落ちて、裂けてます。ちょっとご覧になってください、部長《サージ》」

三人はトレーラーのわきを通って後部へいった。

開いたドアから一ダースばかりの袋が落ちて、そのうち四個が無残に裂けていた。破れたビニールの間から茶色の肥料がのぞいているのが、月明りではっきりと見えた。巡査はフラッシュライトを出して、破れた袋を照らし出した。後日、マーフィーが囚人仲間にいみじくも述懐したように、人間には何もかもうまくいかない日が、まったくツキに見放された日というものがあるものである。

月光とライトの灯の下で、肥料からのぞいているバズーカ砲の砲口や、破れた袋から突き出ているマシンガンの形状は、どう見誤りようもなかった。マーフィーは胃がでんぐりがえった。

アイルランドの警官はふだん拳銃を携帯《けいたい》していないのだが、このときの二人は大臣殿の護衛任務についていたために、たまたま身につけていた。巡査部長の自動拳銃がマーフィーのドテッ腹に擬せられた。

マーフィーは吐息をもらした。よくよくついてない日なのだ。九千本のブランデーをハイジャックしそこねたばかりか、だれかが密輸しようとした兵器をつかんでしまい、その〝だれか〟がだれかってこともはっきり見当がついているのだ。今後二年くらいの間に住んでみたいと思う場所がいくつかあったけれど、ダブリンの街だけは避けようと思った。彼にとって、いまや最も危険なところなのだ。

彼はゆっくりと両手を上げた。

「ちょっと聞いてもらいてえことがあるんスがね」

# 免責特権

その電話のベルが鳴ったのは、時計の針が午前八時半をまわってすぐのことであった。日曜日の朝だったので、ビル・チャドウィックはまだベッドの中にいた。無視しようとしたが、それは執拗《しつよう》に鳴りつづけた。十回目が鳴ったところで彼はとうとうたまりかね、ベッドから這いずり出して一階の廊下へ降りていった。

「はい」

「もしもし、ビル？　ヘンリーだ」

それは近所に住んでいるヘンリー・カーペンターだった。一応のつきあいはあるけれど、とくに親しいという間柄ではなかった。

「おはよう、ヘンリー」

と、チャドウィックは応《こた》えた。

「日曜日だっていうのに朝寝坊をしないのかね」

「ウン、まあね」

と、声は答えた。

「これから公園へジョギングにいこうと思っているんだ」

チャドウィックは口の中で何やら呻《うめ》くようにいって、あの男ならやりそうなことだと思った。ビーバーみたいにクソまじめな男なのだ。彼はひとつ欠伸《あくび》をして、

「この寒空に朝っぱらから何か用かね？」

と、皮肉にたずねた。電話の向こうで、カーペンターはちょっとためらってから、

「朝刊はもう読んだか？」

と、逆に質問してきた。チャドウィックは玄関ホールのマットのほうをちらりと見やった。そこには、購読している二種類の新聞がのっていた。

「まだだけど」

と、彼はいった。

「なんで？」

「あんたサンデー・クーリエをとってるか？」

「いや」

と、チャドウィックはいった。それから、しばらくのあいだ、両者とも無言だった。やがてカーペンターがいった。

「きょうのクーリエをぜひ読んでみたまえ。あんたのことが載ってるから」

「へえ」

と、チャドウィックは興味をつのらせながら、いった。

「どういう記事なんだね？」

カーペンターはさらにためらった。いかにも当惑しているらしい様子が声の調子にもありありと表われていた。彼としては、チャドウィックが当然その記事を読んでいるものと思い、

そのことでチャドウィックと話ができると予想していたのだ。

「いや、自分で読んだほうがいいよ」

それだけいってカーペンターは電話を切った。チャドウィックはブーンとなっている受話器をみつめていたが、やがてそれを戻した。自分がまだ読んでいない新聞記事に、あんたのことが出ているよ、といわれれば、だれでも好奇心をいだく。このときのチャドウィックはまさにそうだった。

彼はエクスプレス紙とテレグラフ紙を持って寝室にとってかえしてそれを細君に渡すと、パジャマの上からズボンをはいて、ポロネックのセーターを着はじめた。

「まあ、どこへいらっしゃるの?」

と、細君が訊いた。

「いや、ちょっと別の新聞を買いにいくんだ。わたしのことが出てるってヘンリー・カーペンターが教えてくれたんだよ」

「まあ、あなたもやっと有名人になれるわね」

と、細君は皮肉った。

「あたしもそろそろ朝食の支度をしなくちゃ」

角の新聞屋にはサンデー・クーリエがまだ二部残っていた。いつも付録の多い分厚い新聞で、チャドウィックの見方によると、軽薄な仰々《ぎょうぎょう》しさを好む読者を対象にいかにも仰々しい紙面づくりをしている。外は寒さが厳しいので、チャドウィックは、ぎっしり詰まった記事や数々の付録をのぞいてみようともしなかった。いやがうえにもつのってくる好奇心をいま数分抑《おさ》えて、暖かい自宅でゆっくり目を通そうと考えたのだ。彼が帰ってくると、細君はすでにキッチンのテーブルにオレンジジュースとコーヒーを用意していた。

チャドウィックは勢いこんで新聞を開いたものの、カーペンターから何ページ目かを聞き忘れたことに気づいて、まず政治面から読みはじめ、コーヒーのお代わりをするまでに、それを読みおえた。文化文芸面はとばし、スポーツ面も同様にはしょった。あと残っているのは色刷りのマガジンと経済面だけである。チャドウィックはロンドン郊外で小規模ながら自営業をいとなんでいるので、当然のことに経済面のほうに目を通しはじめた。

そして三ページ目で、ある名前に気がついた。それは彼の名前ではなく、最近倒産したある会社の社名であった。その会社とは一時期、関《かか》わりを持ったことがあり、かなりの損をして手をひくという結果に終わっていた。その記事は、担当記者が足で調査して書くことを自慢にしている欄の中にあった。

記事を読んだ彼は、呆然とした様子でコーヒーカップを下に置き、

「わたしのことをこんなふうに書くなんてひどいよ」

と、かすれ声で呟《つぶや》くようにいった。

「でたらめもいいところだ」

「どうかなさったの、あなた？」

と、細君が傍から訊いた。夫の顔にあらわれている苦悩の表情をいちはやく読み取ったの

だ。彼は、細君にその記事がすぐ目につくよう新聞を折って、差し出した。細君は丁寧に記事を読みはじめ、半ばほどまで読み進んだところで短く喘《あえ》いだ。

「ひどい」

と、彼女は読みおえて、いった。

「この記者は、あなたが詐欺《さぎ》行為に加担していたって暗にほのめかしているわ」

ビル・チャドウィックはいつのまにか立ち上がって、キッチンの中をいったり来たりしていた。

「ほのめかすなんてものじゃない」

最初のショックは怒りに変わっていた。

「はっきりとそういってるんだ。その記事を読んだ者はそういう結論を得るに決まってるよ。チクショウ、わたしはあの会社に損をかけられた被害者なんだ。すべてを知っていていらをきったパートナーじゃない。あくまでも連中を信じてあの会社の商品を売ったんだ。あそこが倒産したために損をしたのは、ほかの債権者と同じだよ」

「こんな記事が出て商売にさしつかえないかしら？」

と、細君は心配して訊いた。

「さしつかえ？　何もかもだめになってしまうよ。そんなでたらめな記事のために。だいたいそいつを書いた記者はわたしから何の取材もしてないじゃないか。なんて名前のやつだ？」

「ゲイロード・ブレントって人よ」

と、細君は記事の筆者名を見て答えた。

「そんな男には会ったこともない。事の真偽《しんぎ》を確かめるために話を聞きに来たこともないくせに、そんなでたらめを書くなんて許せないよ」

チャドウィックは翌月曜日の午後、顧問弁護士のところへ相談にいったときも、同じ言葉を使って憤懣《ふんまん》をぶつけた。弁護士もその記事を読んで当然のことに、これはひどいと感想をもらし、チャドウィックが倒産した商社との関係や事の経緯《けいい》をるる説明するのを同情しながら聴き取った。

「いまのお話から判断すると、この記事内容は明白に名誉毀損《きそん》罪に該当しますねえ」

と、弁護士は感想を述べた。

「それじゃ、記事を撤回《てっかい》して謝罪するのが当然ですね」

と、チャドウィックは勢いこんで、いった。

「原則的には、そうです」

弁護士の言い方がやや慎重になった。

「まず最初の対応策として、あなたの代理としてわたしから編集長に手紙を書くことにしましょう。当方は貴社の社員によって著しく名誉を損なわれた、よって訂正《ていせい》記事と謝罪文を掲載されたし、とね。むろん、読者の目につきやすい箇所に、然るべき大きさでという条件をつけます」

このとおりの申し込みが実際になされた。しかし、その後二週間たっても、サンデー・クーリエ紙の編集長からは何の応えもなかった。二週間のあいだ、チャドウィックは少数ではあるが使っている社員たちの視線を避け、取り引き相手との接触もできるだけ回避した。おかげで、期待していた契約が二つもお流れになってしまった。

ようやくサンデー・クーリエ紙から弁護士のところへ書簡が送られてきた。差出人の署名は編集長のではなくその秘書のもので、慇懃《いんぎん》無礼な文体でチャドウィック側の要求を拒んでいた。

その書簡によると、編集長は、チャドウィックの代理人である弁護士からの手紙を慎重に検討した結果、チャドウィック氏の手紙を投書欄に掲載するという措置を検討する用意がある。もちろん、掲載にあたってその手紙を然るべく編集する権利は編集長に在《あ》る、という。

「言い換えると、手紙はずたずたに引き裂かせてもらいますってことでしょう」

と、ふたたび弁護士に会いにいったチャドウィックは、返書を見せてもらってから、いった。

「要するにこれは拒絶じゃないですか」

弁護士はしばらく考えこんでいたが、この際、率直に話したほうがいいと判断した。依頼人チャドウィック氏とは長年のつきあいなのである。

「そうです」

と、彼はいった。

「まさしく拒絶です。この種の問題で全国紙を相手に争ったことは過去に一度しかないのですが、この類の手紙は彼らの反応としてかなり類型化しているといっていいでしょう。取り消しや訂正の記事を出すのを極端にいやがるのです。いわんや謝罪文の掲載などよほどのことがないかぎり応じませんね」

「じゃ、わたしとしてはどういう手を打てばいいんです？」

弁護士は話を進めた。

「ご存じかもしれませんが、プレス・カウンシルという機関があります。そこへ苦情を申し立てることもできます」

「どういう処置をとってくれるんです？」

「たいしたことはやってくれません。新聞に対する苦情を取り上げるのは、中立人が新聞社側の不注意や記者のあからさまな不正確さによって、不必要に損害をうけたということが証明された場合のみです。それに、名誉毀損のケースは避けたがる傾向にあります。裁判所にげたを預けてしまうわけです。いずれにせよ、プレス・カウンシルにできるのは、せいぜい譴責《けんせき》処分をするくらいで、それ以上のことはまったく期待できません」

「そこでは記事の取り消しや謝罪は要求できないというんですな」

「そうです」

「じゃ残された方法は何です？」

弁護士は溜《た》め息をついた。

「残念ながら訴訟しかないと思いますね。高等法院に、これこれこういう被害をこうむったとして名誉毀損で訴えるのです。もちろん、新聞社のほうが受けて立つのを断念して、あなたの要求どおりに謝罪文を掲載するという可能性もないではありません」

「可能性ですか？」

「そうです。ですから、その反対の場合もありうるわけです」

「でも、こっちの要求には従わざるをえんでしょう。これはもう明白な名誉毀損のケースですから」

「率直に申し上げますが」

と、弁護士は口調を改めて、いった。

「名誉毀損の場合、明白なケースなどありえないのです。だいいち名誉毀損を規定した法律そのものが存在しないのですから。あえていえば、判例法《コモン・ロー》の範疇《はんちゅう》にはいるでしょうね。コモン・ローとは慣習と先決例に基づく非成文法の体系でして、その慣習や先決例ひとつひとつについて、さまざまの解釈が成立しうるのです。それにあなたのケースも、いや、どのようなケースでもそうなのですが、従前の判例とは微妙な点で相違がありますからね。

第二に、法廷では、あなたの関わっていた商社の責任者がある特定時にどのような考えをいだいていたか、その点についてあなたが知っていたかどうかが問われることになります。すなわち、そのことに関する知識と意図があなたの側に存在したかどうか、それともまったく無知で、従って意図に関しても無知であったかどうかという問題ですね。おわかりですか？」

「ええ、だいたいのところは」

と、チャドウィックはいった。

「でも、その知らなかったということを、わたしのほうで立証する必要はないんでしょう？」

「いえ、立証しなくちゃならんのです」

弁護士は気の毒そうにいった。

「あなたは原告になるんですからね。新聞社と編集長とゲイロード・ブレント記者は被告人です。従ってあなたは、いまは倒産したその商社と連携したとき、相手の非信頼性に関して無知だったということを立証しなければなりません。それができて初めて、あなたが詐欺行為に関与していたと示唆する記事内容によって名誉を傷つけられたということが証明されるのです」

「あんたはこのわたしに訴えるなと忠告しとるんですか？」

と、チャドウィックは激して、いった。

「事実を確かめもせずに書きなぐったでたらめ記事をそのまま見逃せ、そのために商売が立ちいかなくなってもあきらめろ、不服を唱えるなと、本気でそういっとるんですか？」

「チャドウィックさん、そこまでおっしゃるのなら、こちらも正直に申し上げます。わたしたち弁護士は、さまざまの理由をつけて依頼人に訴訟を勧《すす》めて手数料をかせぐという非難をときどきあびせられますが、実態はまるで逆なのです。訴訟をしろとけしかけるのは、ふつう、当事者の友人、妻、同僚といった人たちなのです。そういった連中は、訴訟にかかわる費用を負担する必要がありませんからね。部外者にとって、裁判沙汰というのは、まさに恰好の見物《みもの》なのですよ。わたしたち法律関係の仕事にたずさわっている者は、裁判の費用がいかほどのものか知りすぎるほど知っていますから、めったやたらには訴訟を勧めないのです」

チャドウィックは、正義を実現するためのこの費用という問題について考えこんだ。まったく初めての経験であった。

「費用はどれくらいかかるんでしょう?」

と、彼は声を改めて静かにたずねた。

「場合によっては破産もありうるくらいですよ」

「この国では何人《なんぴと》も平等に法の恩恵にあずかれると思ってましたがね」

「理屈の上では、たしかにそうなっています。でも、現実はしばしばそれを裏切ってましてね」

と、弁護士はいった。

「あなたはお金持ちですか、チャドウィックさん?」

「いいえ、ほんのささいなビジネスを営んでるだけでして、こういう世の中ですから、いつ倒産しても不思議でないような、危うい綱渡りをやってますよ。これまでさんざん苦労してきて、やっとどうにかなるところまできたんです。家と車と着るものは自前で、自営業者年金に加入し、生命保険をかけ、預金が数千ポンド……ごくふつうの、名もない市民ですよ」

「わたしが言いたいのもそこなのです」

と、弁護士はいった。

「近ごろは訴えるのも金持ちなら訴えられるほうも金持ちという例がほとんどで、つまり訴訟など起こせるのは一握りの金持ちだけということになります。特に名誉毀損のケースではこの傾向が著しいですね。たとえ勝訴するにしても、その間の費用は自弁ですからね。裁判が長びくと、控訴した場合は申すまでもなく、その費用は慰謝料の十倍にもなるケースがままあります。

それに大新聞は、大手の出版社などと同じように、名誉毀損で訴えられた場合にそなえて、多額の保険にはいっています。ウエストエンドにオフィスを構える料金のとびきり高い王室顧問弁護士クラスの一流を雇うことも可能です。ですから、こういっては失礼かもしれませんが、いうなれば小物に訴えられたときには、初めから相手を呑んでかかります。ちょっと策を弄《ろう》したら、正式裁判に持ち込まれるまでに四年や五年の時間を稼ぐのは容易ですからね。その間に要する費用だけでも双方にとって莫大なものになります。なにしろ訴訟の準備だけで何千ポンドもかかりますからね。しかも正式の裁判になると、費用はロケット並みに上昇します。法廷弁護士が毎日、報酬と〝割り増し〟をとるからです。おまけに助手の分の報酬を要求されます」

「結局、総額どれくらいになりますかね？」

「解決が長びいた場合、控訴《こうそ》のほうは除外しても、何年かの準備期間の費用も含めて数万ポンドになるでしょう」

と、弁護士はいった。

「しかも、それですむという保証はありませんからね」

「ほかに何か知っておくべきことがありますか？」

と、チャドウィックは念のために訊いた。

「そうですねえ、勝訴した場合には慰謝料と費用を被告人、つまり、新聞社からもらえますから、出費は一応それで埋めることができます。でも、裁判官が被告人に対して費用の弁済命令を出さないときは——出すのは被告人側によほどの過失があった場合に限られるんですよ——自分が使った分はそのままということになります。そして敗訴の場合は、自分の費用はもちろん、被告人側の費用もあなたが支払うよう裁判官に命じられることがあります。さらにまた、たとえ勝訴しても、新聞社側には控訴の途が残されています。控訴審となると、それだけまた金がかかります。そして控訴審に勝っても、費用の弁済命令が出ないと、あなたは完全に破産してしまいますよ。

こういったこととは別に、じつに厄介な問題が出てきます。俗に泥仕合というやつですよ。二年もたつと世間の人は最初に出た記事のことなどすっかり忘れているのが普通です。ところが、法廷でそれが争われるとなると、すべてをそっくり再現することになり、それまでに出なかった事実や陳述も新たにつけくわえられるでしょう。しかも、あなたが原告であるにもかかわらず、新聞社側の弁護士は、依頼人の利益のために、あなたのまっとうなビジネスマンとしての評価をくつがえそうと努力します。泥もたくさん投げつければ、くっつくものもあるでしょう。訴訟には勝ったものの、こうしたやり口にあって自分の評価をすっかり落としてしまったという人は数えきれないほどいるのです。法廷でおこなわれた各種の陳述はすべて活字にして公表することができますし、その場合必ずしも事実による裏付けがなくてもよいとされているのです」

「費用に関しては国の補助金制度があるはずですが、あれはどうなんでしょう」

ご多分に漏れずチャドウィックもこの制度のことについて聞いてはいたが、改めて調べてみたことはなかったのだ。

「あなたがたぶんお考えになっているものとは違いますよ」

と、弁護士は答えた。

「補助金をもらうには、財産がないということを証明しなくてはなりません。とすれば当然、あなたには当てはまらないでしょう。補助金をもらう資格を得るには、家も車も預金もすべてなくさないといけません」

「どっちみち破産するしかないわけですな」

「まことにもってお気の毒です。弁護士としては、訴訟に踏み切りなさいと勧めることもできるのですが、なにしろ時間と費用のかかることですし、前途に横たわる困難と陥《おと》し穴を今ここではっきりご指摘しておくのが最大の親切ではないかと思って、いろいろ申し上げたしだいです。一時の興奮で訴訟に踏み切ったのはいいが、そのあと後悔しながら一生を送るという人が現実にたくさんいるのです。訴訟に伴う精神的なストレスと金銭的な悩みからついに抜け切れないという人さえいるくらいですからね」

チャドウィックは立ち上がった。

「率直なお話、ありがとうございました」

その日、後刻、彼はオフィスからサンデー・クーリエ新聞社に電話をかけて、編集長に取り次いでくれと頼んだ。が、電話に出たのは女性秘書であった。その女性は彼の氏名をたずねてから、用件を訊いた。

「バクストン編集長にお話というのはどういうことなんでしょう？」

「個人的にお会いしたいもので、そのアポイントメントを頂きたいと思いましてな」

と、チャドウィックは答えた。

電話の向こうでしばらく間があり、内線電話を使う音が聞こえた。やがて秘書が電話に戻ってきた。

「どのようなご用件でバクストンにお会いになりたいのでしょう？」

チャドウィックは、二週間前に出たゲイロード・ブレント記者の記事の中に自分に関することが書かれていたが、あの推測記事について自分の立場を編集長に説明したいのだと、簡単に用件を告げた。

「お気の毒ですがバクストンはオフィス内ではどなたにもお目にかかれません」

と、秘書はそっけなくいった。

「なんでしたらお手紙をお書きください。検討いたしますから」

そういうなり秘書はさっさと電話を切った。翌朝、チャドウィックは地下鉄でロンドンの都心へ出て、クーリエ・ハウスの表玄関受付けに姿をあらわした。

制服姿の大柄の守衛の前で、彼は面会票に住所氏名、面会したい人物、用件などを書き込んだ。それはすぐ回されていき、彼は腰をおろして待つことにした。

三十分ほどしてエレベーターのドアが開き、すらりとした上品な物腰の青年がアフターシェーブ・ローションの芳香につつまれて降りてきた。その男は守衛に向かってちょっと眉を上げ、守衛はビル・チャドウィックのほうへ顔を向けてうなずいた。青年は近寄ってきた。チャドウィックは立ち上がった。

「エイドリアン・シンクレアと申します」

と、青年は気取った発音で自己紹介をした。

「バクストンの個人秘書です。どういうご用件でしょうか？」

チャドウィックはゲイロード・ブレント記者の署名記事について話をし、バクストン氏に直接会って自分に関する記述は真実に反するだけでなく、事業の破産をも招きかねないということを説明したいのだといった。シンクレアは同情の意を表明したが、彼の頼みを受け容れるとはいわなかった。

「もちろん、ご懸念《けねん》のほどはよくわかりますよ、チャドウィックさん。ですが、バクストンとの個人的な面談は不可能です。とても忙しい人でしてね。それに……あのう……代理人の方とはすでに連絡がとれているはずですが」

「たしかに手紙は送りましたよ」

と、チャドウィックは皮肉にいった。

「ただし、返事は秘書の方から来ただけでしてな。場合によっては投書欄で取り上げることを考慮してもよいという文面でした。しかし、わたしとしては、すくなくともこちらの言い分を聞くだけでも聞いてもらいたいと思って、こうしてお願いに上がったわけですよ」

シンクレアはフッと笑った。

「ですから、それは不可能だと申し上げたはずです。投書欄にそちらの言い分を掲載する——当方としてはそれがぎりぎりの妥協線です」

「それじゃゲイロード・ブレント記者に会わせてもらえませんか？」

と、チャドウィックは戦法を変えた。

「何の足しにもならないと思いますよ。もちろん、弁護士を通してでももう一度、手紙を出したいとおっしゃるのでしたら、そうなさってください。うちの法務部に然るべく処理いたさせますから。それ以上は、お気の毒ながらお役に立てません」

守衛がスイングドアからチャドウィックを送り出した。

彼はフリート街（新聞社が軒を連ねている街。新聞の代名詞として使われる場合もある）の外れにあるコーヒーショップでサンドイッチの昼食を、長々とものおもいに耽《ふけ》りながら、とった。そして午後早く、都心部にある参考図書館のひとつを訪れた。新しい公文書や新聞の切り抜きなどを集めている特殊な図書館である。そこで彼は、最近おこなわれた複数の名誉毀損訴訟のファイルを調べて、弁護士の説明が決して誇張ではないということを知った。

そのなかで、あるひとつのケースが特に彼の注意をひいた。ある中年の男性が、ある流行作家の本で著しく名誉を傷つけられたという事件である。その男は訴訟を起こして勝ち、出版社は三万ポンドの慰謝料と費用の弁済を命じられた。しかし、出版社はただちに控訴し、控訴審では慰謝料が否認され、費用は双方が自弁するという判決がおりた。四年間におよぶ訴訟で破産に直面していた原告は、事件を最高控訴裁判所に持ち込んだ。最高控訴裁判所は控訴裁判所の判決を退けて慰謝料を認めてくれたが、費用の弁済命令は出してもらえなかった。結局、彼は三万ポンドの慰謝料をもらったが、それまでに要した費用は四万五千ポンドにもなっていた。一方、出版社側は、ほぼ同額の費用と慰謝料を合わせて七万五千ポンドの出費となったが、その大部分は保険金でまかなった。原告は裁判にこそ勝ったが、破産に追いやられてしまったのだ。写真を見ると、裁判になって一年目の原告は、年こそ六十だが元気そのものに映っている。しかし、五年後の彼は哀れなもので、絶えざる緊張と増えつづける借金のため憔悴《しょうすい》しきっている。彼は名誉を回復したが、無一文となって死んでいったという。

ビル・チャドウィックは、自分は絶対こんなことにならないぞと固く肝《きも》に銘じて、ウエストミンスター公立図書館へ足を運んだ。そしてハルスベリー著『英国法』を借りて閲覧室《えつらん》に腰を落ち着けた。

弁護士がいったように、名誉毀損に関しては、たとえば道路交通法の場合のような成文法はないけれど、一八八八年に成立した〝名誉毀損罪に関する修正〟なる法律があって、それには名誉毀損について次のような、当時一般に受容されていた定義が述べられている――

人の名誉を損なう言辞とは、それによって社会の良識ある成員による評価が低下したり、彼らに避け疎《うと》んじられたり、憎悪《ぞうお》、軽蔑あるいは嘲笑の対象にされたり、職場、職務、職業、商売あるいはビジネスにおいて侮辱あるいは有害な汚名をこうむるがごとき言辞をいう。

なるほど、すくなくとも最後の部分はわたしの場合にあてはまる、と、チャドウィックは思った。

弁護士が例の講義のなかで法廷についていった言葉が、彼の心にひっかかっていた。いわく「法廷でおこなわれた各種の陳述はすべて活字にして公表することができるし、その場合必ずしも事実による裏付けがなくてもよいとされている云々」ほんとうに裏付けが必要ないのだろうか？

しかし、法律専門家の言葉はやはり正しかった。一八八八年の例の法律がそのことを明らかにしているのだ。開廷中におこなわれた発言は、いかなるものであれ、報道し、出版することができるとされているのである。そして、その報道が〝公正で、時間的な遅滞《ちたい》がなく、且つ正確〟でありさえすれば、記者や編集者、印刷人や出版人が名誉毀損で訴えられることはないという。

この規定は、各級裁判官、証人、警察官、弁護人、検察官といった法廷関係者が、被告人を含めて、裁判の結果はどうあれ自分が真実と信じていることを忌憚《きたん》なく述べうるようにという配慮から生まれたものである。

その発言によって何者かがいかに非難、中傷され、辱《はずかし》められ、あるいは名誉を損なわれようと、それが法廷での審理の一環としてなされたものであるかぎり、発言者は何者によるいかなる追及からも自由である。この権利はまた同時に、その発言を正確に報道し、印刷し、出版する者にも適用される。これを称して〝絶対免責特権〟という。

郊外の自宅に帰る地下鉄の中で、あるアイデアがビル・チャドウィックの心に芽生えはじめた。

ゲイロード・ブレント記者は、チャドウィックが四日がかりでついに発見したところによると、ハムステッドのしゃれた小さな通りに住んでおり、チャドウィックは次の日曜日の朝、そこへ出かけていった。日曜紙の記者なら日曜日は休みだろうと予測し、家族も週末を利用して田舎へ遊びにいくこともないだろうと運を神に預けたのだ。

彼は玄関前の階段を上がって、ベルを鳴らした。

二分ほどして、三十半ばの快活な感じの女性があらわれた。

「ブレントさんはおいででしょうか？」

と、チャドウィックは訊いた。そして間髪《かんはつ》をおかずに、つけくわえた。

「クーリエに載ったあの方の記事のことでちょっと」

決して嘘をついたわけではないが、この曖昧《あいまい》な表現で、ブレント夫人は、訪問客がフリート街のオフィスから来た人なのだと早合点した。彼女はニッコリ笑って奥の廊下のほうを振り向くと「ゲイロード」と声をかけて、ふたたびチャドウィックのほうに向き直った。

「すぐ参りますわ」

そして彼女は、どこかで声のしている子供のところへ退っていった。チャドウィックはそのまま待った。

一分ほどしてゲイロード・ブレントが玄関に出て来た。パステルカラーの綿のスラックスにピンクのシャツという恰好で、四十半ばの上品そうな男だった。

「何でしょう？」

と、彼はたずねた。

「ゲイロード・ブレントさんですね？」

と、チャドウィックは訊いた。

「そうですが」

チャドウィックは持ってきた新聞の切り抜きを開いて、差し出した。

「あなたがサンデー・クーリエに書いたこの記事のことですがね」

ブレントは切り抜きには手を出さずに、数秒間それに目をこらした。困惑の表情にかすかな怒りが添えられていた。

「これは四週間前のものですが、これについて何か？」

「日曜日だというのに朝っぱらからお邪魔してすみません」

と、チャドウィックはいった。

「でも、よんどころないことでしてね。じつは、この記事の中で、あんたはわたしの名誉を傷つけた。それもかなりあくどくね。おかげでこちらは仕事の面でも社交の面でもひどい迷惑をこうむっているんです」

ブレントの顔にはまだ困惑の表情が貼りついたままだったが、チャドウィックのこの言葉によって、激しい苛立《いらだ》ちがそれにとってかわった。

「あなたはいったいだれです？」

と、彼は訊いた。

「おっと、これはどうも失礼。ウィリアム・チャドウィックというものです」

この名前を聞いて、ゲイロード・ブレントはようやく相手の正体に気づいた。苛立ちが顔をおおいつくした。

「ちょっと、あなた、自宅に文句をいいに来てもだめですよ。然るべき筋をとおさなきゃ。弁護士に頼んで手紙を書いてもらうとか――」

「それもやりましたよ」

と、チャドウィックは相手の言葉をさえぎって、いった。

「でも、まるで効果がなかった。編集長にも会いにいったが、相手にしてくれない。で、仕方なく直接あんたのところへ来たんですよ」

「そんな無法な」

ゲイロード・ブレントは怒ってドアを閉めようとした。

「じつは、ちょっと差し上げたいものがあるんですよ」

と、チャドウィックは穏やかな声でいった。ドアにかけられたブレントの手が止まった。

「何です?」

「これですよ」

そういってチャドウィックは握り締めた右の拳を振り上げて、ブレントの鼻の先端に強く、しかしあまりひどくない程度にそれを叩きつけた。鼻の骨を折ったり、鼻中隔軟骨に損傷をあたえるほどの打撃ではなかったが、ブレントは思わず一歩退ってウッと大きく呻《うめ》くと、掌で鼻をおおい、目に涙を浮かべながら、垂れてきた鼻血を吸い込んだ。そして一瞬、狂人でも見るようにチャドウィックの顔を凝視し、すぐにバタンとドアを閉めた。廊下を駆けていく足音が外まで聞こえた。

チャドウィックはヒース・ストリートの角までいって、ようやく巡査を見つけた。まだ若いお巡りはすがすがしい朝の平穏《へいおん》を楽しみながらも、いささか退屈を持て余しているところだった。

「お巡りさん」

と、チャドウィックは彼に近寄って、声をかけた。

「ちょっといっしょに来ていただけませんか。この近所で暴力事件があったんです」

若いお巡りはぐいと頭を後ろにそらせて、

「暴力事件？」

と、訊いた。

「場所はどこです？」

「ほんの二丁ばかり先ですよ。ご案内します」

余計なことを訊かれないうちにと、彼は人差指を曲げて巡査を招き寄せると、さっと身体を回して、いま来た道を足ばやに引き返しはじめた。背後から巡査が胸の無線機に何か報告する声とブーツの重い音が聞こえてきた。

巡査がようやくチャドウィックに追いついたのは、ブレント家のある通りの角であった。チャドウィックは余計な質問を制するために歩調を速めながら、いった。

「ここですよ、お巡りさん、三十二番地です」

二人が辿り着いたとき、ドアはまだ閉まったままだった。チャドウィックはそれを指さして、

「この家です」

巡査は一呼吸おいてから疑わしげにチャドウィックを一瞥し、それからおもむろに階段を上がってベルを鳴らした。チャドウィックも階段を上がって巡査のわきに並んだ。ドアがそっと用心深く開いた。ブレント夫人が姿をあらわした。そして、チャドウィックの顔を見てギョッとしたように目をむいた。巡査が口を開く前に、チャドウィックが機先を制して、いった。

「ブレントさんの奥さんですね？　このお巡りさんがちょっとご主人にお会いしたいといってるんですが」

ブレント夫人はうなずいて、小走りに家の中へ引っ込んでいった。そして、奥でひそひそと話す声が、二人の訪問者の耳にまでひびいてきた。

〝警察〟と〝あの男〟という単語だけは、はっきり聞き取れた。一分ほどして、ゲイロード・ブレントが玄関にあらわれた。左手に冷たく濡《ぬ》らした布巾《ふきん》を持って、鼻に当てがっている。そして絶えず鼻をフンフン鳴らしている。

「はい」

「こちらがゲイロード・ブレントさんです」

と、チャドウィックは彼を紹介した。

巡査は念を押すように改めて訊いた。

「ゲイロード・ブレントさんですね？」

「そうです」

「ついさっき」

と、チャドウィックは横からいった。

「ブレントさんは鼻をなぐられたんです」

「ほんとうですか？」

と、巡査はブレントに訊いた。

「ああ」

ブレントは布巾の上からチャドウィックをにらみつけながら、うなずいた。

「なるほど」

と、巡査はいったが、そのじつ、まるでわかっていなかった。

「で、だれがやったんです？」

「わたしですよ」

と、傍でチャドウィックがいった。

巡査は信じられないといった顔で彼のほうを振り向いた。

「なんですって？」

「ですから、わたしがやったんですよ。わたしがこの人の鼻をなぐったんです。暴行傷害罪になるんじゃないですか」

「それは事実ですか？」

と、巡査はチャドウィックの言葉にかまわず、ブレントにたずねた。布巾の陰で顔がうなずいた。

「なぜまたそんなことを？」

巡査の質問はチャドウィックのほうに転じた。

「その点については」

と、チャドウィックはもったいぶっていった。

「署へいって供述書を作るときに詳しく説明します」

巡査は途方にくれた。そして、ややあって、ようやく口を開いた。

「よろしい、それでは署までご同行ねがいます」

このときヒース・ストリートには、五分ほど前に巡査が無線で呼んだパトカーがすでに来ていた。巡査は、中に乗っている二人の制服と二、三ことばをかわしたあと、チャドウィックといっしょに乗り込んだ。パトカーは二分後に地区警察に到着した。さっそくチャドウィックは当直の警部のところへ連れていかれた。そして若いお巡りが事の次第を警部に説明している間、黙ってそこに突っ立っていた。警部は、世慣れた中年のベテランで、変わった男だという表情でしばらくチャドウィックを観察していたが、やがて、

「あんたがなぐったというのはいったいだれです？」

と、訊いた。

「ゲイロード・ブレントさんです」

「その人が好きじゃないんですな？」

「あんまりね」

「この巡査のところへ自分がやったとしらせにいったそうですが、なぜまたそんなことを？」

チャドウィックは肩をすくめた。

「法律ってものがあるでしょう。法律を犯す行為がおこなわれたんです。警察にしらせるのが当然じゃないですか」

「もっともですな」

と、警部も認めた。そして巡査のほうを向いて尋ねた。

「ブレント氏のうけた傷害はひどいのかね？」

「そうは見えませんでした」

と、若い巡査は答えた。

「いってみればクラクションをそっと押した程度の傷です」

警部は溜め息を漏らして、

「所番地」

と、促した。

お巡りはそれを告げた。

「じゃちょっと待って」

そういって警部は奥の部屋に引っ込んだ。ゲイロード・ブレントの電話番号は電話帳に載っていなかったが、警部は局の番号案内でそれを聞き出して、電話をかけた。しばらくして彼はデスクに戻った。

「ゲイロード・ブレントさんはあまり訴えたくないようですな」

「それは問題じゃありませんよ」

と、チャドウィックはいった。

「告発するのはブレント氏じゃないんです。アメリカあたりならそういう手順になるんでしょうが、ここはアメリカじゃありませんからね。わが国においては、法律に反して暴行傷害罪が犯された場合、告発するかどうかを決定するのは警察の任務でしょうが」

警部は嫌《いや》なものでも見るように彼を見た。

「法律にお詳しいようですな」

「いろいろ読んで勉強しましてね」

「そりゃだれだって勉強するときはいろいろ読むでしょうな」

警部は溜め息をついた。

「それはともかく、本件の場合、警察は告発に踏み切らないかもしれませんぞ」

「もしもそうなったら、警察が告発しないとなったら、もう一度あそこへいって暴行傷害罪のやりなおしをするしかないですね」

警部は告発状の用紙をゆっくりと彼のほうへ押し出した。

「仕方ありませんな。名前は？」

ビル・チャドウィックは住所氏名を告げて、調べ室に案内された。彼はいずれ下級裁判所の判事に自分の行為について説明するといったきり、いっさいの供述を拒否した。それでも一応、彼が口にした言葉はタイプで打たれ、彼はそれに署名した。こうして彼はようやく正式に告発され、警部の判断で一金百ポンド也で保釈処分をうけ、翌朝ノース・ロンドン下級裁判所への出頭を命じられた上で帰宅を許された。

翌日、彼は再拘留《さいこうりゅう》をうけるため裁判所に出頭した。審問は二分で終わった。彼は起訴認否手続きにおける答弁を拒否した。その拒否が裁判所側によって、いずれ無罪を申し立てるつもりだと解釈されるのは承知の上だった。彼は二週間の再拘留を申し渡され、百ポンドで保釈を更新してもらった。この日は再拘留のための審問だったので、ゲイロード・ブレントは出廷しなかった。再拘留されたといっても、容疑はごく軽い暴行傷害罪だったので、市内の新聞にもほんの小さく載っただけだった。彼の住んでいる地区の連中はだれもその新聞を読まないので、近所の者でそれに気づいた者はいなかった。

本裁判がはじまる前の週に、フリート街やその近辺にある主要な日刊紙、夕刊紙、日曜新聞の編集長に、匿名の電話が次々にかかってきた。

いずれの場合も、電話の主は、クーリエ紙のスター探訪記者ゲイロード・ブレントが、次週月曜日にノース・ロンドン下級裁判所でおこなわれる、ビル・チャドウィックなる人物を被告人とする暴行傷害罪の裁判に関係者の一人として出頭する。編集長におかれては、同裁判に関する記事をＰＡ（プレス・アソシエーション——英国最大の国内通信社）の法廷記者にだけ頼ることなく、自分のスタッフをじかに派遣されるのが得策だろうと忠告した。

電話をうけた編集長のほとんどは、同裁判所の同日の開廷予定リストを調べてチャドウィックなる名前がリストにあるのを確認し、派遣する記者を決めた。どの編集長も何が起きようとしているのかまるで知らなかったが、もしや特ダネでもつかめるやもしれないと密かに期待したのだ。フリート街の同志意識も、労働組合運動の場合と同じように、己の利益の前には、もろくも崩れさってしまうのだ。

保釈期限の午前十時ちょうど、ビル・チャドウィックは裁判所に出頭し、彼にかかわる公判が開始されるまで待機するよう命じられた。開始が告げられたのは十一時十五分だった。彼は被告席に着くとき、記者席のほうをすばやく一瞥して、そこが満員になっているのを確認した。そしてこれは彼が入廷する前にすでに気づいていたことだが、証人として出廷を命じられたゲイロード・ブレントは、法廷の外、メーンホールにあるベンチにすわって待っていた。イギリスの法律では、証人は証言を求められるまで廷内にはいれないことになっているのだ。そして証言がすめば、後方の席に着いて審理を傍聴《ぼうちょう》してもよいとされている。こうした決まりを自らにも適用されたらどうにもならないのでチャドウィックはちょっと悩んだのだが、無罪を主張することによって、そのジレンマを解決した。無罪を主張すれば最初から廷内にあって争わなくてはならないからである。

開廷直後、下級裁判所の有給治安判事は、被告人が専門の弁護人をつけるまで休廷にしてはどうかと提案したが、彼はそれを拒否して、弁護は自分でおこないたい旨、説明した。判事は肩をすぼめて、それを認めた。

検察官が事件の事実関係を、判明している範囲で概略説明したが、その中で、事件の朝、ハムステッド地区においてクラーク巡査に事件発生を告げにいったのがチャドウィック自身だったと述べたときは、廷内がちょっとざわめいた。が、検察官は、それにかまわず、クラーク巡査を証人席に呼んだ。

若い巡査は宣誓の後、逮捕時の模様を陳述した。チャドウィックは反対尋問を望むかと訊かれた。彼は望みませんと答えた。もう一度、促された。ふたたび彼は拒んだ。クラーク巡査は退《さが》ってよいといわれて、後方の傍聴席にいって腰をおろした。次にゲイロード・ブレントが呼ばれた。ブレントは証人席に上がって宣誓した。チャドウィックは被告席で立ち上がった。

「裁判長」

と、彼はよく透《とお》る声で判事にいった。

「いろいろ考えてみたのですが、罪状認否に関する申し立てを変更したいと思います。有罪を認めます」

判事は呆然と彼をみつめた。尋問のために起立していた検察官が腰をおろした。証人席では、ゲイロード・ブレントが無言で突っ立っている。

「なるほど」

と、判事はいった。

「ほんとうでしょうな、チャドウィックさん？」

「はい。ほんとうにほんとうです」

「カーギルさん、異議がありますか？」

と、判事は検察官に質《ただ》した。

「異議ありません。被告人は、先ほど本官が概要を説明した事実関係について、もはや争わないものと判断いたします」

「事実関係についてはいっさい争いません」

と、チャドウィックは被告席からいった。

「あのとおりのことがあったのです」

判事がゲイロード・ブレントのほうを向いて、いった。

「せっかくご足労ねがったのですが、ブレントさん、あなたの証言は必要ないことになりました。このままお帰りになってけっこうです。傍聴をお望みなら傍聴席にお着きください」

ブレントはうなずいて、証言席から降りた。そして記者席のほうを見てさらにうなずくと、傍聴席へいって、すでに証言をおえた例の巡査の隣りに腰をおろした。判事がチャドウィックに向かって、いった。

「チャドウィックさん、あなたは申し立てを変更して有罪を認めました。つまり、ブレント氏に暴行を働いたことを認めたわけです。あなたの側の証人を喚問《かんもん》いたしますか？」

「いいえ」

「お望みなら性格証人を喚問してもよいし、刑罰軽減のためにご自分で証言なすってもけっこうですよ」

「証人は呼びたくありません」

と、チャドウィックは答えた。

「刑罰軽減に関連して、被告席から申し述べたいことがございます」

「それは被告人に認められている特権ですから、どうぞ」

チャドウィックは裁判官席に向かって立ち上がると、ポケットから折り畳んだ新聞の切り抜きを取り出した。

「裁判長、いまから六週間前、ゲイロード・ブレント氏は、氏の勧めるサンデー・クーリエ紙の紙上に、この記事を執筆掲載いたしました。ぜひご一読ねがいたいと思います」

控えの席から廷吏が立ってきて切り抜きを受け取ると、それを裁判官席へ持っていった。

「これは本件審理と関係があるのですか？」

「ございます。大いに」

「よろしい」

そういって判事は、廷吏の差し出した切り抜きを取って、すばやく目をとおした。そして、読みおえたそれを下に置いて、つぶやくようにいった。

「なるほどね」

「その記事の中で」

と、チャドウィックはつづけた。

「ゲイロード・ブレント氏は、わたしの名誉を著しく不当に損ないました。お読みになっておわかりのように、その記事は、ある商品を扱っているある会社が倒産して、多数の取り引き関係者が損失を被《こうむ》ったという事件を報じたものです。不幸にしてわたしは、その会社に取り込まれた人間の一人でありまして、当時は、他の多くの人たちと同じように、信頼できる商品を扱っている健全な会社だと信じていたのです。事実を申せば、わたしもまた、自分のあやまちから金銭を失ったのです。それはまったくのあやまちであります。ところが、この記事の中で、思いもかけず、会社側と共謀して倒産劇を演じたという、何の根拠もない責めを負わされたのであります。しかも、そうした不当な記事を書いたのは、家庭の守りも満足にできない、無精怠慢かつ無能な人物なのです」

傍聴席でひとしきり驚きの声が小さくあがった。ついで一瞬の間があった。その直後、記者席で、鉛筆の群れが罫《けい》を引いたメモ用紙の上で激しく踊りはじめた。

検察官が立ち上がって、

「かような発言がほんとうに刑罰軽減の訴えに必要なのでしょうか、裁判長?」

と、泣きそうな顔でいった。

すかさずチャドウィックは応戦した。

「裁判長、わたしはただ本件の背景を説明しようとしているだけです。なぜこうした事件が起こったのか、その理由をご理解ねがえれば、裁判長としても裁定が下しやすいのではないかと思いまして」

判事はしばらくチャドウィックを凝視した後、

「被告人の発言はもっともです」

と、認めた。

「つづけてください」

「ありがとうございます。このいわゆる探訪記者が、こうしたでたらめを書く前に、一度でもいい、わたしに接触してくれていれば、こちらとしてもすべての書類や預金通帳、当座に出入りした金銭の記録等を提示して、わたしもまた買い手としてだまされ、多額の損失を被ったのだということを疑問の余地なく証明できたのです。しかし、あの人は、わたしに接触するという労をいとった。電話帳をちょっとのぞけば、わたしの番号がわかるのに、です。どうやらこの怖《こわ》いもの知らずの記者は、うわべのまじめさという仮面の下に、事実を検証するより酒場あたりのゴシップを尊重するという悪癖《あくへき》を隠しているようです」

ゲイロード・ブレントは、怒りに顔面を紅潮させて、傍聴席から立ち上がると、

「おい、ちょっと——」

と、大声で怒鳴りはじめた。

「静粛《せいしゅく》に！」

廷吏も立ち上がって負けずに吠えた。

「静粛にねがいます!」

「チャドウィックさん、あなたの怒りはもっともではあるけれど」

と、判事が重々しくいった。

「この陳述が刑罰軽減の訴えとどういう関係があるというのですか」

「裁判長」

と、チャドウィックはへり下って、いった。

「わたしは裁判長の正義感に訴えようとしているだけです。平穏に、法にかなう生活を送ってきた人間が突如として他人になぐりかかったら、その人がなぜそういう自分の性格に反するような行為に出たのか、その動機を解明するのが至当ではないでしょうか。それがまた判決を下す責務を負った方の判断に影響をあたえるのもまた当然だと思いますが?」

「よろしい」

と、判事は彼の訴えを容《い》れた。

「それでは動機の説明を聞きましょう。ただし、もっと穏当《おんとう》な言葉を使ってください」

「気をつけます」

と、チャドウィックはいった。

「この虚偽を寄せ集めた記事が真摯《しんし》な報道の仮面をかぶって世に出て以後、わたしの仕事はいたく傷つけられました。取り引き先の中には、ゲイロード・ブレント氏のもっともらしい暴露《ばくろ》記事が、足を使っての調査によるものではなくて、ウイスキー・ボトルの底からでっちあげたものだということを知らないために、それを信じようとする者さえ出はじめる始末でした」

傍聴席で、ゲイロード・ブレントは逆上していた。彼は隣りにいる巡査を突っついて、小声でいった。

「あんな暴言が許されるのか？」

「シーッ」

ブレントは立ち上がった。

「裁判長、わたしにもいわせてもらいたい――」

「静粛に！」

と、廷吏が彼を制した。つづいて判事がぴしりと決めつけた。

「これ以上審理の妨げになるような発言があったら、その者に退廷を命じます」

「そこで」

と、チャドウィックは陳述をつづけた。

「わたしは考えはじめました。自分の書くものの裏付けもとろうとしない怠惰な愚か者がいったい何の権利があって、大新聞のもつ法的、経済的な力の陰に身を隠すことができるのか、偽りの記事によって、自分が会って話を聞く労さえいとった弱い者、営々と働きつづけ、まじめに生活してきた者を破滅に追いやって平然としておれるのか、と」

「名誉毀損を正すには、ほかにも方法がありますぞ」

と、判事がいった。

「たしかにございます。しかし、法曹《ほうそう》の一員として裁判長もご存じのはずですが、全国紙のもつ強大な力に法廷で挑戦するには、経済的に非常な重荷を背負わなければならず、今日、それに耐えうるような人間はほとんどおりません。そこで、わたしは、編集長に会って、事実と書類を証拠に、あなたの部下はまったく間違っている、しかも正確を期そうとする努力さえしなかった、ということを明らかにしようとしたのであります。ところが、編集長はわたしに会おうとしませんでした。一度も。やむなくわたしはゲイロード・ブレント氏に直接、会いにいきました。ですが、新聞社のほうでどうしても会わせてくれないので、とうとう自宅へいったのです」

「鼻をなぐりつけるために?」

と、判事はいった。

「いくら名誉を汚されたといっても、暴力では解決が得られませんぞ」

「なぐるためにいったなんてとんでもない」

と、チャドウィックはわざと驚いたようにいった。

「もちろん、鼻をなぐりつけるためにいったのではありません。説得するためです。事実をちゃんと調べてくれれば、彼の書いたものが真実でないということがわかるからと、訴えにいったのです」

「ほう」

と、判事は興味を示して、いった。

「やっと動機らしきものが出てきましたな。ブレント氏に訴えるために自宅までいったというわけですか？」

「そのとおりです」

これは検察官も、むろん、知っていることだが、チャドウィックは、自分が宣誓しておらず、しかも被告席から発言しているため、反対尋問に付されることはないとわかっていた。

「それではなぜ言葉で説得しなかったのです？」

と、判事はたずねた。

チャドウィックは肩を落として、答えた。

「もちろん、説得しようとしました。ですが、あの人は、新聞社で受けたのと同じように侮蔑的な態度でわたしを追い払おうとしたのです。わたしが取るに足りない小者、何の背景もないただの人間、強大なクーリエ紙に歯向かうことのできない弱者だと知っているからです」

「それで、何があったのです？」

「いまだから申し上げますが、そのとき、わたしのなかで、何かがポキリと折れてしまいました」

と、チャドウィックは力なくいった。

「そして、許すべからざることをやってしまったのです。あの人の鼻をなぐりつけたのです。あのように自分を失ってしまったのは、長い一生のなかでもあの一瞬だけです」

一気にしゃべりおえて、チャドウィックは着席した。判事は裁判官席からじっと彼をみつめた。

あんたは、ゴム紐につけたコンコルドのオモチャみたいに、自分をコントロールする力を失ってしまったのだ、と、判事は心の中でチャドウィックに語りかけた。以前にある法廷で下した裁定について、新聞にさんざん叩かれたときの記憶が否応なく甦《よみがえ》ってきた。後に彼の裁定が正しいと証明されただけに、そのときの怒りが倍加して感じられた。彼は声を高めて、いった。

「これはきわめて重大な事件といえましょう。当法廷としては、被告人が自分のことが誤って報じられたと感じていたということ、そして事件の朝、自宅からハムステッドへ赴いたときには暴力行為を犯す意志のなかったということを、認めざるをえない。しかしながら、あなたがブレント氏をその自宅玄関において殴打《おうだ》したという事実は明白である。この民主社会においては、個々の市民が、国の重要な新聞社で働くジャーナリストの鼻を殴打して歩くなどという無法は許されない。よって、被告人に罰金百ポンドを科し、裁判にかかわる費用五十ポンドの納付を命令する」

ビル・チャドウィックが小切手を切っている間に、われ先にと席を立った記者たちは、電話とタクシーめがけて殺到していった。チャドウィックは、裁判所の玄関を出て階段を降りかけたとき、だれかに腕をつかまれた。

振り向くと、ゲイロード・ブレントが怒りに青ざめ、ショックで身体を震わせながら、そこに立っていた。

「ふざけやがって」

と、ジャーナリストはいった。

「あんなことをいってただですむと思ったら大間違いだぞ」

「いえ、大丈夫ですよ。被告人席での発言はあらゆる責めから免れるんです。免責特権というやつでね」

「しかし、ぼくは、あんたがいったような、あんなでたらめな記者じゃないぞ。ひとのことをあんなふうにあしざまにいうなんて許せない」

「なぜです？」

と、チャドウィックは穏やかな声音でいった。

「あんたこそ書いたじゃないですか」

# 完全なる死

ティモシー・ハンソンは己が人生で出会うさまざまの問題に、いつも冷静で、計算し抜いた足取りで接近する。あくまでも冷静に事態を分析して最も自分に有利な途を選び出し、その途を決然として進んでいくという、長年のうちに身につけたこの処世術のおかげで、人生も熟年に達したいま、人もうらやむような富と社会的な地位を得ることができたのだと、それを誇りに思っていた。

すがすがしい四月のある朝、彼は、ロンドン医学界のエリートたちが集まり住むデボンシャー・ストリートのその家を出て玄関前の階段上に立ち、磨き抜かれた黒塗りの扉が背後でうやうやしく閉まる音を聞きながらしみじみと自分をかえりみた。

その家の主は内科専門の著名な相談医で、長年彼の健康を見守ってきた親友なのだが、診察を乞《こ》いにきたのがまったく見ず知らずの人間だったとしても、深い憂慮に閉ざされてしまっただろう。まして相手は親しい友人であり、その辛さはひとしおだった。彼の苦悩は患者のそれよりも大きく見えた。

「ティモシー、わたしはこれまで患者にこういう結果を打ち明けたのは三回しかない」

医師は、前に置いたX線写真のフォルダーとカルテに、開いた両の掌《て》をかぶせながら、いった。

「信じてもらいたいのだが、これほど辛《つら》い経験をしたのは、医師としての長い人生のなかでも初めてのことだ」

ハンソンは、何だろうとあんたのいうことなら信じるよと、表情で告げた。

「苦しまぎれに嘘でもつきたいところだが、あんたの人となりを知っているだけにそれもできない」

医師のこの賛辞と率直さに、ハンソンは感謝の言葉を返した。

相談医は親友を診察室の敷居《しきい》のところまで送り出して、

「わたしにできることが何かあったら……陳腐《ちんぷ》な科白《せりふ》だが……わたしのいっている意味はわかるだろう……何かあったら……」

ハンソンは医師の腕をつかんで微笑を返した。その言葉だけでじゅうぶんだった。彼が求めていたのは、その友情あふれる言葉だったのだ。

白衣の受付嬢がハンソンを玄関まで導いて、丁重に送り出した。彼はいま玄関前に立って、深く一回、息を吸いこんだ。冷気は澄んでいた。夜の間に、北東の風が街を清めてくれたのだ。階段の上から彼は優雅に落ち着いたたたずまいを見せる通りを見おろした。その街路には金融コンサルタントや一流弁護士のオフィス、そして著名な医師たちの診察室が軒を並べていた。

すぐ下の歩道を、ハイヒールの若い女性が、きびきびとした身のこなしで、メアリールボーン・ハイ・ストリートのほうへ歩いていく。生気に満ちた姿だった。双眸《そうぼう》はきらきらと輝き、頬《ほお》は冷気に上気してピンクに染まっていた。ハンソンは彼女の視線をとらえ、思わず微笑を浮かべて白髪《しらが》まじりの頭を傾けた。彼女は一瞬驚いたようだったが、すぐにお互いに見知らぬ他人だと気がついた。それは知人としての挨拶ではなくて、男としての女に対するお愛想だった。彼女はふっと微笑を返して、腰の振りを誇張しながら通りすぎていった。運転手のリチャーズは気がつかないふりをしていたが、この二人のやりとりをすっかり見ていて、ほほえましいという顔をしていた。彼はロールスロイスの後部に立って、主人を待っていたのだ。

ハンソンは階段を降り、リチャーズが車のドアを開いた。主人は車に乗り込み、車内の暖かさにホッと緊張をゆるめた。そして、コートを脱いで丁寧《ていねい》に畳むと傍のシートに置き、その上に黒い帽子をのせた。リチャーズは運転席にすわって、

「オフィスですか？」

と、たずねた。

「いや、ケントへいってもらおう」

ロールスロイス・シルバーレイスはそこから南へ折れてグレート・ポートランド・ストリートにはいり、テームズ河に向かって走りはじめた。そのとき、リチャーズは、胸につかえていた疑問を思い切って口にした。

「心の臓には異状ないんですか？」

「ああ」

と、ハンソンは答えた。

「どうやらまだ動いているよ」

実際、心臓には何の異状もなかった。そういう意味では、ハンソンはまだ雄牛のように丈夫だった。しかし、いま自分の腸を食い荒らしている貪欲《どんよく》な狂気の細胞について、運転手を相手に議論するには、時と場所がふさわしくなかった。ロールスロイスはピカデリー・サーカスでエロス像の前を通過し、ヘイマーケットを下る車の列に合流した。

ハンソンはシートの背に身をもたせて、天井の内張りをみつめた。六か月という時間は、懲役刑《ちょうえきけい》の判決をうけた人間とか両脚の骨折で入院した者にとっては、途方もなく長いものに感じられるにちがいないと、彼は想った。しかし、余命がそれだけだと宣告された者にとっては、決して長い時間ではない。あまりにも短すぎる、それは猶予《ゆうよ》である。

もちろん、最後の一か月は入院を余儀なくされるだろうと、医者はいった。病状が悪化したときには、もちろん、入院は不可避だろう。またきっと悪化するにちがいないのだ。しかし、鎮痛剤《ちんつうざい》もあることだし……新しい、強力なやつが……。

リムジンは左折してウエストミンスター・ブリッジ・ロードにはいり、まもなく橋にさしかかった。テームズ河の向こうに見えるカウンティ・ホールのクリーム色の巨体が、車の進むにしたがって、しだいに近づいてきた。

ハンソンは、新しい社会党政権が導入した犯罪的な税率にもかかわらず、少なからざる所得のある資産家だった。シティーの認可を受けた販売権を所有する貴金属コイン商であるが、商売は順調で業界でも尊敬されているし、オフィスのある建物《ビル》の自由保有権も持っていた。

しかも、会社はすべて彼のもので、共同経営者もいなければ、他に株主もいなかった。

ロールスロイスはエレファント、カースル両通りの交差するロータリーを通過して、オールド・ケント・ロードに向かいつつあった。メアリールボーン・ハイ・ストリートのあの人工の優雅さはすでに遠くすぎ去り、オックスフォード・ストリートの商業の富裕さやウエストミンスター橋で河をはさんで向かいあうホワイトホールとカウンティ・ホールという二つの権力の座もすでに視界になかった。エレファント・ストリートをすぎると周囲の景観は貧しくうらぶれたものになる。その一帯は、都心部の富と権力と郊外住宅地の端正な落ち着きとにはさまれて放置されたままになっている、都市問題の吹き溜りの一部なのだ。

ハンソンは、窓外を流れ去っていく、くたびれた古い建物の列を、マイル当たりの建設費が一千万ポンドというハイウェーの上をゆく五万ポンドの高級車の中から、ながめた。そして、いま自分がそこへ向かいつつあるケント州の美しい荘園ふうの邸宅を、好もしい思いで思いやった。二十エーカーもある公園のような敷地はいつもきれいに手入れされ、樫《かし》や樺《かば》やシナノキの巨木が風情をそえていた。あの屋敷はどうなるだろうと、彼は想った。それにメイフェア街にある広いアパート。そこは週日にときおり、ケントまで車で帰るのが億劫《おっくう》なときとか、外国から来たバイヤーをホテルほど格式ばらない雰囲気のなかで接待するときなどに利用していた。そこなら客もくつろいだ気分になれるし、おかげで有益な取り引きができるのである。

財産としては、会社と二つの不動産のほかに、長い年月をかけて集め、いつくしんできたコインのコレクションがあった。それに各種の債券と株、いろんな銀行に持っている預金。いま乗っている車も財産のひとつだった。

その車が、オールド・ケント・ロードでもさらに貧しい地区のとある横断歩道で、急停止した。リチャーズは怒声を発した。ハンソンは窓から外を見た。二列になった幼児たちが、四人の尼僧に導かれて道路を渡りつつあった。尼僧は列の先頭と後尾に二人ずつついていた。その行列の最後尾にいた男の子が、横断歩道の真ん中で立ち止まって、好奇心をむき出しにしてロールスロイスをみつめている。

丸い、きかん気そうな顔に、しし鼻をくっつけ、ざんばら髪の上から〝StB〟とイニシャルのついたキャップを斜めにかぶっている。ストッキングの一方はずり落ちて踝《くるぶし》のところに巻きついている。そのゴムバンドは、おそらく、ゴム鉄砲の必須の部品として、どこかで本来の役目など比較にならないほど重要なそれを果たしているにちがいない。悪童はふっと顔を上げて、薄く色のついた窓ガラスの奥から自分をみつめている、いかにも偉そうな白髪の頭を見つけた。そして鼻にしわを寄せて顔をしかめると、右手の親指を鼻に当て、さも憎たらしげに残りの指をわななかせた。

それに応《こた》えて、ティモシー・ハンソンは、表情ひとつ変えることなく、自分も右手の親指を鼻の先端に当てて同じゼスチャーを悪童に返した。その様子をリチャーズはバックミラーでとらえたはずだが、片方の眉をぴくりと一度動かしただけで、すぐまたフロントグラスから前方を凝視した。横断歩道の悪童は呆気にとられた顔をしていたが、やおら鼻にやっていた手を降ろすと、顔じゅうでニヤリと笑った。そして、あわてて近寄ってきた若い尼僧にせきたてられて、横断歩道を渡っていった。やがて列を整えなおした幼児たちは、ガードレールに守られて建っている大きな灰色の建物に向かって行進を開始した。思わぬ障害から解放されたロールスロイスも、ふたたびケントをめざして動き出した。

三十分後、拡大をつづける郊外住宅地もようやく後方に姿を消して、高速自動車道二〇号線の長大なうねりが前方に見えた。やがて白っぽいノース・ダウンズの丘陵が視界から消え去り、車は、丘と谷の連なるイングランドの庭園にはいった。ハンソンは、いつしか、十年前に亡《な》くなった妻のことに思いをはせていた。しあわせな、じつにしあわせな結婚生活ではあったが、惜しむらくは子供が生まれなかった。やはり養子をもらうべきだったのかもしれない。二人ともそのことについては考えに考え、その気になったこともあったのである。彼女は一人娘で、両親とも早くに亡くしていた。彼のほうには妹が一人いたが、彼はその妹が嫌いでたまらず、そのろくでなしの亭主や同じように不愉快な息子も、ともに嫌い抜いていた。

メードストーンの南で高速自動車道は尽きていた。そこからさらに数マイル進んだハリエットシャムで、リチャーズは幹線から降りて南へ、汚れない果樹園と野と森とホップ畠からなるウィールドと呼ばれる美しい土地へ向かった。その美しい田園地帯に、ハンソンのカントリー・ハウスはあった。

事は英国経済と金融の総元締めである大蔵大臣ともかかわりがあった。大臣は当然のことに、国としての分け前を税金という形で要求するだろうと、ハンソンは思った。しかも、たっぷりと。いずれにせよ、長年の遅れはあったが、彼はいまこそ遺言状《ゆいごんじょう》をつくろうとしていた。

「パウンドがお会いになります」

と、秘書が告げた。

ティモシー・ハンソンは立ち上がって、パウンド・ゴガティ法律事務所の共同経営者、マーチン・パウンド氏の部屋《オフィス》にはいっていった。

弁護士はデスクから立ち上がって、彼を迎えた。

「やあ、ティモシー、久し振りだな」

ハンソンは、働き盛りの金持ちの多くがそうしているように、弁護士、ブローカー、会計士、そして医者という利用価値の高い四種類の人間と昔から親交を結び、そのいずれともファーストネームで呼び合う仲となっていた。二人はともに腰をおろした。

「きょうはまた何だね？」

と、パウンドが訊いた。

「ほかでもないんだが、きみはしばらく前から、遺言状をつくっておけとさかんに勧めていただろう、マーチン」

「そうだよ」

と、弁護士はいった。

「非常に賢明な措置じゃないか。あんたは長く放置しすぎたくらいだよ」

ハンソンはアタッシェケースに手を入れて、赤い封蠟《ふうろう》をほどこした分厚い封筒を取り出した。そして驚いている弁護士に、デスク越しにそれを手渡した。

「こいつがそうだ」

パウンドは、いつものつるりとした顔に当惑の色を浮かべて、その封筒を受け取った。

「ティモシー、わたしとしては……あんたのところみたいに大きな不動産のある場合は……」

「大丈夫だよ」

と、ハンソンはいった。

「遺言状はすでにある弁護士に頼んでつくってしまったんだ。わたしの署名も証人の署名もちゃんとはいっている。曖昧《あいまい》な点はひとつもない。異議の出そうな余地はいっさいないようにしてある」

「なるほど」

「怒らんでくれたまえ。きみは、なぜおれに頼まないで田舎の弁護士なんぞのところへいったのだと、不服なんだろう。でも、これには理由があるんだ。信じてくれないか」

「もちろん、信じるとも」

と、パウンドはあわてて応えた。

「疑うわけがない。で、わたしに保管してくれというのかね？」

「そうなんだ。それからもうひとつ。じつは、この遺言の中で、きみを唯一の遺言執行人に指名させてもらった。こういえばきみは、中の文面を見たいと思うだろう。でも、誓っていうけど、この中で執行人に依頼してある任務には、弁護士としても友人としても、きみが良心を咎《とが》められるようなものはひとつもない。引き受けてくれるかね？」

パウンドは、両手で封筒の重みを測るような仕草をした。

「いいだろう」

と、彼はいった。

「信頼してもらってけっこう。まあ、いずれにせよ、ずいぶん先の話になるだろう。あんたは健康そのものだからね。正直いって、わたしなどよりずっと長生きすると思うよ。そのときはどうする？」

ハンソンは弁護士の軽口にこめられている友情がうれしかった。そして十分後、彼はグレイズ・イン・ロードに降りそそぐ五月初めの明るい陽光のなかに出ていった。

その年の九月半ばまで、ティモシー・ハンソンは、死などとは無縁に仕事に精を出していたころと同様の忙しい日々を送った。その間にヨーロッパへ数回も旅し、さらに足繁くシティー・オブ・ロンドンに通った。不意に死に直面した人間は、さまざまの複雑な俗事をきちんと整理する機会などないまま天国に旅立っていくのがふつうだが、ハンソンは、自分だけはすべてを思いどおりに片づけてから逝《い》くのだと固く心に決めていた。

九月十五日、彼はリチャーズを家の中に呼んだ。リチャーズは運転手兼雑用係として細君とともに過去十二年間、ハンソンに仕えてきた男である。家の中にはいった彼は、図書室にいる主人のところに顔を出した。

「ちょっときみに教えておきたいことがあってね」

と、ハンソンはいった。

「じつは、この年末を機に、引退することにしたんだ」

リチャーズは驚いたが、表には出さなかった。この話にはつづきがあると看《み》て取ったからである。

「それを機会に住まいも海外へ移そうと思っている。どこか陽気のいいところに、小ぢんまりした家をかまえて、余生を楽しむつもりなのだ」

そういうことだったのかと、リチャーズは落胆した。しかし、三か月も前に教えてくれたのは、主人の親切というものである。そうはいっても、労働市場がいまのような状況では、すぐにも仕事を捜さねばならない。いや、捜すのは仕事だけではない。ここでの仕事に付随していた、小ぎれいなコテッジにかわる住まいをも見つけなくてはならないのだ。

ハンソンはマントルピースから分厚い封筒を取って、リチャーズに差し出した。運転手は、わけもわからないままそれを受け取った。

「この屋敷に移り住んでくる人が、引き続いてきみと奥さんを雇ってくれればいいのだが、そうでない場合、ほかで就職口を捜さなくちゃならない」

「そういうことになります」

「もちろん、ここを発つ前に、これ以上はないというきみの信用保証書を用意しておくつもりだ。ただし、これはビジネス上の理由から頼むんだが、然るべきときまでこのことを村で、いや人さまにはいっさい、洩らさないでほしいのだ。それから職捜しのほうも、十一月一日まで、やらないでくれるとありがたいんだがね。要するに、わたしが引退して移住するというニュースをここしばらくの間、世間に伏せておきたいということだよ」

「わかりました」

と、リチャーズはいった。彼はまだ分厚い封筒を手に持っていた。

「それで思い出したが」

と、ハンソンは封筒を目にとめて、いった。

「もうひとついっておきたいことがある。その封筒のことだよ。きみと奥さんは、この十二年というもの、じつにわたしに優しく、忠実に仕えてくれた。心からありがたいと思っているよ。これまでいつも感謝してきたのだ」

「光栄です」

「わたしが海外へ発ったあとも、わたしの思い出を大切にしてくれると、なおありがたい。職捜しを六週間も先に延ばせば、いろいろ不都合も生じるだろうが、まあそのことは一応べつにして、きみの将来に何らかの形で役に立ちたいと思って、その封筒を用意したんだ。その中には、足のつかない二十ポンド紙幣で一万ポンドの金がはいっている」

リチャーズの自制心はここにきてついに崩れ落ちた。眉がぴくりと上がった。

「ありがとうございます」

涙声で彼はいった。

「いや、礼などいいんだよ」

と、ハンソンはいった。

「現金などという異例のかたちにしたのは、営々として稼いだ金をごっそり税務署にもっていかれるのがいやだからで、たいていの人がそうだと思うよ」

「まったくそのとおりです」

と、リチャーズは感情をこめていった。札束の厚みが封筒の外からでもわかった。

「金額が大きいから、露見すればきみは贈与税をとられる。だから預金になどしないで、安全なところに保管しておくんだな。そして使うときも、税務署の注意をひかないように、一度にたくさん使わないように。その金はあくまでも、きみたち夫婦が数か月後に新しい人生に再出発するのに役立つようにと思って進呈するんだから、そのつもりでね」

「ご心配なく」

と、リチャーズはいった。

「万事心得てますから。近ごろはだれだってそうですよ。お心づかいありがとうございます。女房もきっと喜びます」

リチャーズは、新しいロールスロイスのワックスがけを再開すべく、しあわせな気分で砂利《じゃり》敷きの内庭を渡っていった。これまで給料はよかったし、住まいもコテッジを無料で使わせてもらっていたので、かなりの預金があった。そこへまた一万ポンドという大金が舞い込んだのだ。ますます厳しさをます労働市場にあえて割り込んでいく必要はなさそうだった。それに、ちょうど好都合なことに、彼と細君のミーガンが例のあの年の夏、彼の故郷ウェールズのポースコウルで見つけた、あの小ぢんまりとした下宿屋が売りに出ている……。

十月一日の朝、ティモシー・ハンソンは、太陽がまだ地平線からじゅうぶん昇りきらない時刻に、二階の寝室から下に降りてきた。リチャーズの細君が朝食の支度《したく》と掃除のためにコテッジからやってくるまでに、一時間の余裕があった。

前夜もまた苦痛の連続であった。ベッドサイドテーブルの抽出《ひきだし》にカギをかけてしまってある鎮痛剤も、下腹をえぐるような激痛に対して、しだいに効果を失いつつあった。いつも年齢より若く見えていたハンソンも、いまは灰色に憔悴《しょうすい》して、すっかり老け込んでいた。自分にできることはもう何もないと、彼は悟った。ついにそのときは来たのだ。

彼は十分間をかけてリチャーズ宛に短いメモを書いて二週間前についた嘘を謝り、ただちにマーチン・パウンドの自宅に電話をかけてくれと頼んだ。そしてそのメモを、図書室の敷居ぎわの床に置いた。暗い寄木細工《よせぎざいく》の床の上で、それは明るく浮かんで見えた。次に彼はリチャーズに電話をかけ、応えた眠そうな声に、細君は朝食の支度に来なくてもよい、そのかわりリチャーズが三十分後に図書室まで来てくれと指示した。

電話を切った彼は、カギをかけた箪笥《たんす》から、ショットガンを取り出した。その銃は扱いやすいように銃身を十インチほど切り詰めてあった。彼はその銃尾にヘビーゲージの散弾を二発、詰め込んで、図書室に戻った。

何ごとにも用意周到な彼は、愛用してきた革張りのウイングチェアに、厚い馬用の毛布をかけた。その椅子はもう他人のものであり、血で汚してはすまないという配慮からであった。彼は銃を抱いて椅子にすわった。そして名残り惜しそうに周囲を見まわした。そこには愛蔵してきた書物が並んでいた。かつて珍しいコインのコレクションをおさめてあったキャビネットがあった。やがて彼は銃口を胸に当て、引き金に指をかけると、ひとつ大きく息を吸い込んで、心臓を撃ち抜いた。

マーチン・パウンド弁護士は、オフィスに隣りあわせた会議室のドアを閉めると、長いテーブルの端に席を占めた。彼から向かって右手の中ほどに、アーミテッジ夫人がすわっていた。彼の依頼人であり友人でもあった故ティモシー・ハンソンの妹で、この女性のことは彼も故人からいろいろ聞かされていた。彼女の隣りには亭主が腰をおろしていた。夫婦とも黒を着ていた。夫婦と向かいあうかたちで、息子のターキンが、いかにも退屈そうに、無精《ぶしよう》たらしくすわっていた。二十代前半の若者で、弁護士の特大の鼻を、中に何が詰まっているのか見たくてたまらないという表情で、ながめている。パウンドは眼鏡の位置を指でなおして、三人組に話しかけた。

「まず最初にお伝えしておきますが、わたしは故ティモシー・ハンソン氏から唯一の遺言執行人に指名されております。通常の場合でしたら、執行人として、ハンソン氏の死亡を知ると同時に遺言状を開き、たとえば埋葬《まいそう》の準備といった差し当たって急を要することがらについて何らかの指示が書かれているかどうかを確認するのが普通です」

「遺言状はあなたが書いたんじゃないんですか？」

と、アーミテッジが訊いた。

「いいえ、わたしじゃありません」

「じゃ、何が書いてあるか知らないってわけだ」

と、アーミテッジ・ジュニアが口をはさんだ。

「まったく存じません。じつを申しますと、ハンソン氏は、自殺した部屋のマントルピースの上に、わたし宛の手紙を残してありまして、わたしもそれを読んで初めて遺言状を開いたようなわけです。その手紙の中で、彼はいろんなことを明らかにしておりますが、いまからそれをお話しします」

「それより遺言の中身のほうを早く聞きたいなあ」

と、アーミテッジの息子がいった。

パウンドは何も応えず冷ややかに彼をみつめた。

「あなたは黙っていなさい、ターキン」

と、アーミテッジ夫人が穏やかに息子をたしなめた。

パウンドは話をつづけた。

「まず第一に、ティモシー・ハンソンは錯乱状態で自殺したのではないということです。じつは、癌《がん》の末期症状にありまして、四月の時点ですでにそのことを知っていたのです」

「かわいそうに」

と、アーミテッジが口をはさんだ。

「その後、わたしはこの手紙をケント州の検視官に見せましたが、癌の件はハンソン氏のかかりつけの医師の証言と解剖《かいぼう》とによって確認されました。おかげで、死亡証明書の取得、埋葬許可書の申請と発行といった手間のかかる手続きもわずか二週間で完了いたしました。第二に、故人は、これらの手続きが完了するまで遺言状を開いてくれるなと述べておりました。そして第三に、遺言状の内容を手紙でしらせるというような方法をとらず、残された親族、妹さんのアーミテッジ夫人、そのご主人、そしてご子息の面前で、正式に読み聞かせてくれと希望しておりました」

親族三人は驚きの表情であたりを見まわした。その様子には悲しさなどまるでなかった。

「でも、ここにいるのはぼくたちだけじゃないの」

と、アーミテッジ・ジュニアがいった。

「そのとおりです」

「すると、相続人はわれわれだけということになりますね」

と、アーミテッジがいった。

「必ずしもそうとはかぎりませんな」

と、パウンドは応えた。

「あなた方に本日ここにおいでいただいたのは、故人の手紙にそう書いてあったからでして、相続人云々はまた別の問題です」

「兄さんはあたしたちをからかうつもりかしら……」

と、アーミテッジ夫人が陰鬱な声でいった。彼女の口は、しゃべるときも、いつもの癖らしく、細い一本の線のようにふたがれたままでほとんど開かなかった。

「それでは遺言状のほうに移りましょうか」

と、パウンドは促した。

「賛成」

すかさずターキンが応じた。

マーチン・パウンドは細いレターオープナーで、かさばった封筒の端を丁寧に開いた。そして中からもう一通の分厚い封筒と、左端を細い緑色のテープで綴《と》じた三ページからなる書類を取り出した。ついでパウンドは分厚い封筒を傍に置くと、書類を開いて、おもむろに読み出した。

「これは、わたし、ティモシー・ジョン・ハンソンの遺言であり——」

「そんな決まり文句はどうだっていい」

と、アーミテッジがさえぎって、いった。

「つづけてください」

細君は亭主の言葉を無視した。

パウンドは、眼鏡の上から、嫌なものでも見るように、夫婦を一瞥《いちべつ》した。それから彼はつづけた。

「わたしは、この遺言が英国の法律にのっとって解釈されるものと期待する。二、わたしはここに、これまでに作成したすべての遺言状の無効を宣言し……」

アーミテッジ・ジュニアは、はっきり声に出して溜め息をついた。長たらしい前置きに飽きてしびれをきらしているのだ。

「三、遺言執行人として次なる人物、すなわち、パウンド・ゴガティ法律事務所の弁護士マーチン・パウンドを指名し、本遺言の諸条項の執行を委任する。四、執行人はいまこの時点において封筒を開かれたし。同封筒の中には、わたしの埋葬に必要な経費、執行人の手数料及び遺言の執行にともなう諸経費に充当すべき金を封入しあり。残金の生じた場合は、執行人の選択になる慈善基金に寄付されたし」

パウンド氏は遺言状を下に置いて、ふたたびレターオープナーを手に取った。そして開封した封筒から、二十ポンド紙幣の束を五つ、取り出した。すべて新券で、束ごとに巻いてある茶色の紙バンドには、各束の金額を千ポンドとしるしてあった。ターキンは鼻の穴をほじくるのをやめて、好色漢が処女をながめるときのような表情で、札束をみつめた。マーチン・パウンドはふたたび遺言状を手に取った。

「五、わたしは唯一の遺言執行人に対し、われわれの長きにわたる友情のよしみで、わたしを埋葬した翌日から、その任務を執行されるよう要請する」

パウンド氏はふたたび眼鏡の上から三人を見やった。

「通常の場合でしたら、きょうまでにすでにハンソン氏の会社や他の資産を視察して、すべてが然るべく運営され保持されていることを確認し、管理を怠《おこた》って相続人に経済的な損失をあたえることのないよう取りはからっておりましょう。しかしながら、わたしが唯一の執行人に指名されたことを正式に知ったのは、ただいまのことでして、残念ながらそうした処置はとれませんでした。それはともかく、お聞きのように、遺言の執行は、埋葬の翌日まで待たなくちゃなりません」

「それで――」

と、アーミテッジ・ジュニアがいった。

「管理運営を怠る云々のことだけど、もしもそういうことがあったら、遺産の価値が減っちまうんでしょう?」

「さあ、それはどうでしょう」

と、パウンドは答えた。

「そういう怠慢《たいまん》はありえないでしょう。たとえば会社にしても優秀な社員がいますからね。彼らは、故人の信頼に応えて、ちゃんとやっていると思いますよ」

「それにしても、やはり、処理を急いだほうがよくはありませんか?」

と、アーミテッジが訊いた。

「すべては葬儀が終わってからです」

「それじゃ出来るだけ早くお葬式をすませてしまいましょうよ」

と、アーミテッジ夫人がいった。

「仰せのとおりにいたしましょう。なんといってもあなたは最近親ですからな」

皮肉にそういってパウンドは遺言状の朗読を再開した。

「六、わたしは……」

ここでマーチン・パウンドは朗読を中断して、文字が読みづらくなったというように目をしばたたいた。そして、ごくりと唾を呑み込んでから、

「わが愛する妹に、資産のすべてを遺贈《いぞう》する。ただし、妹はこの幸運を愛すべき夫ノーマン及び可愛い息子ターキンと分ち合うべし。第七条についても同じ条件を付すものとす」

三人は呆然として声も出なかった。アーミテッジ夫人は白麻のハンカチでそっと目頭を押えた。それは涙を拭くためというより、口の端に浮かんだ笑いを隠すための所作であった。

彼女はハンカチを目から離すと、尻を上げてその下に金の卵が転がっているのを見つけた年増の鶏といった風情《ふぜい》で、夫と息子のほうをちらりと見やった。アーミテッジ父子は呆然と口を開いたままだった。

「資産はいくらくらいあるんです？」

しばらくしてアーミテッジがようやく口を開いた。

「わたしにはわかりませんな」

と、パウンドは答えた。

「そんなはずないよ。わかってるはずだ」

と、ターキンがいった。

「だいたいの額ならね。あんたは伯父貴《おじき》の資産をぜんぶ扱ってきたんだから」

パウンドは遺言状を作成したどこかの弁護士のことを頭に浮かべた。

「ほとんどすべて、といっておきましょう」

「それで……？」

パウンドはこみあげてくる怒りを抑えた。アーミテッジ一家がいくら不愉快な人間ぞろいでも、親友の遺した唯一の相続人なのである。

「すべての資産を時価で売却しますと、だいたい二百万から二百五十万ポンドになるでしょう」

「たいへんだ、こりゃ」

と、アーミテッジがいって、さっそく心の中で獲《と》らぬタヌキの皮算用をはじめた。

「相続税はどれくらいになるんでしょう？」

「莫大な金額になると思いますよ」

「いくらくらいです？」

「なにしろ莫大な遺産ですからね。大どころの分は最高の税率で七十五パーセントはもっていかれるでしょう。全部ならして六十五パーセントってところでしょうか」

「それでも百万は残るだろう?」

と、息子が訊いた。

「これは、でも、ごく大まかな試算ですよ」

パウンドはやりきれない思いでそういって、いまは亡き友ハンソンの生前の人となりに思いをはせた——教養に富み、ユーモアを解し、邪心には厳しい紳士であった。なぜだ、ティモシー? いったいなぜこんな連中に……?

「まだ第七項が残っています」

と、パウンドは三人にいった。

「どういう内容かしら?」

社交界入りする自分の姿をうっとりと想像していたアーミテッジ夫人が、急に夢想から覚めて、たずねた。

パウンドはふたたび朗読にうつった。

「わたしは、生涯を通じて、自分の身体がいつの日にか土中でさまざまの虫に食い尽されるのだという恐怖にさいなまれてきた。それゆえ、前もって、鉛で内貼りをした棺をあつらえおいた。それはいまアッシュフォード市のベネット・アンド・ゲインズ葬儀社に保管されている。その棺にはいって永遠の安息場所に赴きたい。また、遺体が墓盗人等に掘り起こされるようなことは断じて防ぎたい。以上、二つの理由によって、棺は海に葬られたい。場所は、かつてわたしが海軍将校として勤務したことのあるデボン州の南沖二十マイル。そして、わたしの棺を海に投ずる役目は、生涯変わらぬ愛情でわたしに接してくれたことを多として、妹とその夫にゆだねる。最後に執行人にお願いする。これらの希望がひとつでも満たされない場合は、あるいは相続人によってその実行が阻害《そがい》された場合は、以上にしるした遺産相続をすべて無効とし、全資産を大蔵大臣に遺贈せられたし」

読みおえて、パウンドは顔を上げた。彼は亡き友の生前の恐怖と気まぐれな思いつきに驚きを禁じえなかったが、むろん、そのようなことはおくびにも出さなかった。

「さて、奥さん、改まってお訊きしなければなりません。第七項にしるされている亡き兄上のご希望に反対なさいますか？」

「バカバカしいったらありゃしない」

と、彼女は応えた。

「海に葬るだなんて。だいいち、そんなことが許されるのかしら？」

「まあ、きわめてまれなことではありますが、違法ではありません」

と、パウンドはいった。

「前に一度、そういうことがあったのを記憶しております」

「金がかかるよ、きっと」

と、ターキンがいった。

「墓地に葬るのにくらべたらずっと高くつく。それに、さっき書いてあったみたいなことが心配なら、火葬にすればいいんだよ」

「葬儀の費用は相続分とはべつですよ」

と、パウンドはムッとして、いった。

「こいつから出しますからな」

彼は手許に置いてある五千ポンドを叩いた。

「いかがです、反対なさいますか？」

「さあ、どうしましょう……」

「いっておきますが、反対なさるのでしたら、相続は無効ですよ」

「どういう意味？」

「みんな国に寄付してしまうってんだよ」

と、亭主が苛立《いらだ》たしげにいった。

「そのとおりです」

と、パウンドはいった。

「じゃ反対はしないわ」

しぶしぶという感じで、アーミテッジ夫人はいった。

「バカバカしいと思うけど」

「それでは最近親者として、葬儀の手配その他をすべてまかせていただけますな、奥さん」

アーミテッジ夫人はぶっきらぼうにうなずいた。

「なるべく手っ取りばやく片づけましょう」

と、亭主がいった。

「それだけ早く遺言の検認と相続ができるから」

マーチン・パウンドはすばやく立ち上がった。これ以上、三人の相手をするのは耐えられなかった。

「以上が遺言の最後の項目です。――規定どおり各ページに本人の署名と証人の副署がはいっています。これでもうお話しすることはないと思います。必要な手配はすべてわたしの責任においてすませまして、決まりしだい時間と場所をご連絡いたします。本日はどうもご苦労さまでした」

十月も半ばになると、イギリス海峡は荒れ模様で、よほど粋狂《すいきょう》な人間でないかぎり、仕事でもないのにそこへ船を出す者はいない。アーミテッジ夫婦も、船が突堤を離れる前から、海は嫌いだ、ニガ手だと、さんざん文句を並べ立てた。

パウンド弁護士は、この夫婦といっしょにキャビンにはいるのがいやで、後甲板で風に吹かれながら、溜め息をついた。この埋葬の手配に一週間もかかり、ようやくデボン州ブリクサムに在籍する漁船を雇うことができたのである。その内海用トロール漁船に乗り組んでいる三人の漁師は、謝礼の多さと違法行為ではないという保証を得て、やっとこの異例の仕事を引き受けたのだ。イギリス海峡での漁も最近はとんとふるわないのである。

この朝、重さ半トンもある棺桶《かんおけ》をケント州の葬儀屋の裏庭でウインチを使ってようやく平ボディのトラックに積み込み、黒のリムジンを従えてはるばるこの南西の海岸まで運んできたのだが、その間アーミテッジ親子三人は文句のいいどおしだった。ブリクサムに着いたトラックは漁港の岸壁に横づけになり、こんどはトロール船の吊り柱《ウインチ》を使って棺桶を船に移した。それはいま広い後甲板のウインチに寄りかかるようにして鎮座ましましている。ワックスをかけたオーク材と磨き上げた真鍮《しんちゅう》の金具が、秋空の下で輝いていた。

ターキン・アーミテッジは、リムジンに同乗してブリクサムまで来るには来たのだが、一目海を見るなり、自分は暖かい町のホテルで待っているからと乗船を断わった。どうせ海上での葬儀には出席してもしなくてもいい人物なのだ。一行にくわわっている退役海軍牧師は、パウンドが海軍省牧師局を通じて捜し出した人で、多額の礼金を示されて喜んで仕事を請け負い、いま法衣の上から厚いオーバーを着込んで狭い船室にすわっている。

トロール船の船長が、甲板を伝ってパウンドのところへやってきた。そして海図を出して、それが風にあおられるのを押えながら、港から南二十マイルの位置を人差指で示した。そして、ここでいいんだろうというように、眉を上げた。パウンドはうなずいた。

「深いとこですよ」

そういってから船長は棺桶のほうに顎《あご》をしゃくって、

「ご存じの方なんで?」

「よく知っている人だった」

船長は呻《うめ》くように喉《のど》を鳴らした。この辺の漁船はたいてい乗組員を身内の者で固めているが、彼もこの小さなトロール船を弟と従弟《いとこ》の三人で動かしていた。彼ら三人はたくましいデボン人で、顔も手も潮風で茶色に焦《こ》げている。彼らの祖先は、名提督ドレークが主帆と縦帆の違いを勉強しているころ、すでにこの荒海で漁をしていたのだ。

「一時間で着きますよ」

そういって船長は前のほうへ戻っていった。

目標の位置に到着すると、船長は船首を風に向け、エンジンをアイドリングさせて船を静止させた。船長の従弟が、長い板を三枚、下から横木でボルト止めにした幅約三フィートの渡り板様のものを、右舷の手摺に縦にのせ、その渡り板の中央部を、木製のごつい手摺で、シーソーの支点のように、支えた。板の前半分が海上にせり出し、後ろ半分が甲板に延びているというかたちである。船長の弟がウインチのモーターを運転し、従弟は棺桶の四隅についている真鍮《しんちゅう》のハンドルに鉤《かぎ》をかけた。

モーターがうなり、ウインチに荷重がかかった。大きな棺桶が甲板から持ち上げられた。ウインチ係はそれを三フィートの高さで保持した。従弟はそれを渡り板の上に移動させ、先端を海のほうに向けて、うなずいた。ウインチ係はそれを徐々に降ろして、手摺が渡り板を下から支えている部分に持っていった。そしてワイヤをゆるめた。棺桶はきしむような音を立てて、前半分を海上に、後ろ半分を甲板にという恰好で渡り板の上にすわりこんだ。従弟がそれを動かないように支えている間に、ウインチ係は運転台から飛び降りてワイヤを外した。そして二人して渡り板の後端を全体が水平になるまで持ち上げた。棺桶は前後のバランスがとれて、二人の手にはほとんど重みがかからない。一人がパウンドのほうを向いて指示を求めた。弁護士は船内の避難所で待機している牧師とアーミテッジ夫婦を呼んだ。

船長を除く六人は、縦揺れする船上でバランスをとりながら、無言で整列した。雲は低く垂れ下がり、すぎいく波頭から吹き飛ばされる霧のような飛沫がときおり視界をふさいだ。牧師はできるだけ儀式を短いものにしようと努めたが、それは決して面倒だからといった理由からではなかった。なにしろ牧師の白髪や白い法衣が強い風にあおられて踊り狂うという状況のなかでは、致し方のないことなのだ。ノーマン・アーミテッジも無帽だったが、オウムのように青ざめて、骨まで凍えていた。彼が亡き義兄のことを、いまショウノウと鉛とオーク材に包まれて数フィート先に眠っている故人のことをどのように考えているかは、推測の外ない。アーミテッジ夫人の場合はどうかといえば、こちらは毛のコートに毛の帽子、そしてウールのスカーフにすっぽり包まれて、外から見えるのは寒そうに尖った鼻だけである。マーチン・パウンドは、牧師の低い祈りの声を聞きながら、鈍色《にびいろ》の空をみつめた。カモメが一羽、寒風にのって輪を描いていた。海の寒さや嘔吐《おうと》感を感じず、税金や遺言や遺族とも無縁で、己の空気力学的な完璧さに自足しているこの生物は、あらゆる俗事から超越して自由である。弁護士は棺のほうを振り向き、その向こうに広がる海を見た。葬儀にセンチメンタルな感情をいだく者にとっては、わるくない光景だろうと、彼は思った。彼自身は死後の自分がどうなるかなどと心配したことは一度もないし、ハンソンがそのことにこれほどこだわっているとは夢にも思っていなかった。でも、こだわる者にとっては、永遠の安息場所として海は確かにわるくない。彼は棺の表面にビーズ玉のようになってくっついている飛沫を見た。水さえもこの棺の中の静謐《せいひつ》を乱すことはできないのだ。安らかに眠れるよ、ティモシー、と、彼は心の中で親友に語りかけた。

「——これなるきょうだいティモシー・ジョン・ハンソンを、イエス・キリストを通して、主の永遠のご加護にゆだねます。アーメン」

パウンドはハッとわれにかえって、祈りが終わったことに気がついた。牧師が、さあ、と促すような目付きで彼をみつめている。弁護士はアーミテッジ夫婦のほうを見て、うなずいた。夫人が渡り板を支えている漁師たちの後ろに回り込んで、棺の後端に手を載せた。パウンドは二人の漁師にうなずいた。彼らはゆっくり渡り板の後端を持ち上げた。その先端が海面につかった。棺はついに動いた。アーミテッジ夫婦がそれに手をかした。棺は一回長くきしり音を立てたかと思うと、次の瞬間、板の先端から滑り落ちた。船が揺れた。棺はドサッと波の背にぶつかった。そして消えた。一瞬のうちに。パウンドは、上の操舵《そうだ》室にいる船長の目をとらえた。船長は手を上げて、船の来た方向を後ろ手に指さした。パウンドはまたうなずいた。エンジン音が高まった。大きな渡り板はすでに船内に引き込まれて、格納されていた。アーミテッジ夫婦と牧師は大急ぎで船室に避難しようとしていた。風はますます強まりつつあった。

船がブリクサム港の突堤の角を回り込んだのは夕闇迫る時刻で、岸壁の背後に見える家々に灯がともりはじめていた。牧師は近くに停めてあった自分の車で早々に帰っていった。パウンドは船長に礼金を払った。一週間のサバ漁に匹敵する金額を、午後の一時《いっとき》で稼いだわけで、船長は大喜びだった。葬儀屋の男たちはリムジンのわきで、くたびれきった様子のターキン・アーミテッジといっしょに、待っていた。パウンドは一同に車をまかせて、自分は列車でロンドンへ帰ることにした。一人になりたかったのだ。

「すぐに遺産の計算をはじめてちょうだい」

と、アーミテッジ夫人が甲高《かんだか》い声でいった。

「それから遺言の検認申請も早くね。こんなわざとらしいお芝居はもうたくさんだわ」

「おまかせください、早急に片づけますから」

と、パウンドは冷ややかにいった。

「では、いずれまたご連絡します」

彼は帽子をひょいと上げて別れの挨拶をすると、駅へ向かって歩き出した。そう長くかかる仕事ではないと、彼は推測した。ティモシー・ハンソンの遺産の規模と詳細はすでによく知っているのだ。すべては整然と整理されているはずである。ハンソンは何事につけ、きわめて用意周到な男だったのだ。

パウンド弁護士がこれでもうアーミテッジ夫婦に連絡をとっても大丈夫だと思ったのは十

一月も半ばになってからであった。グレイズ・イン・ロードの外れにあるオフィスに彼が招いたのは、唯一の遺産相続人であるアーミテッジ夫人だけだったのだが、それを無視して彼女は夫と息子を同道してきた。

「ちょっと困ったことになりましてな」

と、パウンドは夫人にいった。

「何がですの？」

「兄上の遺産のことですよ、奥さん。とにかくご説明しましょう。ハンソン氏の顧問弁護士として、わたしは屋敷を含む種々の資産の規模や所在を承知していますので、さっそくそのひとつひとつを確認いたしました」

「どういうものがございます？」

と、夫人は木で鼻をくくったような調子で、自分のペースを守って話をつづけた。

パウンドは彼女の言葉にかかわりなく、自分のペースを守って話をつづけた。

「資産は大きく分けて七つありまして、それが全体の九十九パーセントを占めています。まず、シティーにある貴金属コインの販売会社です。ご存じかもしれませんが、あれは彼が一人で所有していた個人会社です。自分で創立し、育て上げた会社です。また、会社が入っている建物も彼のものです。戦後まもなく、まだ安かったときに、抵当つきで会社が買い取ったのです。抵当はとっくに解除されていまして、所有権は会社のものになっています。そして、その会社を彼が所有していたという図式ですな」

「両方でどれくらいの価値があるんです？」

と、アーミテッジが横から訊いた。

「それは正確にわかっています。建物、営業権、株、建物に入居している三つの会社《テナント》からあがる賃貸料、これらを合計しますと、ちょうど百二十五万ポンドになります」

ターキンが口笛を吹いて、ニヤリと笑った。

「どうしてそう正確な数字がわかるんです？」

と、アーミテッジが訊いた。

「彼がそれだけの額で売却したからですよ」

「なんですって……？」

「死ぬ三か月前のことですが、簡単な交渉の後に、前々から欲しがっていたオランダのある同業者に、建物ぐるみ会社を譲り渡してしまったのです。その代価が、いま申しあげた金額だというわけです」

「でも、兄は死ぬ間際まであそこで働いてましたよ」

と、アーミテッジ夫人はいった。

「あなたのほかにこのことを知っている人がだれかいます？」

「いいえ」

と、パウンドは答えた。

「社員も知りません。売買契約を結んだとき、建物の所有権移動の手続きをおこなったのはシティーのある弁護士ですが、その弁護士はそのことについていっさい他に口外しませんでした。会社や営業権といった残りの部分は、兄上とそのオランダ人との間で隠密裡《おんみつり》に処理されましたが、そのとき兄上は条件を出しました。五人の社員にはそのまま引き続き働いてもらうというのが一つ。もう一つは、兄上が、今年末か兄上が亡くなるまで、どちらが早いかはべつとして、支配人として会社に残るという条件です。もちろん、それは形だけのことで、買い手のほうもその点は承知しておりました」

「その買い手にお会いしたことがおあり？」

と、アーミテッジ夫人がたずねた。

「デ・ヨンクさんですか？　ありますよ。アムステルダムの評判のいいコイン業者です。売買契約書も拝見してます。すべてに遺漏《いろう》なく、完全に合法的なものでした」

「それで、その金をどうしたんでしょう？」

と、アーミテッジが訊いた。

「預金しましたよ」

「それじゃ問題ないや」

と、息子がホッとして、いった。

「次に大きい資産はケントにある屋敷です。二十エーカーの土地つきで、それは立派なものですよ。去る六月、彼はそれを抵当に入れて、評価額の九十五パーセントまで借り出しました。そして亡くなったときには、まだ四分の一しか返済しておりませんでした。そこで、彼の死亡と同時に、金を貸した不動産協会が第一位の債権者になり、いまはその協会が権利書を持っています。その間の手続きもまったく正当で合法的なものです」

「それでお金はいくら兄の手許にはいったんですの？」

と、アーミテッジ夫人がたずねた。

「二十一万ポンドです」

「それも銀行に？」

「そうです。次がメイフェア街にあるアパートです。これもほぼ同じ時期に、別の弁護士を使って、十五万ポンドで売却しております。その金もやはり預金しました」

「それで資産のうち三つは説明がついたわけだ。そのほかには？」

と、息子のターキンが質《ただ》した。

「以上三件のほかに、値打ちもののコインのコレクションがありました。これは数か月かけて一枚ずつ、会社を通じて売却しまして、総計が五十万ポンド余りになっています。ですが、売却時の仕切状は別途、保管されていまして、それは後に屋敷の金庫で発見されました。いずれも完全に合法的なもので、売却ごとの記録が詳細に書き込まれています。ひとつの取り引きがすむごとに、その売却代金を預金しております。それから各種の株や債券は、八月一日までに、ブローカーに指示してすべて現金化しています。最後はロールスロイスですが、彼はあれを四万八千ポンドで売り払いました。そのあと使っていたのはレンタルしたもので、いまはもうレンタル会社に返却されています。以上のほかに、以前からいろんな銀行に預けてあった金があります。というようなわけで、彼の全資産を徹底的に調査、確認いたしました。抜けているものはないはずです。総額で三百万ポンドちょっとになります」

「すると」

と、アーミテッジが口を開いた。

「義兄は、亡くなる前に、持っている資産をあらいざらい現金に換えて、銀行に預けた。しかもそれを隠密裡にやったので、義兄を知っている人や雇われていた人間もだれ一人気づかなかった、ということになりますね？」

「まことに適切な表現ですな」

と、パウンドは皮肉った。

「あんな不動産やなんかそのままもらったってどうしようもないもんね」

と、ターキンがいった。

「こっちはどうせ現金に換えちゃうんだ。伯父貴は死ぬ間際に、あんたにかわってすべてを自分でやってしまったというわけだ。あとはもう簡単だ。払うべきものを払って、残りをぜんぶいただこうじゃないの」

「残念ながらそうはいきません」

と、パウンドはいった。

「なぜよ？」

アーミテッジ夫人の声は怒りに震えていた。

「彼が資産を売って預金した金は――」

「どうなったの？」

「ぜんぶ引き出しています」

「なんですって……？」

「一応預けたものの、その後すべて引き出している。二十幾つの銀行から、何週間もかけて少しずつ、引き出していったのですな。すべて現金で」

「三百万ポンドもの額を現金で引き出すなんて出来っこない」

アーミテッジが信じられないといった顔をした。

「いや、それは出来ますよ」

と、パウンドは穏やかな口調でいった。

「もちろん、一度に全部は不可能ですが、大手の銀行なら、前もって通知しておけば、最高五万ポンドまでなら現金で引き出せます。近ごろは多額の現金を動かす商売が多いですからね。カジノやベッティング・ショップがいい例です。それから、中古品を扱う商人などもそうですよ――」

彼の言葉は、アーミテッジ親子が口々に何やら叫びはじめたために中断された。アーミテッジ夫人は拳を固めてテーブルを叩き、息子は立ち上がってテーブルの上で人差指を振り、亭主は厳しい判決を下そうとする裁判官みたいなポーズをとろうとしている。三人が三人とも大声で怒鳴っていた。

「こんなひどいことってないよ……」

「どっかに隠したのよ。見つけ出してもらおうじゃないの……」

「あんたとグルになってやったんだろう……」

ターキンが吐いた最後の言葉でついにパウンドも堪忍袋《かんにんぶくろ》の緒が切れた。

「うるさい！」

彼は大声で吠えた。思いもかけない怒声を浴びせられて、三人は口をつぐんだ。パウンドは人差指をアーミテッジの若僧に突きつけて、

「おい、きみ、いまの言葉を取り消したまえ。聞いてるのか？」

ターキンは椅子の上でもじもじしながら、両親のほうをちらりと盗み見た。アーミテッジと細君は息子をにらみつけていた。

「すいません」

と、息子は謝った。

「とにかく」

と、パウンドは口を開いた。

「故人の採《と》ったやり方はべつに珍しくない。昔から税金逃れのためによく使われてきた手です。それにしてもティモシーともあろう者が、驚きましたね。めったに成功しないんですよ、この方法は。多額の預金を現金で引き出すのは容易でも、それを処分するとなると大変な困難にぶつかるのです。外国の銀行に預金するという手もありますが、彼の場合、自分の

死期が間近に迫っていたのですから、それもちょっと考えられません。金持ちの銀行をさらに富ませるようなまねをするはずがありませんからな。どこかほかに隠したか、何かを買ったにちがいありません。しかし、時間はかかってもいずれは他のケースと同じ結果に終わりますよ。どこかに預けたのなら、遅かれ早かれ発見されるし、何かを買い込んだのなら、これもやがて足がつきます。ほかのことはともかく、利子所得税と不動産売却税だけは逃れようがありません。内国歳入委員会は鵜《う》の目鷹《たか》の目ですからね」

「何とか行方を調べてもらえませんか」

と、ようやくアーミテッジが口を開いた。

「遺言執行人に指名された者なら許されると判断して、国内にある大手の銀行と商業銀行に片っ端から当たってみました。最近は銀行業務もすべてコンピューター化されていて調査も簡単なのですが、どの銀行にもハンソン名義の預金はありませんでした。また主要な新聞に情報を求める広告を出しましたが、いまのところ反応は皆無《かいむ》です。生前雇っていた運転手兼雑用係で、いまはサウス・ウエールズのほうに帰っているリチャーズという男にも会いにいってきましたが、彼も何も知りません。そんな大量の紙幣は——多額の現金ですから、量や目方もそうとうなものになります——見たことがないというのです。さて、そこでお訊きしたいんだが、これ以上まだ何かわたしにやってもらいたいことがおありですかな?」

親子三人がそれぞれ考え込んでふたたび静寂が訪れた。

一方、マーチン・パウンドは、亡き友人がやろうとしていたことを知って、むしょうに悲しかった。このままですむと思っているのかね、と、彼は友人の霊に訊いた。内国歳入委員会がそんなに憎いのか？　きみが恐れなければならないのは、ここにいる欲深い、浅はかな連中ではなくて、内国歳入委員会の税務役人だ。彼らは情け容赦なく、しかも執拗この上もない。決してあきらめない。調査の費用も無尽蔵だ。いくらうまく隠しても、こっちが音を上げるまで待って、必ず探り出す。隠匿《いんとく》場所がわからなければ、いつまででも捜しつづける。わかるまで絶対あきらめないのだ。そして、すべてを突き止めたときにのみ、それが外国にあって、彼らの法律が及ばない場合もあるが、初めてファイルを閉じるのだ。

「調査をつづけていただくわけにはまいりませんか？」

と、アーミテッジが、これまで見せたことのない礼儀正しさで、パウンドに訊いた。

「いましばらくはやってみましょう」

パウンドもそういわざるをえなかった。

「でも、これまでにすでに最善を尽してきたつもりですよ。それにほかの仕事もありますし、調査にすべての時間を注ぎ込むことはとてもできません」

「何かアドバイスがおありですか？」

「やはり内国歳入委員会のことですな」

と、パウンドは穏やかな声音でいった。

「わたしとしては、遅かれ早かれ――おそらく、近日中に――こんどのことを通報しなくちゃなりません」

「あそこは調査に乗り出すでしょうね？」

と、アーミテッジ夫人が期待するようにいった。

「ある意味で、あの役所も遺産相続人ですものね」

「きっと行方を突き止めますよ。分け前に預かりたいですからね。なにしろ国の各種機関を自由に利用できるのですから強いですよ」

「時間はどれくらいかかるでしょう？」

と、アーミテッジが訊いた。

「さあ、それはまた問題がべつですよ。わたしの経験からいうと、彼らは決して急ぎません。神のひき臼《うす》のように、ゆっくり回りますからね」

「じゃ数か月？」

と、ターキンが訊いた。

「いや、数年がかりになるでしょう。捜査は絶対あきらめませんが、急ぐこともしないのです」

「そんなには待てないわ」

またもやアーミテッジ夫人が声を上げた。社交界へのデビューが心もとなくなってきたのだ。

「もっと埒《らち》のあく方法があるはずだわ」

「そうだ、私立探偵を雇うってのはどうだろう」

これはターキンの提案である。さっそく母親がそれに飛びついて、
「おたく、私立探偵を雇えます？」
と、たずねた。
「私立調査エージェントという呼び方のほうが好きですな。仕事内容を適確に表現してい
ます。そりゃ雇うつもりなら雇えますよ。以前に一度とても信用できるエージェントに、行
方のわからない遺産相続人の調査を手伝ってもらったことがあるのです。まあ今度の場合、
それとは逆に、相続人がちゃんといるのに遺産のほうが行方不明というわけですが、それで
もなんとか——」
「その人を雇ってちょうだい」
と、アーミテッジ夫人が咳き込むようにいった。
「兄がどこにお金を隠したのか調べさせるのよ」
強欲《ごうよく》な連中だ、と、パウンドは思った。この連中の本性にハンソンが気づいていたら、遺
産など残してやらなかっただろうに……。
「いいでしょう。でも、手数料の問題がありますよ。諸経費にといって彼が残してくれた
五千ポンドは、あとどれほども残っていません。予定より出費がかさんだものですから……
しかもそのエージェントの手数料は安くないのです。なにしろ、業界ではベストの人間でし
てね……」
アーミテッジ夫人は夫のほうを見た。

ノーマンはごくりと唾を呑み込んだ。夢見ていた新車やすでに計画ずみの夏休みがふいになりかけているのだ。彼はうなずいて、

「それじゃ……まあ……あの五千ポンドの残金がなくなったら、エージェントの手数料はわたしが何とかしよう」

「わかりました」

と、パウンドは立ち上がりながら、いった。

「さっそくユースタス・ミラー氏を、ミラー氏だけを雇うことにしましょう。彼ならきっと行方不明の遺産を突き止めてくれます。何かを依頼して裏切られたことのない人物ですから」

そういってパウンドは三人を送り出すと、オフィスに戻って私立調査エージェント、ユースタス・ミラーに電話をかけた。

その後四週間、ミラーからは何の音沙汰もなかったが、アーミテッジ夫婦のほうは三日にあげずパウンドに襲いかかって、自分たちが相続するはずの金の行方について、まだかまだかとせっついた。が、四週間を経てやっとミラーから連絡があって、調査もどうやらやまを越したので、現在までの収穫について報告したいといってきた。

パウンドもこのころになるとアーミテッジ一家に劣らないほどこの巨額の金の行方に関心

をいだくようになっていたので、さっそくミラーをオフィスに招いて、アーミテッジ一家とともに話を聞くことにした。

アーミテッジ親子が、私立探偵という言葉から、フィリップ・マーロウばりのスマートなタフガイを想像していたとすれば、ミラーの実像を見てさぞやがっかりしただろう。ユースタス・ミラーはずんぐりむっくりのさえない中年男で、頂部の禿《は》げた頭のまわりを白髪が取り囲み、目には近視用の半月形の眼鏡がかぶさっている。着ているスーツというのがこれまたくすんだ色のさえない代物で、チョッキの上に懐中時計の金の鎖が斜めにかかっている。彼は短い足で報告に立ち上がった。

「わたしはこの調査を開始するにあたって」

と、彼は半月眼鏡の上から聴衆を一人ずつ観察しながら、切り出した。

「三つの仮説を立てました。まず第一に、故ハンソン氏は、死のかなり以前から、ある確固とした目的をもって、考えに考え抜いた上で、この異常な処置に出たのではないかということです。第二に、ハンソン氏の目的とは、自分の死後、遺産をビタ一文たりとも相続人や内国歳入委員会に渡さないというものではなかったか。これは、わたし、いまでもそう信じております……」

「あのクソおやじめ」

と、ターキンが吐き棄てるようにいった。

「形だけでもあなた方を相続人に指定したのは彼の思いやりというものですぞ」

と、パウンドは穏やかに彼をたしなめた。

「さあ、先をつづけてください、ミラーさん」

「どうも。第三に、これだけ多額の現金になりますとその量はそうとうなものですから、焼却するとか、多大の危険を冒して海外に運び出すとかの方法はとらなかったはずです。わたしが最終的に得た結論を一言でいえば、ハンソン氏はその金で何かを買ったのではないかということです」

「金《きん》かな？　ダイアモンド？」

すかさずアーミテッジがいった。

「ちがいます。そのせんもありうると思って徹底的に調べてみましたが、収穫なしでした。そのときわたしはふと、価格は高いが量的には小さいという、べつの品物を思い浮かべました。で、さっそく、貴金属商ジョンソン・マッセー社に問い合わせてみました。そしてついに見つけたのです」

「金《かね》を？」

アーミテッジ親子が声をそろえて、いった。

「その品物の何たるかをですよ」

ミラーは得意げにアタッシェケースから書類の束を取り出した。

「これはジョンソン・マッセー社が、純度九十九・九五パーセントで重さ五十オンスのプラチナのインゴットを二百五十個、ハンソン氏に売却したときの書類です」

テーブルの周囲に呆然とした沈黙があった。

「はっきり申しまして、あまり賢明なやり方ではありませんね」

ミラーはいかにも残念という口振りだった。

「買い手のほうが購入時の書類を破棄してしまっても、売り手のほうは自分の書類を絶対棄てたりしませんから。これがその書類です」

「なんでまたプラチナを……？」

独語するようにかすれた声でパウンドは疑問を呈した。

「そこが興味あるところでして。現在の労働党政権になってから、金《きん》の購入や所持にはライセンスが必要になりました。また、ダイアモンドは業界内ですぐ素性が知れてしまいますし、出来のわるいスリラー小説に描かれているようにはたやすく処分できません。ところが、プラチナの売買にはライセンスは必要ありませんし、現在だいたい金《きん》と同じ価格になっています。ロジウムはべつとして、世界で最も値の高い金属のひとつです。ハンソン氏は、問題のプラチナを買ったとき、一オンスにつき当時の市場価格で五百米ドルを支払っております」

「ぜんぶでいくら使ったのかしら？」

と、アーミテッジ夫人が訊いた。

「この買い物のために用意した三百万ポンドをほとんどそっくり使っています。米ドルになおしますと――貴金属市場ではいつも米ドルで計算するのです――六百二十五万ドルで、買い入れたプラチナの総量は一万二千五百オンスにのぼります。具体的には、先ほどご説明したように、五十オンスのインゴットで二百五十個ということになります」

「それをどこへ持っていったんだね？」

と、アーミテッジが訊いた。

「ケントの屋敷です」

ミラーはなんとも楽しそうだった。まだまだびっくりすることがありますぞと、彼らの反応を予想してわくわくしていた。

「でも、あの屋敷へはわたしもいって、調べたんだよ」

と、パウンドが疑念をはさんだ。

「弁護士の目でもってね。わたしは調査員の目でとっくりと調べさせてもらいましたよ。しかも、わたしの場合、何を捜すかを知っていました。そこでまず、母屋《おもや》ではなくて、付属の建物から調べ出しました。厩《うまや》の裏手にある納屋を非常に設備のととのった日曜大工用の仕事場に改造してあったのはご存じですか？」

「もちろん」

と、パウンドは答えた。

「日曜大工は彼の趣味でね」

「そのとおりです。わたしはあの建物に注意を集中しました。中にはいってみると、じつに念入りに掃除されているのです。掃除機をかけましてね」

「たぶんリチャーズがやったんだよ。運転手兼雑用係の」

と、パウンドはいった。

「ありうることですが、おそらくそうではないでしょう。入念な掃除にもかかわらず、床板にはしみがついたままになっていました。わたしは、その部分の板をこそげて、しみを分析してもらいました。ジーゼル油でした。おそらく何かの機械、エンジンを使ったのではないかと想像しました。とても狭い市場ですので、一週間もしないうちに答がわかりました。去る五月、ハンソン氏は強力なジーゼル発電機を買って、仕事場にすえつけたのです。そして自殺する直前に、スクラップとして処分してしまいました」

「電動工具を使うためだったんだね、きっと」

と、パウンドは自分の推理を述べた。

「ちがいます。日曜大工用の工具なら屋敷に通じている電気でじゅうぶん間に合います。もっと大きな電力を必要とするものですよ。でも、それも一週間ほどで突き止めました。最新型で非常に効率のいい小型の電気炉です。これもとっくに処分されていますが、ひしゃく、石綿を詰めた手袋、火ばさみといった小道具は、どこかの湖か河の底に沈められているはずです。でも、こういっては失礼かもしれませんが、わたしはハンソン氏よりいささか周到でした。床板の隙間で——きっと作業中にそこに落ち込んで、上からノコクズが詰まったために見えなかったんでしょうが——これを見つけたのです」

それこそ彼のとっておきの発見で、この瞬間をじゅうぶんに楽しんだ。彼はおもむろにアタッシェケースから白い紙包みを取り出して、ゆっくりとそれを開いた。そして中から、凝固した金属の細片をつまみ上げた。陽光をうけて輝いているその細片は、ひしゃくから滴《したた》り落ちて凝固したものにちがいない。ミラーは、一同が目をこらしている間、じっとそれを持ったまま待った。

「もちろん、これも分析してもらいました。純度九十九・九五パーセントのプラチナです」

「あとの分も突き止めました？」

と、アーミテッジ夫人がたずねた。

「まだです、奥さん。でも、きっと見つけてご覧に入れますから、ご心配なく。と申しますのも、ハンソン氏がプラチナを選んだのはわかるとしても、そこで氏は重大なあやまちを犯したのです。プラチナの持つあるひとつの特質を、氏はきっと過小評価したにちがいありません。すなわち、その重さです。それでわれわれは少なくとも何を捜せばよいかを知ることができます。それは何らかの木箱、外見はごくありきたりですが――ここがポイントです――重さが半トン近くもあるという木の箱です」

アーミテッジ夫人は頭を後ろにそらして、傷ついた野獣の吠え声に似た、奇声をあげた。亭主のほうは前かがみになって両手で頭をかかえこんだ。そして息子のターキンは、そばかすの浮いた顔面を怒りでレンガ色に染めて立ち上がると、大声で叫んだ。

「あのタヌキおやじめ！」

マーチン・パウンドは、あまりの反応に愕《おどろ》いている私立調査エージェントを、信じられないという顔でみつめた。

「なんたることだ」

と、彼は嘆声をあげた。

「あきれてものもいえないよ。彼はあの世へ持っていったんだ」

二日後、パウンド弁護士は、事件の内容を詳しく内国歳入委員会に通報した。税務職員たちは事実をチェックし、渋々ながら追及を断念した。

クリスマス休暇が明日からはじまるという日の午後、バーニー・スミーは、閉店までにはじゅうぶん間に合うと安心しながら、しあわせそのものの気分で元気よく銀行へ歩いていった。彼の歓喜の源は、胸のポケットにしまってあった――かなりまとまった額面の小切手である。しかも、それは、過去数か月の間に受け取った一連の小切手の最後のもので、全部を合わせた金額は、彼が過去二十年間に宝石業界にもぐりこんでスクラップの貴金属を扱うというリスクの多い商売で稼いだ分よりはるかに多かった。

あえて危険を冒してよかったと、彼は自分で自分におめでとうをいった。たしかに、どう見ても危険な仕事だったのだ。しかし、税金逃れはみなやっていることであり、相手が現金取り引きを望んだからといって、こういうたなぼたをもたらしてくれた福の神をどうして責められよう。銀髪のその男はリチャーズと名乗り、それを証明する運転免許証を持っていたが、バーニーは彼の話を聞いてすぐに納得した。その男は、プラチナの五十オンスのインゴットを、まだ値の安かった時分に買い込んで持っていたらしい。ジョンソン・マッセー社あたりを通して公の市場に出せば、闇のルートを通すよりも高値で売れるはずだが、税金をごっそり取られることも間違いない。それがわかっているから、あえてバーニーを頼ってきたのであり、バーニーも余計な詮索《せんさく》なしで引き受けたのである。

とにかく、すべては現金取引きでおこなわれた。インゴットは純度の高い本物で、もともとの出所であるジョンソン・マッセー社の純度表示マークがついていた。ただ連続番号は消されていた。これは銀髪の老人にとって、かなりの損を意味していた。連続番号なしでは、バーニーとしても、とても市場価格では引き取れないからである。スクラップの値段、あるいは生産者価格、一オンスにつき四百四十米ドルあたりが精一杯だった。かといって、連続番号をつけたままでは、売りに出した者が内国歳入委員会に露見してしまう。老人はそのへんのことをちゃんと心得ていたのだ。

バーニー・スミーは、預かったインゴット五十個を、闇のルートを通じてすべて売り抜け、一オンスにつき十ドルというもうけを懐にした。いまポケットにはいっている小切手は、最後に売り払ったインゴット二個分の代金だった。ただしあわせにもバーニーは知らなかったが、彼と同じような商売の人間が他に四人、ほぼ同じ時期に、それぞれ五十個の五十オンス・インゴットを闇のルートで市場で処分していたのだ。四人とも銀髪の売り手から現金でそれを買い取ったのである。バーニーは横丁から出てオールド・ケント・ロードにはいった。

そのとき、タクシーから降りようとしている男にぶつかってしまった。二人とも無礼を謝り、メリー・クリスマスと祈り合った。そしてバーニーは、しあわせいっぱいで歩を進めた。

もう一人の男、チャネル諸島のガーンゼーから来た弁護士は、目の前にあるビルを見上げ、帽子をかぶりなおして、玄関に向かった。そして十分後、彼は、中の一室で、キツネに化かされたような表情を浮かべている尼僧院長と向かい合っていた。

「ちょっとおたずねしますが、院長、聖ベネディクト孤児院は、正式に慈善法の適用をうけている施設なのですか？」

「ええ」

と、尼僧院長は答えた。

「そうですけど」

「それはよかった」

と、弁護士はいった。

「では、慈善法に反する行為はおこなわれていないということで、資本移転税も適用されませんな」

「資本何とおっしゃいました？」

「俗にいう〝贈与税〟のことですよ」

と、弁護士は微苦笑を浮かべて、いった。

「じつは、ある人物が——弁護士には守秘義務がありますので、その人の素性は明かせませんが――おたくの施設にかなりまとまったお金を寄付したいと申しましてね」

弁護士は反応を待ったが、白髪の老尼は当惑の面持ちでただじっと彼をみつめるだけ。

「その人から――そちらで名前をお調べになっても絶対わかりませんよ――きょうクリスマス・イブにここを訪問して、あなたに直接この封筒を渡してくれと特に頼まれたのです」

彼はブリーフケースから分厚いハトロン紙の封筒を取り出して、院長に差し出した。院長はそれを受け取ったものの、開けてみようともしない。

「銀行保証小切手がはいっているはずです。ガーンゼーに本店を置く信用ある商業銀行から振り出したもので、聖ベネディクト孤児院が振出先になっています。わたしは現物を見ておりませんが、依頼人がそう申しておりましたから」

「贈与税なしですの？」

院長はまだ本気にできかねるといった様子で、封筒を手に持っていた。こうした慈善事業への寄付は最近ごくまれで、なかなか得がたいのである。

「チャネル諸島の税制はイギリス本土のそれとは違いまして」

と、弁護士は辛抱強く説明した。

「資本移転税がありません。また銀行業務の秘密性もよく守られています。ガーンゼー内、諸島内では、寄付にいっさい税金がかかりません。支払い場所や寄付をうける者の住所がイギリス本土内にある場合は、もちろん、本土の税制に従わなくちゃなりませんが、慈善法などによってすでに免税対象になっている個人や団体は、この限りではありません。中身は確認しておりませんが、ひとつどうかその封筒をお収めになってレシートにサインを下さい。それでわたしもこの任務から解放されます。手数料は清算ずみですし、わたしも早く家へ帰りたいと思いますので」

二分後には、院長が部屋にひとり取り残されてしまった。彼女はペーパーナイフでそっと封筒を開いて、中身を取り出した。それは一枚の銀行保証小切手であった。その数字を見た院長は思わずロザリオに手をやり、それをまさぐりながら早口にお祈りを唱えはじめた。そして、しばらくしてようやく落ち着きを取り戻すと、壁ぎわにある祈禱《きとう》台に歩み寄ってひざまずき、三十分ほど改めて祈りを捧げた。

その後、彼女は、まだじゅうぶん衝撃から立ち直れないままデスクに戻って、額面二百五十万ポンド余りの小切手をふたたびじっと見すえた。世の中にはこんな大金を持っている人がいるのかしら？　彼女は、その金をどう役立てるかを考えた。基金にすればいいわと、彼女は思った。さしずめ信託基金に。これだけの基金があれば、孤児院は永遠に金の苦労をしなくてもすむ。自分の生涯の夢——孤児院をロンドンのスラム街から、空気のいい田舎の広々とした土地に移すという夢も実現するだろう。収容人員も二倍に増やせる。それにまた……。

さまざまの計画が一度にどっと湧き上がって、互いに先頭に立とうとせめぎ合った。あれは何だったっけ？　そうだわ、先々週の日曜新聞。その中のある箇所に彼女は目をとめ、あこがれに胸をつかれたものだ。あそこよ、あそこに引っ越せばいいのよ。それを買い取って、その後の運営費までまかなえるだけの金がいま、彼女の手中にあった。夢が実現するのだ。それは不動産広告欄で見たある物件だった。〈特選売物件――ケント州の荘園ふう豪邸、緑地二十エーカー付き……〉

# 悪魔の囁《ささや》き

一等の車室にはいったカミン判事《はんじ》は、奥のシートにゆったりと腰を落ち着けると、アイリッシュ・タイムズ紙を開いて見出しにちらりと目をはしらせてから、それを膝《ひざ》に置いた。終点のトラリー（南西端の町《アイルランド》）までえんえん四時間の汽車旅、新聞を読む時間ならたっぷりある。判事はぼんやりと窓からプラットホームを眺めた。ナイツブリッジ駅は、ダブリン発トラリー行きの列車が出発する間際のこととて、あわただしい動きに満たされていた。この列車で、判事は、仕事のために、ケリー郡の郡都ともいうべき町へ出かけていくのである。このまま終点まで車室を一人占めにできれば書類にゆっくり目をとおせるのだがと、判事は心の片隅で何とはなしに思った。

甘いというべきか、現実は、そうは運ばなかった。淡い期待が判事の心をよぎった次の瞬間、車室のドアが開いて、だれかがはいってきたのである。判事はあえてそちらを見なかった。ドアが閉まって、新参者は手提《てさげ》カバンを荷物棚に放り上げた。そして、磨きあげたウォルナットのテーブルをはさんで判事の真向かいに腰をおろした。

カミン判事は、ちらりと、男を見やった。その相客《あいきゃく》は痩せぎすの小男で、薄茶色の巻き毛が気まぐれに額の上にそそり立ち、その下に、なんともいえず哀しそうな茶色の目がすまなさそうにくっついている。服装はと見ると、毛羽だった厚手の生地のスーツに、それとマッチしたチョッキにニットのタイという恰好《かっこう》。競馬関係の人間か下っ端の事務員といったところだろうと判事は値踏みをして、ふたたび窓外に視線を戻した。

どこか前のほうで古ぼけた蒸気機関車がゼーゼーと喘息《ぜんそく》病みみたいな音を立てて蒸気を吐き出していた。プラットホームにいた車掌が機関士に何やら声をかけるのが聞こえ、ほどなくして車掌は鋭く笛を吹き鳴らした。機関車がシュシューッと大きくひとつ蒸気を吐き出し、車輛がゆっくり前に進みはじめたとき、全身黒ずくめの大柄な人影が、判事が顔を向けている窓の外を走りすぎた。と、乗降口のドアが乱暴に開き、つづいて人間の身体が通路に着地する足音がひびいてきた。そして数秒後、機関車同様にゼーゼーハーハー息をきらしながら黒ずくめの人影が車室の入口にあらわれ、フッと安堵《あんど》の吐息とともにシートの隅に腰をおろした。

カミン判事はそちらに一瞥《いちべつ》をくれた。新たな相客は血色のよい顔をした神父である。それだけを確かめると判事はまたもや窓に顔を向けた。イングランドで学校教育をうけたせいで、紹介もされないのに行きずりの他人と会話をかわすことなど真っ平なのである。

「よかったよかった、もうちょいで乗り遅れるとこでしたね、神父さん」

痩せの小男がいった。黒衣の人物は大きく息を吐き出してから、応《こた》えた。

「はらはらさせてすみませんな」

それきり二人とも、カミン判事にはありがたいことに、黙りこんでしまった。判事が眺めるうちにナイツブリッジ駅が視界から消え去り、それにかわって、当時ダブリン西郊を埋めていた煤煙《ばいえん》で黒ずんだ陰鬱《いんうつ》な家並みが窓外にひろがってきた。グレート・サザン鉄道会社の蒸気機関車は連結した車輛の重量をけなげに牽引《けんいん》し、レールの上を転がる鉄輪のガタンゴトンという重いテンポがしだいに速くなっていった。判事はおもむろに膝の新聞を手に取った。トップの見出しも記事もエイモン・ド・バレイラ首相に関わるもので、なかでも首相が前日、下院で、ジャガイモの価格問題で農相の意見を全面的に支持したことが大きく取り上げられていた。紙面のごく下のほうに、ヒトラーとか称する人物がオーストリアを併合《へいごう》したとのニュースが小さく出ていた。この新聞の編集局長はニュースの優先順位というものをよく心得ているると、カミン判事は心の中でうなずいた。ほかにはこれといって興味をひきそうな記事が見当たらなかった。判事は五分ほどで新聞をたたみ、ブリーフケースから裁判に関する書類の束を取り出して目をとおしはじめた。汽車がダブリンの市街を離れてまもなく、窓外にはキルデアの緑濃い平野が広がってきた。

「あのう……」

臆病そうな声が前から聞こえてきた。やれやれ、おしゃべりをしたいらしい、と、判事はうんざりしながら、顔を上げた。真向かいにすわっている男の訴えるような目がそこにあった。

「テーブルの端っこを使わしてもらっていいでしょうか？」

「かまいませんよ」

「どうもすいません」

男の言葉には、南西部の田舎訛《いなかなまり》がはっきり出ていた。

判事はふたたび書類と取り組みはじめた。それはある複雑な民事訴訟に関する一件書類で、トラリーでの仕事をおえてダブリンへ帰りしだい裁決を言い渡すことになっていた。ケリー郡への出張は郡都トラリーで四半期に一度開かれる巡回裁判のためで、そこでの仕事には、いま取り組んでいる民事訴訟のような複雑な係争はないはずである。判事の経験からすれば、こうした田舎の巡回裁判に持ち出される類の訴訟は単純なものばかりで、地元の陪審員《ばいしんいん》たちの手に余るような事件はひとつもない。もっとも、田舎の陪審員諸氏ときたら、ときどき、論理の整合性などまったく無視したような評決を出して裁判官を戸《と》惑《まど》わせることもなきにしもあらずなのだが。

向かいの貧相《ひんそう》な痩せ男はポケットから、自分のご面相にふさわしい薄汚れた一組のカードを取り出し、ペイシャンスをやるつもりなのだろう、カードを縦に並べはじめたが、カミン判事はそ知らぬ顔で目も上げなかった。が、やがてツェツェという妙な音が判事の耳をとらえた。彼はふっと顔を上げた。

貧相氏は全神経を集中させようとして歯の間に舌をはさみ——これがために不快な音が出ているのだ——各列のいちばん下にさらしてあるカードに目をこらしている。判事は一瞥して、黒の10に重ねて然るべき赤の10が、両方ともさらしてあるのだから一目瞭然なのに、重ねてないことを見てとった。痩せの貧相氏は依然としてそれに気づかないらしく、新たにカードを三枚、並べはじめた。判事はじれったい気持ちを無理に抑えて、書類に視線を戻した。わたしにはかかわりのないことだ、と自分に言って聞かせたのだ。

しかし、ペイシャンスをやっている人間には、なんとなく人の好奇心をそそるものがあるもので、へたなやり方をしているときはよけいその傾向が強まる。五分もたたないうちに判事は民事訴訟の一件書類に対する集中力を完全に失ってしまい、われしらずさらされたカードを凝視していた。やがて判事の自制心にも限界がおとずれた。右の列に空白ができているのに、そこに移して然《しか》るべきキングが三列目でさらされたままになっているのだ。判事は咳《せき》ばらいをした。痩せ男はギクリとしたように顔を上げた。

「そのキングは」

と、判事はおもむろにいった。

「そちらの空いたところに移すべきではないですかな」

貧相氏はカードの列に視線を落としてそのことに気づき、キングを移動させた。次にめくったカードはクイーンで、これは当然のことにキングのところへいった。終わるまでに、それからさらに七手、カードが動いた。キングではじまった列は10で終わった。

「こんどは赤の9が動かせますよ」

判事の指摘どおり、赤の9とそれに率《ひき》いられた六枚のカードが他列の9のところへ移った。これでもう一枚、めくれる。結果はエース。それは上の端へいった。

「この調子ならあがれますぞ」

と、判事はいった。

「いや、あたしゃだめですよ」

痩せ男は哀しげな目のついた顔を振った。

「いままで一度もあがったことがないんです」

「さあ、つづけて、つづけて」

判事はますますのってきた。そしてゲームは、判事の支援を得て、ほんとうにあがってしまった。痩せ男は、不思議なものでも見るように、みごとに並んだカードをみつめた。

「そら、見なさい。あがったじゃないですか」

「ええ。でも、おたくさんに助けてもらわなきゃこうはいかなかったスよ」

と、哀しげな目つきの貧相氏は謙遜《けんそん》してみせた。

「それにしても、やっぱり、カードに才能をお持ちなんですね」

カミン判事は自分が裁判官だということを相手が知っているのではないかと訝《いぶか》ったが、結局のところ、社会的な地位のありそうな人間に対してそれ相応の社交辞令を発しているのだという結論に達した。

傍では、神父までもが、偉大な故ニューマン枢機卿《すうきけい》の説教集を下においてカードに見とれている。

「いや」

と、判事は応《こた》えた。キルデア・ストリート・クラブで友人たちを相手にブリッジやポーカーを多少たしなんでいるのだ。

「そうでもない」

口ではそういったものの、判事は常日頃、鍛《きた》え抜いた観察力をそなえ、磨きのかかった推理能力と鋭い記憶力を兼備した練達の法律家は、カードをやらせても強いという理論を、心ひそかに誇っていた。

瘦せ男はペイシャンスをやめると、所在なさそうにカードを五枚ずつ取って、その手を見てから元に戻すという一人遊びをはじめたが、やがてカードを下に置いて吐息をもらした。そして、いかにものたりないという口調と表情でぼやくようにいった。

「トラリーまでは長いスね」

カミン判事は後日よくよく考えてみたのだが、いったいだれが初めにポーカーという言葉を口にしたのか、どうしても思い出せず、ひょっとして自分ではないかという疑いだけが残った。とにかく、そのとき、判事はカードを手にして数回、五枚ずつひいてみた。そのうち一回は、ジャック三枚に10二枚というフルハウスで、内心ニヤリとしたものである。

貧相氏は自分で自分の大胆さに愕《おどろ》いたように薄く微笑を浮かべながら、五枚のカードを手に取り、それを面前にかざした。

「いかがです。おたくさんがこれよりいい手をひけないってことに架空《かくう》の一ペニーを賭《か》けようじゃないですか」

「よろしい」

そう応じて判事は自分でもカードをひいて前にかざした。こんどはフルハウスではなくて、9のペアだった。

「いいですかな？」

と、判事は訊いた。貧相氏はうなずいた。二人は同時に手をさらした。貧相氏のそれは5のスリーカードだった。

「ああァ――」

判事はくやしげに声を上げた。

「でも、いまのはこっちがカードを切り直さなかったからね。もう一度やろうじゃないですか」

ふたたび勝負となった。こんどは貧相氏が三枚、判事が二枚、それぞれカードを交換した。結果は判事の勝ちであった。

「これで架空の一ペニーを取り戻しましたぞ」

「参った参った」

と、痩せの貧相氏はすなおに負けを認めた。

「いい手だったスからね。やっぱりこつをご存じなんだ。いまのでわかりましたよ。あたしのほうは、そのこつがからきしわかってないときてるんだからイヤになっちまう。そうです、こつなんスよ」

「いや、推理能力と計算ずくでリスクを冒《おか》す大胆さがものをいうのです」

と、判事は自論を述べて相手のこつ説を否定した。

二人は、そこで初めて名乗りあった。もっとも、互いに相手に告げたのは、当時の習慣どおり、姓だけであった。判事は肩書きを省略してカミンとだけ告げ、貧相氏はオコナーと名乗った。それから五分後、サリンズとキルデアの間で、二人は仲よくポーカーに興じはじめた。五枚ずつカードを配って手をそろえるというゲームは時間潰しには恰好の遊びで、二人は無言で勝負をつづけた。むろん、金などいっさい賭けなかった。三回目が終わったところで、貧相氏が口を開いて、

「どっちがいくら賭けたかすぐ忘れちまうんで困りますよ。おたくさんのほうはもの覚えがいいからどうってことないでしょうが」

「いいことがある」

判事は嬉々《きき》としてブリーフケースの中をまさぐり、大箱のマッチを取り出した。朝食後と夕食後に葉巻を一本ずつたのしむのが習慣で、四ペニーもするハバナの高級品にはオイルライターなど使えないのだ。

「なるほど、こいつはいいや」

オコナーは、判事がマッチ棒を二十本ずつ配るのを見ながら、哀しげな目を丸くした。

それから二人は十ゲームあまり、ほどほどに楽しんだ。勝敗はほぼ五分五分だった。しかし、プレーヤーが二人だけというポーカーはやりづらい。どちらか一方が、手が悪いために〝たたむ（おりる）〟と、そこでゲームは終わってしまう。キルデアの町をすぎたところで、オコナーは神父に向かって、

「神父さん、いっしょにやらないスか」

「いえ、遠慮しておきます」

赤ら顔の神父は笑いながら応えた。

「カードはまったくだめなんですよ。ただ、いつだったか一度だけ」

と、神父は語をついで、いった。

「神学校で生徒とホイスト（ブリッジの前身）をやったことがありますけどね」

「ポーカーもホイストも原理は同じですよ」

と、判事が横から口を添えた。

「一度覚えたら決して忘れません。カードを五枚ずつ配りましてな、自分の手に満足できなかったら、最高五枚まで新しいカードと交換できます。そうして新しくできた手をいいか悪いか判断するわけです。で、いいと思ったら、わたしたちの手より強いと判断したら賭けをし、悪い、弱いと思えば賭けないで手をたためばいいのです」

「その賭けるというのがどうもねえ」

神父はためらった。

「だってただのマッチですよ、神父さん」

「トリックもあるんでしょう？」

オコナーは眉《まゆ》を上げた。カミン判事は神父の無知を哀れむようにフッと笑った。

「トリックなんてありはしませんよ。持っている手の値打ちはちゃんと決まっているんですから。いいですか——」

判事はブリーフケースの中をごそごそやって、白い罫紙《けいし》を一枚取り出した。そして内ポケットから金張りのシャープペンシルを抜き出すと、罫紙の上に手の種類を書きはじめた。神父はそれをのぞきこんだ。

「まず初めは」

と、判事は説明にとりかかった。

「ロイヤルフラッシュです。これは五枚のカードがすべて同じ組で、しかもエースを頭に順番に並んでいるやつです。エースが頭にくるのですから、つづく四枚は、当然、キング、クイーン、ジャック、そして10ということになります」

「そうですねえ……」

と、神父はあくまでも用心深い。

「次がフォアカードです」

判事はロイヤルフラッシュの下に〝フォアカード〟と書きこんだ。

「これは文字どおりの意味でして、エース以下2まで、同じ数のカードが四枚そろった手です。残りの一枚は関係ありません。そして、もちろん、エースのフォアカードはキング以下のどのフォアカードよりも強いということになっています。おわかりですかな？」

神父はうなずいた。

「三番目はフルハウスです」

と、オコナーが口をはさんだ。

「そうじゃない」

判事が訂正した。

「次はストレートフラッシュですよ」

オコナーは、なんておれは間抜けなんだというように、ポンと自分の額を叩いた。

「そうそう、そうでしたね。このストレートフラッシュってのは、ロイヤルフラッシュの親戚《しんせき》みたいなもんでね、神父さん、頭がエースじゃないってとこだけがちょいと違ってる。もちろん、五枚のカードはぜんぶ同じ組で、数字が順番になってなきゃいけませんよ」

判事は〝フォアカード〟の下に〝ストレートフラッシュ〟と書きくわえた。

「その次が、いまオコナーさんがいったフルハウスです。これは五枚のカードのうち三枚がある一つの種類で、あとの二枚が別のある種類という場合の手です。たとえば、10が三枚にクイーンが二枚くればフルハウスで、これはテンズ・オン・クイーンズといいます」

神父はふたたびうなずいた。

判事はフルハウスにつづく手を、〝フラッシュ〟〝ストレート〟〝スリーカード〟〝ツーペア〟〝ワンペア〟そして〝エースハイ〟と一手ごとに説明をくわえながら列記していった。

「さて」

と、判事は書きおえてから、いった。

「ワンペアやエースハイ、それと〝バッグ・オブ・ネイルズ〟と呼ばれるミックスド・ハンドは、どれも手としては価値の低いもので、こういう手のときは、よほどのことがないかぎり、賭けないのがふつうです」

神父は食い入るようにリストをみつめていたが、やがて、

「ゲーム中にこれを参照していいでしょうか？」

「もちろん、いいですとも」

と、判事はいった。

「お持ちになっていてください、かまいませんから」

「じゃマッチ棒だけということで……」

ついに神父も参加の意志を表明して、さっそく仲間に加わることになった。賭け事とはいえ友好的なゲームなら神の掟《おきて》に背《そむ》く罪とはならない。まして賭けるのはマッチ棒にすぎない。

彼らはマッチ棒を三つに分けて、ゲームを開始した。

初めの二ゲームは神父が早々とおりて、他の二人が争うのを見物にまわった。結果は、判事がマッチを四本勝ち取った。三ゲーム目、神父は顔を輝かせ、

「これはよくないんでしょうか？」

と訊いて、二人に手を開いて見せた。よくないどころか、ジャック三枚にキング二枚そろったフルハウスだった。判事はいまいましげに自分の手をたたんだ。

「いや、すごくいい手ですよ、神父さん」

と、オコナーがじれったくなるのを我慢して、いった。

「でも、あたしたちに手の内を見せちゃいけませんや。それを見て、こっちの手が悪いと

なりゃ賭けに出っこないですからね。手ってのは……いってみりゃ、懺悔《ざんげ》みたいなもんですよ」

この比喩《ひゆ》で神父にも意味が通じた。

「懺悔みたいなものねえ……」

と、神の使徒《しと》はつぶやくように反復した。

「なるほど、わかりました。つまり、だれにも漏らしてはいけないということでしょう、ね？」

神父は二人に謝り、そこで改めてゲームは再開とあいなった。

それからサーレスまでの六十分のあいだに、三人は十五ゲームを消化し、判事の前にはマッチ棒が山積みとなった。そのかわり神父はほとんどすってしまい、哀しげな目をしたオコナー氏も持ち分を半分に減らしていた。純真無垢《むく》の神父はまごついてばかり、貧相氏のほうはヘマをやりすぎたのだ。ゲームらしいゲームをやったのはひとり判事殿だけで、法律で鍛えた頭脳を駆使してリスクを計算し、手を選び、可能性を予測した。頭脳の働きは運不運を凌駕《りょうが》するという日頃からの自論をみごとに立証したのである。サーレスをすぎたころから、オコナーはゲームに対する集中力を欠きはじめ、判事は二度にわたって注意をあたえて、ともすればゲームから離れていく彼の心を引き戻したほどであった。

「マッチを賭けてのゲームじゃあんまり面白くないスよ」

二度目の注意を受けたあと、貧相氏はつい本音《ほんね》を漏らした。

「このへんでもうおしまいにしませんか」

「いや、わたしはけっこう楽しんでますぞ」

と、判事は異議を唱えた。勝っているものは楽しくて当然である。

「面白くしようと思えばできるんですけどねえ」

弁解がましくオコナーはいった。

「あたしは生まれつき賭け事が好きなほうじゃないんスが、二シリングや三シリングの賭けなら、べつにどうってことないと思いますけどね」

「お望みとあれば応じてもよろしい」

と、判事のほうは自信たっぷり。

「でも、いいのかな、あんたはだいぶマッチを減らしておられるが」

「いや、そろそろ運《つき》がまわってくるころですよ」

オコナーはいたずらっぽく微笑を浮かべた。

「それじゃわたしはやめさせていただきます」

と、神父はきっぱりした口調でいった。

「財布には三ポンドしかないのです。それだけのお金で、ディングルにいる母と二人、この休日をすごさなくてはならないものですから」

「でも、神父さん」

と、オコナーはいった。

「あんたに抜けられると、ゲームになりませんよ。それに賭けるといっても二、三シリングのことだし——」

「その二、三シリングがわたしにとっては大金なのです。聖母教会に属する者はみな貧乏でしてね、ポケットでお金をじゃらつかせている人間なんて一人もおりません」

「お待ちなさい」

と、判事が口をはさんだ。

「いい考えがある。どうだろうね、オコナーさん、このマッチをまずあんたとわたしで二分する。そして二人が同じ数だけ持ち分から神父さんに貸し与えるんだ。もちろん、今後マッチにはお金の裏付けがあるわけだが、神父さんが負けても、わたしたちは支払いを要求しない。そして神父さんが勝ったときは、貸した分を返してもらうことにする。差額が出れば、その分は神父さんのもうけということになる」

「さすが、頭がいいや」

感心したようにオコナーは、いった。

「でも、お金を賭けるなんて、わたしにはできません」

暫時《ざんじ》、沈鬱な空気が車室を満たした。

「勝った分を教会の慈善《じぜん》基金かなんかに寄付することにしたらどうです？」

と、オコナーは打開策を提示した。

「いくら神様だっていかんとはいわんでしょう？」

「司教様がいわれますよ」

と、神父はあくまでも尻ごみする。

「まず顔をあわせるのは司教様ですしね。ただ、そうはいっても……ディングルに孤児院がございまして、母はそこの給食係をしているのですが、なにしろ古いあばら家で冬など寒くてどうしようもありません。暖をとろうにも泥炭《でいたん》の値段がご存じのように高くなっていますので……」

「寄付がいい」

と、判事は得意げに声をあげた。そして、呆気《あつけ》にとられている二人に向かって、

「神父さんが借りを返して、なおかつ、それ以上勝った場合は、その分をそっくり孤児院に寄付するのです。いかがですな？」

「司教様も孤児院への寄付となれば、いかんとはおっしゃらないでしょう……」

「その寄付は、神父さんがポーカーゲームにつきあってくれたお礼ということにしたらいい」

と、オコナーが口を添えた。

「それならもういうことなしだ」

神父がうなずいたところで、ゲームが再開された。判事とオコナーはマッチの山を二つに分けた。ところが、オコナーが、五十本たらずではすぐなくなってしまうと言い出した。この問題も判事がたちまち解決してみせた。マッチ棒を半分に折って、黄燐《おうりん》の頭がついている

ほうを、ついてないものの二倍の値にしたのである。

オコナーは、休日用にと三十ポンドあまりの金を所持しているので、そのリミットまでゲームをやると断言した。判事は、負けた場合は小切手で清算すると申し出たが、貧相氏にしろ神父にしろ彼の小切手なら受け取りを拒否するはずがなかった。なにしろ、一目でそれとわかる紳士なのである。

話がついたところで、オコナーと判事は、黄燐の頭がついたマッチ棒の半切れを十本と、ついてないのを四本、それぞれ折半して神父に貸し与えた。

「さて、それでは」

と、カミン判事はカードを切りながら、いった。

「マッチの値をいくらにしますかな？」

オコナーは頭のない半切れを一本つまみ上げて、

「十シリングでどうです？」

判事はいささか動揺した。箱から取り出したマッチ棒は四十本だったのだが、それを半分に折ったので、しめて八十本。金に換算して六十ポンド。一九三八年当時としては、かなりまとまった額なのである。そのうち神父は十二ポンド分、他の二人は二十四ポンド分ずつ持っている。神父の溜め息が判事の耳に聞こえた。

「もうあとにはひけません。主よ、お援けください」

と、神父は悲愴《ひそう》な決意を固めた。

判事はぶっきらぼうにうなずいた。彼の場合、よけいな心配をする必要などさらさらないのである。案にたがわず、彼は最初の二ゲームを連取して、早くも十ポンドちかく稼いでしまった。三ゲーム目では、オコナーがまたまた早々とおりて十シリングの損をした。神父は一ポンドのマッチ棒を四本前に置いた。カミン判事は自分の手をみつめた。ジャック三枚に7が二枚というフルハウスである。まずまずの手だ。神父はあともう七ポンドしか持ってない。

「その四ポンドのレイズ、受けて立ちましょう」

そういって判事はその分のマッチを中央に押しやった。

「そして、五ポンド、レイズです」

「おやおや」

と、神父は情けない顔でいった。

「破産しそうですよ。どうすればいいのです?」

「次に、受けられないほどの額をカミンさんにレイズされたくなかったら」

と、オコナーが助言した。

「やることはひとつ、新しく五ポンド前に出して、手を開きましょうと申し出るこってす」

「手を開きましょう」

神父は儀式《ぎしき》の辞でも唱えるように厳かに貧相氏の言葉を復唱しながら、頭のついたマッチ棒を五本、前に押し出した。判事は自分のフルハウスをさらして、相手が手を開くのを待った。神父が開いて見せたのは、なんと、10のフォアカードだった。これで神父は自分の九ポンドを取り戻したうえに、判事から九ポンドまきあげ、ショバ代の三十シリングも自分のものにしてしまった。その結果、残っていた二ポンドを入れて、手持ちは二十一ポンド十シリングにふくれあがった。

こうしてゲームをつづけているうちに、汽車はリマリック分岐《ぶんき》点に到着した。アイルランドの鉄道システムは一風変わっていて、この分岐点もリマリックという名前こそついているけれど、場所はリマリック市やその周辺ではなく、ティペラーリーの郊外なのである。ここで汽車はいったんメーン・プラットホームを通りすぎてから改めてバックでそこにはいっていく。下り線はプラットホームに直接、着けないのである。二、三の乗降客があったけれど、三人の車室にはいってくる者はいなかった。ゲームは何の支障もなくつづけられた。

チャールビルまでに、神父はオコナーから十ポンドもまきあげてしまった。貧相氏は貧相な顔を心痛で上塗りし、ゲームの進行は緩慢なものとなった。オコナーがさっさと手をたたむ場合が多くなり、そういうときはもう一人がつられたように同調して、ゲームを流してしまった。マローの手前で、三人は小さいカードを取り除いて、7以上の合計三十二枚で勝負をはじめることにした。それでまたゲームが速くなった。

ヘッドフォードまでに、オコナーは哀れにも十二ポンド、判事に至っては二十ポンドも、神父にかもられてしまった。

「最初にお借りした十二ポンドを、この際、お返しするというのはいかがなもんでしょう?」

と、神父は寛大なところを見せた。他の二人は同意して、それぞれ六ポンドずつ返してもらった。それでも神父の手許《てもと》にはまだ三十二ポンドも残っていた。オコナーは、その後も、臆病なゲーム運びをつづけた。一度だけフルハウスで大きく賭けて十ポンドを取り戻した。そのとき他の二人はツーペアとフラッシュだったのである。やがてキラーニーの美しい湖水が窓外に見えたが、ゲームに熱くなっている三人は目もくれなかった。

ファランフォアの町を出はずれたあたりで、判事は待ちこがれていた手をようやくつかんだ。カードを三枚交換した彼は、クイーン四枚とクラブの7という手を、喜悦満面でながめいった。オコナーもいい手をそろえたらしく、判事が神父の五ポンドを受けて、さらに五ポンドのレイズをかけたところ、堂々とそれに応じた。ところが、そこで神父が判事のレイズを受けて立ち、一挙に十ポンドというレイズをかけたために、たちまち弱気になって、おりてしまった。その結果は元のもくあみ、またもや十二ポンドのダウンとなってしまった。

判事は親指の爪を嚙みながら決断に迷っていたが、やがて十ポンドのレイズに応じ、さらに十ポンド自分でレイズをかけた。

「あと五分でトラリーです」

車掌が車室のドアから首をつっこんで、告げた。神父はテーブルの中央に積み上げてあるマッチと、手許にある十二ポンド分の小さな山とを困惑の態《てい》で見入った。

「どうしよう」

と、神父は迷いに迷った。

「あァ、主よ、どうすればいいのです」

「神父さん」

と、オコナーが声をかけた。

「もうこれ以上はレイズできませんよ。カミンさんのレイズを受けて、手を開かなきゃ」

「そうですねえ」

哀しげに神父はそういって、十ポンド分のマッチをテーブルの中央に押しやった。手許にはもう二ポンド分しか残っていない。

「いままであんなにうまくいっていたのに、残念です。さきほど三十二ポンドたまったところでやめておけば、そっくり孤児院に寄付できたのにね。それが、どうです、ただの二ポンドしか残っていないんですから」

「それを五ポンドにしてさしあげよう」

と、カミン判事がいった。

「そら、クイーンのフォアカード」

オコナーが感嘆の口笛を鳴らした。神父は場にさらされたクイーンの行列をながめやり、ついで自分の手に視線を移した。そして、

「キングはクイーンより格が上じゃなかったですか？」

と、当惑したようにたずねた。

「キングを四枚お持ちならね」

と判事は自信たっぷりだった。そこで神父は自分の手をテーブルの上に置いた。

「持っているんですよ、それを」

まさにキングのフォアカードだった。

「主よ、憐れみたまえ」

と、神父は喘《あえ》ぐように、いった。

「すっかり負けたかと思いましたよ。あなたがロイヤルなんとかをお持ちかと思いましてね」

このとき汽車はちょうどトラリーの町にはいり、三人はカードとマッチを片づけはじめた。カードはオコナーがしまいこみ、半分に折ったマッチ棒は判事が灰皿に入れた。そこでオコナーはポケットから十二枚の一ポンド紙幣を出して、神父に渡した。

「あなたに神の祝福がありますように」

と、神父はかしこまって、礼をいった。

カミン判事は残念でならんという表情で小切手帳を取り出した。

「ちょうど五十ポンドでしたな、神父さん」

「あなたがそうおっしゃるのならそうでしょう」

と、神父はいった。

「なにしろこちらは、初めてのことで、いくらでゲームをはじめたかも忘れてしまいまして」

「わたしの負けは五十ポンドです。間違いありません」

そう保証して、判事は小切手に振り出し先を書きこもうと身構えた。

「たしかディングル孤児院でしたな？　そう書けばいいんですね？」

神父は表情をくもらせた。

「ですが、あの孤児院は銀行に口座《こうざ》など持っていないと思いますよ。とても小さな施設ですから」

「それじゃあなた個人に振り出したほうがいいですな」

判事は神父が姓名を告げてくれるのを待った。

「でも、わたしも口座を持っていないのです」

と、神父は当惑して、いった。

「お金など扱ったことがありませんので」

「じゃいい方法があります」

判事は口惜《くや》しさを抑えてあくまでも礼儀正しくそういうと、手早く何かを書きこんで小切手を破り取り、それを神父に差し出した。

「これは持参人払いにしてあります。アイルランド銀行のトラリー支店へ持っていけば、現金にしてくれます。いまいけばまだ間に合いますよ。閉店までまだ三十分ありますから」

「これを銀行へ持っていけばお金を渡してくれるのですね？」

と、神父は大事そうに小切手を押し頂いて、たずねた。

「そうです。失くさないように気をつけてください。持参人払いですから、これを持っている人間ならだれでも現金化できますからな。それでは、オコナーさん、神父さん、じつに楽しい旅でした。ちょっと高くつきましたがね。よい日をお迎えになるよう祈っていますよ」

「あたしもあやかりたいもんですよ」

と、オコナーが哀しげにぼやいた。

「それにしても、神父さん、あなたの手はほんと神がかりだったスよ。あんないい手がつづくなんてことは、めったにありませんぜ。でも、いい教訓になりました。これに懲《こ》りて汽車の中じゃもう金輪際カード遊びはやりませんよ。特に教会を相手にはね」

「このお金は、日が落ちるまでに必ず、貧しい孤児院へ届けますです」

三人はトラリー駅のプラットホームで別れた。カミン判事はホテルへ直行した。翌朝の裁判にそなえて、早目に就寝したかったのだ。

翌朝、最初の二件はごく単純なものだった。両方とも軽犯罪にかかわる訴訟で、判事は両件の被告人に罰金刑を言い渡した。トラリーの市民の間から選ばれた陪審員たちも、退屈をもてあましていた。

カミン判事が書類の上にかがみこんでいる間に、早くも三件目の被告人が呼ばれた。裁判官席は一段高くなっているので、下の法廷からは判事のかぶっているカツラの頂きしか見えない。

「ローナン・カーク・オコナー、入廷しなさい」

事務官が大声でいった。

ひきずるような足音が法廷内にひびいた。判事は我関せずと何やらしきりに書きこんでいる。

「姓名はローナン・カーク・オコナーですね？」

と、新しい被告人担当の事務官が尋ねた。

「そうです」

と、声が答えた。

「被告人ローナン・カーク・オコナーは」

事務官は罪状の朗読に移った。

「カードゲームで詐欺《さぎ》行為を働き、一八四五年制定の賭博《とばく》法第十七条違反の罪に問われている。すなわち、被告人ローナン・カーク・オコナーは、本年五月十三日、ケリー郡においてカードゲームをおこない、詐欺的行為あるいは不法な手段あるいは不正なやり方でもって、ラーガン・キーンなる人物から多額の賭け金を勝ち取り、右に述べたラーガン・キーンから右の金員を詐取したものである。この罪状に対する被告人の認否は？　有罪と認めますか、それとも無罪を主張しますか？」

この朗読の間に、カミン判事は、常ならぬ慎重さでペンを置くと、この審理も同じ慎重さで指揮したいと念じているように数秒の間、じっと書類に見入っていたが、やおら決心したように目を上げた。

スパニエル犬のように哀しげな目つきの痩せた貧相な小男は、愕《おどろ》きでものもいえずに、判事の顔をみつめた。判事のほうも、同じように呆然《ぼうぜん》と被告人を凝視した。

「無罪です」

ささやくようにオコナーは応えた。

「ちょっと待ちなさい」

と、判事が命じた。廷内は静まりかえった。裁判官席であくまでも冷静な表情を崩さない判事に、一同の視線が集中した。しかし、カミンは、うわべこそ冷静そのものだが、心の中は嵐のように騒いでいた。被告人と顔見知りだという理由で、直ちに審理を中止しようかとさえ思った。

しかし、ここで自分が審理からおりても、被告人が公式に起訴されている以上、いずれ再審ということになり、納税者にそれだけ余計な負担をかけてしまうと思い至った。結局、問題は一つに集約されると、彼は心の中でつぶやいた。すなわち、はたして自分がこの審理を公正かつ円滑に指揮し、陪審員に対してその結果を公正かつ誤りなく要約、説明できるかどうかである。できる、と、彼は判断を下した。

「陪審員を宣誓《せんせい》のうえ入廷させなさい」

と、判事は事務官に指示した。

事務官はただちに指示を実行した。そして改めてオコナーのほうに向きなおって、弁護人はいるかと訊いた。オコナーは、いない、と答えて、弁護は自らおこないたいと希望した。カミン判事は思わず心の中で呻《うめ》いた。被告人が自らの弁護にあたるという場合、裁判官は、審理の公正さを保持するために、被告人の側に立って検察官の追及に対処しなければならないことになっているのだ。

検察官が立ち上がって、起訴事実を述べた。それは、検察官の言葉どおり、単純そのものであった。去る五月十三日、トラリーの食料品屋、ラーガン・キーンなる人物が、帰宅のためダブリンで、ダブリン発トラリー行きの列車に乗りこんだ。そのとき同人は、たまたま多額の現金、すなわち、七十一ポンドを所持していた。

そして同人は、同列車内において、被告人ともう一人の人物を相手に、被告人が提供したカードで賭け事をおこなった。ところが、同人は、自分の負けがあまりにも著しいため、ゲームに不審をいだいた。それゆえ、トラリーの一駅手前、ファランフォアで口実をもうけて一時下車し、同鉄道会社の従業員に会って、トラリーの警察官に同駅プラットホームで列車を待ち受けるよう連絡してもらいたいと依頼したのである。

最初の証人はトラリー警察の巡査部長で、その偉丈夫《いじょうふ》は被告人を逮捕したときの模様を供述した。それによると、彼は、去る五月十三日、ファランフォア駅からの連絡を受けて、ダブリン発の列車をトラリー駅で待ち受けた。そこへ、後にラーガン・キーン氏と判明した人物が近づいて来て、被告人を指さしたのだという。

巡査部長は被告人にトラリー警察署への同行を求め、被告人はそれに応じた。同署において、被告人はポケットに所持しているものの提示を求められた。その所持品のなかに一組のカードがあり、キーン氏はそれが列車内でポーカーゲームに使われたのと同一のものだと断定した。

そのカードは、巡査部長の証言によると、検査のためただちにダブリンへ送付され、ダブリンからの検査結果の報告によって、被告人オコナーは詐欺の疑いで逮捕送検となった。

ここまでの進行はまことに円滑である。次の証人は、ダブリン警察詐欺班の刑事である。判事は、この刑事は昨日、自分たちと同じ列車に乗ってきたにちがいない、ただしおそらく三等車だろう、と思った。

刑事が宣誓のうえ証言したところによると、そのカードにはしるしがついていたという。検察官が一組のカードを示し、刑事はそれが問題のカードであると認めた。カードは刑事に渡された。そこで検察官は、どのような方法でしるしをつけるのかと尋ねた。

「方法は二つあります」

と、刑事は判事に向かって、いった。

「いうところの〝濃淡法〟と〝トリミング〟です。カードには四つの組がありますが、それぞれの組のカードの端を組に応じて別の箇所でトリミングして、上下どのように持っていてもすぐそれとわかるようにする、それがトリミングです。具体的に申しますと、カードの裏に描かれている模様の周辺には余白がありますが、その余白の幅を、トリミングによって、変えてしまうのです。この幅の差異はまことに微妙なものですが、テーブルをはさんだ反対側からでもはっきり識別できます。それによって、いかさま師は相手がどの組のカードを何枚持っているかを見抜くわけです。おわかりでしょうか？」

「わかりすぎるほどわかる」

と、カミン判事はオコナーをにらみつけながら、いった。

「次に、エースから10までの大きなカードを、裏の模様につけた濃淡によって区別できるようにします。すなわち、模様の一部分を、薬剤を用いてかすかに濃くしたり淡くしたりするわけです。こうした濃淡をつける部分というのはごくごく小さいもので、指紋の渦巻きの中心点くらいの大きさしかありません。ですが、テーブルをはさんですわっているいかさま師の目には、容易に識別可能です。どこにそれがあるか、正確に知っているからです」

「カードの操作をごまかすという手も必要なのではないですか？」

と、検察官がたずねた。この質問に、それまで退屈していた陪審員たちが俄然《がぜん》、聞き耳を立てはじめた。馬泥棒という言葉を聞いたときのようなそれは反応であった。

「不正な操作が援用される場合もないとはいえませんが」

と、詐欺班の刑事は答えた。

「この場合、その必要はないといっていいでしょう」

「そうしたいかさま師を相手にして勝つことは可能でしょうか？」

と、検察官はたずねた。

「まったく不可能です」

証人は裁判官席に向かって答えた。

「いかさま師は、相手が自分よりいい手を持っていると見抜いたときは賭けを拒みますし、自分の手のほうがいいとわかったときは高い金額をはっていきますから」

「以上で尋問を終わります」

オコナーは、このときも、反対尋問に立とうとしなかった。カミン判事は彼を促して、

「証人の供述について、どのような質問をしてもいい、その権利があるんですぞ」

「わかってます。ありがとうございます」

と、オコナーは判事に礼をいったが、それきり口をつぐんでしまった。

検察側の三人目にして最後の証人は、とっておきのスター、トラリーの食料品屋ラーガン・キーンで、この被害者は闘牛場に登場する雄牛よろしく足音も荒く証人席に着くと、らんらんたる目でオコナーをにらみつけた。

それから彼は検察官に促されて、供述をはじめた。事件の日、彼はダブリンで、ある商談を成立させた。多額の現金を所持していたのは、そのためだったという。帰りの列車の中で、彼は腕に覚えのポーカーに誘引され、ファランフォアまでに六十二ポンドも負けてしまった。ゲームに不審をいだいたのは、自分がいくらいい手をそろえても、相手のだれかがいつもそれよりいい手を持っていて、負けつづけたからだという。

そこで彼は、だまされたと思ってファランフォアで一時下車し、トラリー駅へ警官を派遣してくれるよう依頼したのである。

「やっぱり思ったとおりでした」

と、食料品屋は陪審員に向かって大声で吠えた。

「あいつは、しるしのついたカードを使ったんだ」

十二人の善良な市民たちは重々しくうなずいた。このとき、オコナーが反対尋問のために、やっと重い腰を上げた。ふだんよりいっそう哀しげな表情で、牛小屋の中にいる子牛のようにおとなしく、いたいけに見えた。キーン氏は、嚙みつかんばかりに彼をねめつけた。

「あなたは、そのカードをあたしが提供したとおっしゃいましたね？」

と、オコナーは哀しげにたずねた。

「貴様が出したじゃないか」

「どういうふうに？」

食料品屋はきょとんとして、

「ポケットから出したんだ」

「そう、たしかにポケットから出しました」

と、オコナーは肯定した。

「で、そのカードであたしが何をしました？」

キーンは一瞬、考えこんだ。

「ペイシャンスをやりはじめた」

偶然の一致という法則が現実に存在するのではないかと信じはじめていたカミン判事は、このやりとりを聞いて、あの沈みこむような気分にふたたびとらわれてしまった。

「それで、最初に話しかけたのはあたしでしたか？」

と、被告人が訊いた。

「それともあなたでしたかね？」

堂々たる体軀《たいく》の食料品屋は急に勢いをなくして、

「わたしだ」

と答えると、陪審員のほうを向いて、つけくわえた。

「あんまりグズなやり方をしているもんで、つい口を出してしまったんです。ところどころ赤の上に黒、黒の上に赤と並んでいるのに気がつかない様子なので、ついに我慢しきれなくて、教えてやったんですよ」

「それでは、ポーカーの件ですが」

と、オコナーはしぶとく尋問をつづけた。

「時間つぶしに仲よくポーカーをやろうと言い出したのは、あたしですか、あなたですか？」

「おまえさんのほうだよ」

キーンは熱くなって、いった。

「そして、ちょっぴり金を賭けたら面白くなるといったのもあんただ。あれがちょっぴりかね。六十二ポンドといえば大金だぞ」

陪審員はうなずいた。まさに大金である。一人前のおとなが一年近く生活できるほどの金額なのである。

「では、はっきり申し上げますが」

と、オコナーはキーンに向かって、いった。

「もともとポーカーをやろうと言い出したのはあなただし、金をかけようと提案したのもあなたじゃないですか。それまではマッチ棒でやってたはずでしょう？」

食料品屋は考えこんだ。根が正直なことは表情でわかった。何かが記憶によみがえった。嘘のつけない彼は、

「言い出したのはわたしだったかもしれない」

と、認めたが、そういったあとで、あることを思いついて、陪審員のほうに向き直った。

「でも、それも手のうちじゃないんですか。いかさま師の使う手なんですよ。そうやって相手をゲームに誘引《ゆういん》したんです」

キーンは〝誘引〟という言葉がよほど好きらしく、これで二度も使った。判事は、これは自分の語彙《ごい》にない単語だと、妙に感心した。食料品屋の言葉に陪審員たちはいっせいにうなずいた。彼らも誘引されるのがいやと見えた。

「最後にもうひとつ」

と、オコナーは相変わらず哀しげにいった。

「清算したとき、あなたはあたしにいくら払いましたか？」

「六十二ポンドだ」

怒りもあらわに、キーンは答えた。

「さんざん苦労して稼いだ金だった」

「いえ、わたしがおたずねしているのは」

と、オコナーは被告席からいった。

「このわたしにいくら負けたかということです」

トラリーの食料品屋はまた懸命に考えた。やがて彼はがっくりとうなだれた。

「あんたには負けてない。一文も。勝ったのはあの百姓だ」

「で、わたしは彼に勝ちましたか？」

と、オコナーはさらに訊いた。いまにも涙を流さんばかりの表情だった。

「いいや」

と、証人は答えた。

「あんたも八ポンドばかり損をしたよ」

「これで反対尋問を終わります」

キーン氏は証人席から降りようとしたが、判事の声に呼び止められた。

「ちょっとお待ちください、キーンさん。あなたはいま『勝ったのはあの百姓だ』といわれましたな？　その百姓とは何者です？」

「同じ車室にいたもう一人の男です。ウェクスフォードで百姓をやっているといってました。ポーカーの腕はお粗末なんですが、あのときはバカつきについていたんです」

「名前をご存じですか？」

キーン氏はハタと当惑した。そして弱々しく、

「存じません」

と答えたが、すぐまたあわてて、つけくわえた。

「でも、カードを持ってたのは被告人です。こいつがわたしをだまそうとしたことには間違いありません」

以上で検察側の証人尋問は終わり、こんどはオコナーが自らの弁護に立った。宣誓のうえ彼がおこなった供述は単純にして明快だった。自分は馬の売買をして生活している。馬喰《ばくろう》という商売には何ら罪になるようなところはない。遊びのためにやるポーカーは好きだけれど、からきし下手である。五月十三日のあの汽車旅の一週間前、ダブリンのとあるパブで一人静かにスタウトを飲んでいるとき、木の椅子《いす》に腰かけた太腿のあたりが何か固いものに触った。それは一組のカードで、前にその椅子を占領していた客が残していったものらしかったが、かなり使い古した代物だった。バーテンに渡そうかと思ったが、こんな使い古しには一文の価値もないと判断して、そのまま自分で持っていた。それから一週間後、子馬か雌馬をという顧客《おとくい》の依頼で地方へ買い付けにいくことになり、長旅のつれづれにそのカードでペイシャ

ンスをやりはじめたのだという。

カードにしるしがついていることなど、まったく知らなかった。わたし自身、そのとき、見ず知らずの他人に、八ポンド十シリングも負けてしまった。まったくバカもいいところで、つきについていた百姓にいいようにやられてしまったのだ。キーン氏がわたし以上に賭けて負けたのだとしたら、それはキーン氏がわたしに輪をかけて軽率だったからである。いかさま行為などまったくあずかり知らぬことで、加担していたのなら、汗して稼いだ金をあんなにたくさんとられはしなかった云々。

反対尋問に立った検察官は彼の供述を打ち崩そうとつとめたが、痩せの貧相氏は、いかにもすまなさそうに卑下しながらも、驚くべき粘《ねば》り強さで先の供述にしがみついた。最後には、さしもの検察官も追及を断念して腰をおろした。

オコナーは被告席に戻って、静かに判事の総括《そうかつ》を待った。判事は彼をじっと見やった。おまえも哀れな男だな、オコナー、と判事は心の中でつぶやいた。いまの供述が真実なら、おまえは世にも不運ないかさま師だということになるし、供述が嘘なら、まことにもって無能ないかさま師というほかない。どちらにしろ、おまえは、自分で用意したカードを使いながら、列車に乗り合わせた他人に二度も負けてしまったのだ。

陪審員向けの総括に際しては、しかし、このような内心のつぶやきは表に出せない。判事は陪審員に向かって、次のように審理の結果を概略、説明した——被告人は、問題のカードをダブリンのパブで拾ったもので、しるしがついていることなどまったく知らなかったと主張している。この供述を信じるか否かは陪審員の自由であるが、検察官は右の供述をくつがえすような証拠を提示できなかった。ちなみに、アイルランドの法律では、罪の立証は検察官の義務とされている。

第二に、被告人は、ポーカーをやろうと言い、金を賭けようと提案したのは彼ではなくキーン氏だと主張し、キーン氏もまた、そうであったかもしれないと認めている。

しかしながら、ここでさらに重要と思われるのは、被告人が証人ラーガン・キーン氏から金を詐取したという検察側の主張である。どのような詐欺行為が存在したかはともかく、証人キーン氏は、被告人が氏から金を勝ち取ったという事実はないと、宣誓のうえ認めているのである。証人と被告人は双方とも、額にこそ多大の差はあるものの、ともに金を失っている。以上をもって、本件訴訟は却下《きゃっか》を至当と認めざるをえない。裁判官としては、被告人を直ちに放免するよう陪審員諸氏に指示するものである——。さらに、この田舎町の特質に通じている判事は、昼食時間までに十五分しかないという事実を、陪審員に指摘して、総括をおえた。

これはケリー郡の著しい特徴なのだが、陪審員の昼食を遅らせることとは、じつに由々しき問題で、そのようなヘマをやった判事は訴えられても文句をいえないのだ。十二人の善良な男たちは、それから十分後に早くも、無罪の評決を携《たずさ》えて法廷に戻ってきた。その結果、オコナーは放免となって、被告席から出ていった。

カミン判事は、裏の更衣室でローブを脱ぎ、カツラを掛け金にかけて、昼食をとるべく裁判所の建物から出た。ローブやひだ飾りやカツラをとってしまうと、判事もただの人で、だれにも気づかれることなく、裁判所の前の人混みにまぎれこんだ。

判事のめざすは町一番のホテルで、そこではシャノン産のすばらしいサーモンが食べられるのだ。彼がそのホテルに向かって道路を横切ろうとしたとき、一台のピカピカに磨きあげた高級車がホテルから出てくるのが見えた。なんと、運転しているのはオコナーではないか。

「見ましたか、いまのはあいつですよ」

判事の傍で、驚きの声が上がった。声につられて彼がふと右を見ると、トラリーの食料品屋がわきに立っていた。

「見ましたよ」

高級車はホテルの前庭から出てきた。オコナーのわきに、黒ずくめの服装をした男がすわっていた。

「そばにすわっているやつがだれだかわかりますか？」

と、キーン氏は唖然《あぜん》とした表情で訊いた。

車は音もなく二人のほうに進んできた。ディングルの孤児たちを救おうと、あれほど一生懸命だった例の神父が、柔和な微笑を浮かべて、歩道に立っている二人に指を二本、立てて見せた。そして車はさっさと通りを遠ざかっていった。

「いまのは祝福のしぐさですかね？」

と、食料品屋がたずねた。

「そうかもしれませんが——」

と、判事は認めた。

「怪しいもんですな」

「あの男、なんだってまた坊主《ぼうず》の恰好なんかしてるんでしょう？」

「あれは聖母教会の神父ですよ」

「冗談じゃない」

と、食料品屋は熱くなって否定した。

「やっこさん、ウェクスフォードの百姓ですよ」

# ダブリンの銃声

これからご紹介する話は、この短編集におさめられた他の作品とまったく性質を異《こと》にし、特定のカテゴリーにはいらないとの指摘が、関係者からなされた。しかし、わたしは、まったくの気まぐれで、この話を収録することにした。これはアイルランドの一友人が語ってくれた話で、自分が体験した実話だという。それゆえ、他の作品の例に倣《なら》わず、一人称で書くことにした。

F・フォーサイス

二マイルあまり前から不快な音をたてて咳《せ》き込《こ》んでいた車のエンジンが、とある丘を登る曲りくねった急坂にさしかかったところでついに、断末魔《だんまつま》の叫びをあげはじめた。わたしは、いまここでエンジンが参ってしまうと、フランスの田舎の野性美のなかに行く当てもなく放り出されてしまうと、アイルランドのありとあらゆる聖人に祈った。

傍にすわっている妻のバーナデットが不安げにちらちらと投げる視線を浴びながら、わたしはハンドルにおおいかぶさって、参りかけたエンジンからパワーのひとかけらでも引き出そうとアクセルを踏みつづけた。ボンネットの下で何かが故障していることは明白だったが、わたしときたら、そうした技術的なミステリーについては世界一無知だと自認しているほどの機械オンチなのである。

老いさらばえたトライアンフ・メイフラワーは、どうにか丘陵の肩を乗り越えたものの、頂上に辿《たど》り着いたところで最後に一回、ゴホッと咳き込んだきり、ついに絶息して動かなくなった。わたしはイグニションキイ・スイッチを切り、サイドブレーキを引いて車から降りた。そして、つづいて降りてきたバーナデットと並んで、丘の反対側を呆然《ぼうぜん》と見おろした。道は下り斜面を蛇行《だこう》して谷間のほうへ延びていた。

一九五〇年代の初めだったが、夏の夕まぐれの光景はまことに美しいものだった。ドルゴーニュ地方でもその地域は当時まだ完全に〝未発見〟だった――すくなくとも観光客には知られていなかった。何世紀ものあいだほとんど変化らしい変化を経験していない、典型的なフランスの田舎だった。無粋に空を突き上げる工場の煙突も、電柱もなかった。緑深い谷間を無残に傷つけて延びる自動車道路もなかった。村落は狭い田舎道のわきにひっそりと固まり、人々は周囲をとりまく田園から生活の糧《かて》を得ていた。収穫を二頭の雄牛に引かせた荷車でギシギシと運び帰るといった牧歌的な生活が、そこにはまだあった。バーナデットとわたしが、その夏、初めての海外旅行――アイルランドとイギリス以外の土地を旅したことが一度もなかったのだ――で探訪しようと思い立ったのは、まさにこの地方だったのである。

わたしは車からロードマップを持ち出して調べ、ドルゴーニュ渓谷《けいこく》の北端にある一点を指さした。

「いまいるのはだいたいこのへんだ……推定だけどね」

バーナデットは前方に延びる道路をしきりに目で探っていた。

「あの下に村があるわ」

わたしは彼女の視線を追った。

「間違いない」

教会の尖塔《せんとう》が樹間にそびえ、さらに目をこらすと、納屋《なや》の屋根らしきものもちらりと見えた。それにつけても、と、わたしは車と斜面を疑わしげにながめやった。

「エンジンなしでも村までならどうやら降りられるかもしれんな。でも、そこから先はとても無理だ」

「ここで野宿するよりずっとましよ」

と、妻はいった。

わたしたちは車に戻った。わたしはギヤをニュートラルに入れると、クラッチをいっぱいに踏み込んでサイドブレーキを外した。メイフラワーは静かに前進をはじめ、しだいにスピードをつけていった。無気味なほどの静けさに包まれながら、わたしたちは遠くの尖塔めざして斜面を下っていった。

重力のおかげでどうにか丘陵を降りきってみると、そこは二十戸あまりの家がある小さな村の外れだった。やがて車は自然に止まった。二人は外に出た。ようやく黄昏《たそがれ》の色が濃くなりはじめていた。

村の通りにはまったく人影がなかった。大きなレンガ造りの納屋のわきで、鶏が一羽、寂しげに土をほじくっていた。干し草を積んだ馬車が二台、シャフトを泥に突っ込んだまま道端に放置してあり、持ち主の姿はどこにもなかった。わたしは、閉めきった家のどれかを訪ねて、フランス語はまったくだめなのだがどうにかして窮状を訴えてみようと決心した。と、そのとき、百ヤードほど向こうにある教会の裏手から、人影がひとつあらわれて、わたしたちのほうへやってきた。

近づいてきたその人影は村の神父だった。当時の神父はまだ、身の丈いっぱいの黒い法衣に腰帯、そして縁の広い帽子という例の服装をしていた。わたしは、神父に呼びかけるときのフランス語を思い出そうとした。が、無駄だった。神父は目の前に迫ってきた。わたしはとっさに英語で「神父《ファーザー》さん」と呼びかけた。

英語でも当方の意思はじゅうぶん伝わったらしかった。神父は一度立ち止まってから、わたしのほうに寄ってきて、何ですかという表情で微笑《ほほえ》んだ。わたしは車を指さした。神父はニッコリ笑うと、「いい車ですね」というようにうなずいた。こちらが自分の車をほめられるのを期待している誇り高い持ち主ではなく、いまいましいポンコツのために立ち往生している観光客だということを、どうやって説明したらいいのだろう……？

ラテン語だ、と、わたしはとっさに思いついた。神父はかなりの齢《とし》だが、学生時代に習ったラテン語を少しくらいは憶えているはずである。が、それより問題なのは、こっちがはたしてラテン語で説明ができるかどうかである。わたしは懸命に頭をひねった。昔、ドラサール教職会は、何年もかけてわたしにラテン語を教え込んだのだが、その後わたしが使ったラテン語は〝ミサ〟の一語だけ。えんこしたトライアンフの状況を説明できるほどの語彙《ごい》などあろうはずがない。

わたしは車のボンネットを指さして、

「クルルス・メウス・フラクトゥス・エスト」

と、しどろもどろに、いった。この科白《せりふ》の本当の意味は「わが戦車は壊れたり」であるが、どうにか通じたと見えて、神父の丸い顔が急に明るくなった。

「おお、汝の戦車が壊れたとな《エスト・フラクトゥス・クルルス・テウス》、わが息子よ《フィリウス・メウス》」

と、神父はラテン語で訊き返した。そこでわたしはまたつづけて、

「然り《イン・フエリターテ》、わが父よ《パテア・メウス》」

神父はしばらく考えていたが、やがて、ここで待っていなさいと身振りで告げると、急ぎ足で道を引き返して、とある家にはいっていった。そこは、あとで前をとおったときにわかったのだが、村でただ一軒のカフェで、いうなれば村の生活センターなのである。初めにそれに気がつけばよかったのだ。

数分後、神父は一人の大男を連れてあらわれた。その男はごついブルーのキャンバスのズボンにシャツという、フランス農夫の典型みたいな服装をしていた。彼は縄底《なわぞこ》のエスパドリーユ（紐を足首に巻きつけて履くキャンバスシューズ）で土を蹴りながら、とぼとぼと歩く神父と並んで近づいてきた。

二人がわたしたちの前まで来ると同時に、アベ（神父）のほうが急に早口のフランス語でまくしたてながら車を指さしたり、道の前後を手で指し示したりしはじめた。どうやら神父は、このままでは道が一晩中、車でふさがってしまうと、信者に伝えているらしかった。農夫は無言のままうなずくと、道を引き返していった。神父とバーナデットとわたしの三人が

車のわきに残された。妻は道端へいって黙ってすわりこんだ。

まったく言葉の通じない異人といっしょに、何が起こるかわからないまま時間をすごすという経験を一度でも味わったことのある人なら、このときの何とも間の悪い状況が理解できるはずである。わたしはうなずいて、微笑んだ。神父もうなずいて、微笑んだ。そして二人して同時にうなずいて、微笑んだ。結局、最後には神父が沈黙を破った。

「イギリス人《アングレ》？」

神父はバーナデットとわたしを指さしながら訊いた。わたしは辛抱強く首を振った。こうやってイギリス人と間違えられるのは、アイルランド人がいつの時代も背負わなければならない重荷のひとつなのだ。

「アイルランド人《イルランデ》です」

と、わたしは発音が正しければいいがと思いながら、いった。

「ああ、オランダ人《オランデ》ね」

神父は相槌《あいづち》をうった。わたしはまた首を振ると、神父の手をとって車の後ろへ連れていき、泥よけの上方につけたステッカーを指さした。そこには白地に黒でアイルランドの略字がIRLと刷り込んであった。神父は、懸命に何かを教えようとしている子供に向けるような微笑を浮かべて、

「アイルランド人《イルランデ》？」

わたしはうなずいて、微笑んだ。

「アイルランド《イルランド》？」

ふたたびわたしはうなずいて、微笑んだ。

「イギリスの一部《バルティ・ダングルテール》ですな」

わたしは溜め息をついた。人にはどうしても勝てない争いというものがあるし、この善良な神父に向かって、アイルランドはイギリスの一部ではない、それにはバーナデットの父親や伯父の犠牲も部分的に貢献しているなどということを説明するには、時も場所もふさわしくなかった。

そのとき、例の農夫が、石材の羽目板を張った、レンガ造りの二軒の納屋にはさまれた狭い路地から、おそろしく古くて、やけに音のでかいトラクターに乗って、あらわれた。馬や牛にひかせる荷車が主役のこの村でおそらく唯一のトラクターなのだろうが、そのエンジン音は、えんこ直前のメイフラワーのそれとあまり変わらなかった。それでも、ちゃんと走ってきて、わたしの車のすぐ前で止まった。

青ずくめの服装をしたその農夫は、ごついロープを使ってわたしの車をトラクターの牽引《けんいん》鉤《かぎ》に結びつけた。神父はわたしたちに車に乗れと合図した。それからわたしたちは、並んで歩く神父に見守られながら、トラクターに引かれて道を進み、ある角を曲って、どこかの中庭にはいっていった。

いよいよ濃くなっていく黄昏のなかで、納屋とおぼしき建物の上に、看板らしきものが見えた。それには〝自動車修理所《ガレージ》〟とあったが、建物自体は鍵をかけて閉鎖されていた。農夫は車を解き放って、ロープをしまいはじめた。神父は時計と戸を閉めたガレージを指さし、明朝七時にはそこが開いて、いまは姿の見えない修理屋が車を診《み》てくれるだろうと、身振り手振りで教えてくれた。

「それまでどうしたらいいのかしら？」

と、バーナデットがわたしにささやいた。

わたしは神父の注意を促したうえで、重ねた両掌の上に傾けた顔をのせるという、眠ることを示す万国共通のゼスチャーを演じて見せた。神父はうなずいた。

それからふたたび早口の会話が神父と農夫の間でかわされた。わたしには一言もわからなかった。農夫が片手を上げて、どこかを指さした。そのとき彼がいった〝プリース〟という言葉だけはどうやら聞き取れたが、むろん意味はわからなかった。神父は農夫にうなずいて同意した。そして、やはり身振りで、車からスーツケースを出してトラクターの後ろに乗り、両手でしっかりつかまっていろと、わたしたち夫婦に教えた。

わたしたちは指示に従い、トラクターはその中庭から表の通りへ出ていった。親切な神父は手を振って別れを告げてくれたが、それきり神父とは会わずじまいだった。わたしたちはトラクターの後部のステップに身体をくっつけるようにして立っていた。わたしは身の回りの品を詰めた鞄を片手で持ち、もう一方の手でトラクターにしがみついていた。まったくアホらしいというか、情けない気分だった。

わが物いわぬ運ちゃんは道をどんどん進んで村外れまでいき、小川を渡って反対側の丘を登った。そして丘の肩に近いところで一軒の農家の庭先にトラクターを乗り入れた。あたりは夏の土埃《つちぼこり》と牛の糞でおおわれていた。農夫は玄関のドア近くにトラクターを止めると、わたしたちに降りろと合図した。エンジンはまだバカ騒ぎをつづけていた。

農夫はドアに歩み寄って、ノックした。一分ほどして、エプロンをかけた小柄な中年女が、背後で燃えるランプの光をうけて姿をあらわした。農夫は彼女と何かしゃべりながら、わたしたちのほうを指さした。女はうなずいた。農夫はやれやれといった顔でトラクターに戻ると、わたしたちに開いたドアを指し示し、そのまま去っていった。

農夫と中年女が話をしている間に、わたしは、まだほのかに残っている昼の光のなかで、あたりの様子に目をこらした。それまでに見てきた多くの農家とまったく同じ光景で、いろんな道具立てがごちゃごちゃと並んでいた。牛小屋、馬と雄牛を入れる小屋、手押しポンプと木の水槽、大きな堆肥《たいひ》の山、その上で餌をついばんでいる茶色の鶏の家族、いずれもみな風雨にしなび、日に晒《さら》され、現代的なもの、能率的なものは何ひとつなかった。それは伝統的なフランス農家の典型であり、こうした農家がフランス農業経済のバックボーンを形づくっているのだ。

どこか見えないところから、リズミカルに斧《おの》を振り上げ振りおろす音と、それが木に食い込んで丸太を裂く音が聞こえてきた。だれかがまだ来ぬ冬にそなえて薪《まき》割りをしているのだ。女が玄関からわたしたちに、中へ入れと手招きしている。

居間、客間、ラウンジ——どう呼ぼうと勝手だが——の類があるのかもしれないが、わたしたちが通されたのはキッチンだった。そこは家族生活の中心となっている場所らしく、板石を敷き詰めた室内には、流しと食卓があり、むき出しで燃えている焚火《たきび》のわきには、傷だらけのアームチェアが二脚、並んでいた。石造りの流しの近くにはもう一台手押しポンプがすえつけてあり、ということは、水を井戸に仰いでいるのだ。明りはランプを使っていた。わたしはスーツケースを床に置いた。

この家の主婦は、明りのなかではっきり見ると、なかなかの美人だった。手こそ荒れているが、リンゴのような頬をした丸顔で、灰色の髪を後ろで束ね、グレーの長いドレスに白い前掛けをして、人なつこい小鳥のような笑顔でわたしたちを迎えてくれた。彼女はマダム・プリースと自己紹介をし、わたしたちもそれぞれ名前を告げたが、彼女にはそれがまったく発音不可能だった。だから会話は自然と、言葉より、うなずいたり微笑んだりに限定されてしまったが、わたしは、一時間ほど前の丘上での苦境を考えると、泊るところが見つかっただけでもありがたいと思った。

マダム・プリースは、バーナデットに向かって、部屋と洗面所を案内しようとゼスチャーで告げた。男のわたしにはそうした心づかいは必要ないというわけである。二人は鞄を持って階上に消えた。わたしは窓に歩み寄った。暖かい夕暮の空気が流れ込んでくるその窓は、裏庭に向かって開いており、小さな小屋のわきの雑草のなかに荷車が一台、置いてあった。小屋のところから、高さ六フィートばかりの柵《さく》が短く延びているが、その柵の上から、上下する大きな斧の刃先がちらちら見え、丸太を割る音が聞こえてきた。

バーナデットは、十分ほどして、さっぱりした顔で二階から降りてきた。水がめから冷たい水を陶器の洗面器に移して、顔と手足を洗ったのだという。そういえば、先ほど耳にした変な水音は、二階の窓から庭に降りている排水用の樋《とい》を伝って、水が流れ落ちる音だったのだ。わたしは眉を上げて、妻に上の様子の説明を求めた。

「とってもすてきなお部屋よ」

と、妻はいった。

わたしたちを見守っていたマダム・プリースは、妻の言葉を聞いて、意味はわからぬもののその肯定的なひびきを敏感に感じ取り、ニッコリ笑ってお辞儀をした。バーナデットは、同じような明るい笑顔で、つけくわえた。

「ノミがいなければいいんだけど」

いるかもしれないと、わたしは心配になった。というのも、妻はノミや蚊にひどく弱いたちで、ちょっと嚙まれたり刺されたりしただけで、ケルト（ウエールズ）人の血をひく白い肌《はだ》が大きく腫《は》れ上がってしまうのだ。マダム・プリースは、わたしたち夫婦に、ゼスチャーで、傷だらけのアームチェアにすわれと告げ、二人がそこに腰をおろすのを見届けてから、部屋の片隅にある真っ黒にすすけた鋳鉄《ちゅうてつ》製のかまどの前に立った。彼女が忙しく働いている間、わたしたちは、とりとめのない話をして時をすごした。何か食欲をそそるような匂いのするものが煮えてきて、その芳香でわたしは急に空腹を覚えた。

十分後、彼女はわたしたちを食卓に招き、目の前に陶器の鉢とスープ用のスプーン、そしてふわりと美味《おい》しそうな長い白パンをそれぞれ一つずつ並べた。そして最後に、鉄のおたまが突き出している大きなスープ入れを食卓の真中にでんと置いて、どうぞめいめいでついで食べてくれと身振りで告げた。

わたしはバーナデットにスープ入れの中身をついでやったが、それは主にジャガイモを使った栄養満点の濃い野菜スープで、ずしりと腹にこたえるところがまたよかった。料理といってもそれだけだったが、あまりの美味《うま》さに、わたしたちは二人とも結局、三杯もおかわりをして満腹することになった。わたしはマダム・プリースにも給仕を申し出たが、彼女は受けようとしなかった。そういう習慣はないのだ。

「どうぞ、食べてください《セルヴェ・ヴゥ》、食べてください」

と、彼女はくりかえし、わたしは仕方なく自分の鉢にあふれるほどついで、食べはじめた。

食事がはじまって五分とたたないうちに薪割りの音がやみ、それからすぐ裏口のドアが開いて、主人が夕食にはいってきた。マダムがわたしたちが来た事情を説明し、わたしは立って挨拶《あいさつ》をしたが、農夫は自分の食卓についている二人の異人に何の興味も示さなかった。わたしは、仕方なく、腰をおろした。

主人は頭が天井につかえるほどの大男だった。歩くときも、ただ歩くというより、のっしのっしという感じで、一見したところ、総身に知恵がまわりかねるという印象だった——事実、そうだったのだが。

年齢はほぼ六十といったところで——二つ三つはどっちにころんでもよさそうだった——

灰色の髪を、地肌がすけて見えるほど短く刈り込んでいた。耳は巨体に似合わず小さく、わたしたちを見ても何の表情もあらわさない目は、無邪気な赤ん坊のそれみたいに青く淡く澄んでいた。

巨人は、一言も口をきかずに、いつもすわりなれた自分の椅子に腰をおろし、細君がすかさず、縁までたっぷりスープをついだ鉢を差し出した。彼の手は泥と何やらわからない汚物で黒くなっていたが、それを洗おうともしなかった。マダム・プリースは自分の席にすわりなおすと、わたしたちにまた明るい微笑を振りまいて小鳥のように頭をぴょこんと下げ、それを合図にわたしたちはまたスープの鉢にとりついた。わたしが目の端からうかがっていると、農夫はスプーンに満たしたスープをざぶざぶと流し込みながら、その合いの手に、大きくむしりとったパンを無造作に口に放り込んだ。

プリース夫婦はひとことも言葉をかわさなかったが、細君のほうはときどき愛情のこもった寛大な目で夫を見やった。わたしはすぐそれに気づいたのだが、夫のほうはまるで知らぬ振りだった。

バーナデットとわたしは、せめて自分たちの間だけでもと、努めておしゃべりをしようとした。それは情報交換のためというより、気まずい沈黙からなんとか脱出したいという気持ちのあらわれであった。

「明日の朝、車がなおるといいな」

と、わたしはいった。

「手に負えない故障のようなら、最寄りの町へスペア部品かレッカー車を頼みにいかなくちゃいけない」

当時は戦争が終わって間もないころで旅費といってもごく限られたものだったので、そんなことになったら大変だと、わたしは思わず身震いした。

「近くで大きい町というとどこかしら？」

と、妻がスープを口に運びながら訊いた。

わたしは車に置いてある地図を頭に描いた。

「ベルジェラックじゃないかな」

「ここからどれくらい？」

「約六十キロってとこかな」

それ以上話すことが見つからず、ふたたび沈黙が食卓の周囲を包み込んだ。その状態が一分ほどつづいたころ、どこからともなく英語の声が不意にひびいた。

「四十四」

そのときわたしたち夫婦はどちらも下を向いていたのだが、バーナデットが、その声を聞いて、ハッと顔を上げてわたしのほうを見た。わたしも彼女と同じように怪訝《けげん》な顔をしていた。とっさにわたしはマダム・プリースの様子をうかがった。彼女はしあわせそうに微笑んで、食事をつづけた。バーナデットがそっとご亭主のほうへ顎《あご》をしゃくった。わたしは彼のほうを向いた。大男は無心の表情でスープとパンを口に運んでいる。

「いま何といわれました？」

と、わたしは訊いた。

しかし、彼は聞こえたようなふりもしなかった。ただもう黙々とスープとより大きなパンの塊りを胃の腑《ふ》へ送り込んだ。そして、わたしが質問してから二十秒くらいたってから、彼は英語ではっきりと答えた。

「四十四。ベルジェラックまで。キロメートル。四十四」

だが、彼はわたしたちのほうを見ようともせず、一心に食べつづけていた。わたしはちらりと細君のほうを見やった。彼女は「ええ、うちの主人は語学の才能があるんですよ」といわんばかりに、しあわせそうな微笑を浮かべた。バーナデットとわたしは唖然《あぜん》としてスプーンを下に置いた。

「英語ができるんですね？」

と、わたしはご亭主に訊いた。

何秒かがまた無言のうちにすぎていった。そしてようやく彼が示した反応は、ちょっとうなずくだけという無愛想なものだった。

「イギリスでお生まれになったんですか？」

さらに長い沈黙がつづいたが、答えはなかった。それが得られたのは、質問から五十秒もたってからだった。

「ウエールズ」

たったひとことそういって、彼はまたパンのかけらを口に放り込んだ。

この話を進めるにあたって、言葉のやりとりのテンポをもっと速めないと、読者が退屈してしまうということは百も承知しているのだが、このときの状況はここに書いたとおりだったのである。なにしろ、わたしが何か質問をして彼がそれに答えるまでの時間が途方もなく長いのだ。会話の進行が気の遠くなるほどゆっくりしたものになったのも、やむをえないのである。

初め、わたしは、彼が難聴《なんちょう》かもしれないと思った。しかし、そうではなかった。耳はふつうに聞こえるのだ。そこでわたしは、彼がきわめて用心深い、狡猾《こうかつ》な人間で、自分の答えのもたらす効果を、チェスをやる人が駒を動かす前にそれがどういう結果をもたらすかをいちいち慎重に考えるように、考えているのではないかと想像した。が、これも違った。彼はそんな悪知恵にたけた人間ではなかった。ただ思考の過程がゆっくりしているだけなのだ。質問を嚙みくだいて、その意味を把握し、それに対する答えをつくり、口に出していう——この一連の作業を完了するのに数十秒、いや、場合によっては、まるまる一分もかかるのである。

その後二時間もつづいたこの退屈きわまるやりとりに、わたしはいささかうんざりしたが、あえてその苦業に耐えたのは、ウエールズ出身の男がなぜこんなフランスの片田舎で農業をしているのか、その理由が知りたいためである。当然のことに、その理由は、ぽつりぽつりと、あきれるほどゆっくり、明らかになっていったのだが、バーナデットにもわたしにも、じつに興味深いものであった。

彼の名前はプリースではなくてプライスで、プリースはプライスをフランスふうに発音したものである。エバン・プライス――それが彼の本名である。出身はサウス・ウエールズのロンダ・バレー。四十年前、第一次世界大戦のときは、ウエールズのある連隊に属する一兵卒だった。

彼は、終戦直前、マルヌでおこなわれた二度目の大会戦に参加した。そして負傷してイギリス軍の病院で寝ている間に、終戦となった。イギリス軍が祖国へ帰還したとき、彼はまだ身体を動かせない状態だったため、フランスの病院に預けられた。

そこで彼は若い看護婦の世話になったのだが、彼女は患者の彼に恋をしてしまった。そして二人は結婚して、ドルゴーニュで農業をしている彼女の両親のところへ来たのである。彼はついに一度もウエールズには帰らなかった。両親の死後、一人娘だった彼女が農場を相続した。それがいまわたしたち夫婦が一夜の宿を借りることになったこの農家なのだ。

マダム・プリースは、驚くほどゆっくりした夫の語りを辛抱強く聞きながら、ときどき自分にもわかる言葉に出くわすと、その都度《つど》、明るく微笑んだ。わたしは、二人が出会った一九一八年当時の彼女がどんな娘だったのだろうと、想像をたくましくした。おそらく、もっとほっそりした、スズメのように活発な娘で、黒い瞳をくるくると動かしながら、てきぱきと仕事を片づけていたにちがいない。

バーナデットも、可憐《かれん》なフランス娘がフランドルの病院で、大きくなりすぎた赤ん坊のように単純で可哀想な大男の看護をするうちに、その男を恋してしまった——というイメージに感動していた。彼女は身を乗り出して、プライスの腕に手を触れると、

「すてきなお話ですわ」

と、いった。

彼は何の反応も示さなかった。

「わたしたちはアイルランドの者です」

身上話を聞かせてもらったお返しのように、わたしはプライスにいった。しかし、彼は、細君に三杯目のスープをついでもらいながら、無言のままだった。

「アイルランドへいらしたことはおあり？」

と、妻がまた訊いた。

さらに何秒かがすぎた。彼は喉《のど》を鳴らして、うなずいた。妻とわたしは、うれしい驚きに思わず目を見合わせた。

「仕事で？」

「いや」

「どれくらいの間でした？」

「二年」

「いつごろのことかしら？」

と、バーナデットがたずねた。

「一九一五年から……一九一七年まで」

「何をしてらしたの？」

また沈黙の時間が流れた。

「兵隊」

なるほど、そうだったのか、と、わたしは思った。彼が入隊したのは負傷した一九一七年ではなかったのだ。入隊したのはそれより以前で、一九一七年にフランドルに派遣されたのである。それまではイギリス駐屯《ちゆうとん》部隊の一員として、アイルランドにいたのだ。

バーナデットの態度がすこし固くなった。彼女は熱烈な共和派の家族の出なのである。いまから考えれば、その時点で会話をきりあげるべきだった。それ以上、プライスの身上を詮《せん》索《さく》すべきでなかったのだ。しかし、ジャーナリスト根性がわたしに質問をつづけさせてしまった。

「どこに駐屯していたんです？」

「ダブリン」

「ほう、わたしたちもダブリンの人間なんですよ。ダブリンはお好きでした？」

「いや」

「そりゃどうも」

わたしたちダブリンっ子は自分の町を自慢する癖がある。外国人にも、敵国の駐屯兵にさえ、わが町の長所をわかってもらいたいと無邪気に逸《はや》るのだ。

元兵卒プライスの履歴《りれき》の前半は、これまでに明かされた後半と同じように、まさに牛歩のごとき鈍重さで語られた。彼は一八九七年、サウス・ウエールズのロンダで、きわめて貧しい両親の間に生をうけた。苦しい、暗い生活がつづいた。そして一九一四年、十七歳のとき、軍隊に入った。愛国心に燃えたためではなく、軍隊なら一応、衣食住の心配をしなくてもいいからである。しかし、最後まで一兵卒の身で、進級はできなかった。

初年兵としての訓練は、彼の場合だけ十二か月もつづき、その間に同期の者はみなフランドルの前線へ派遣されていった。そして訓練終了後も、彼は戦場ではなくウエールズの補給基地に配属となった。一九一五年の暮れ、彼はアイルランド駐屯部隊に転属となり、ダブリンのリフィ河南岸、アイランドブリッジにある、うすら寒い兵舎で寝起きすることになった。

そこでの生活は、ダブリンは好きでないといったくらいだから、退屈きわまるものだったにちがいない。荒涼とした兵舎、当時としても安い給与、果てしなく無情につづくボタン、靴、ベッドの磨き掃除、凍りつくような夜の衛兵勤務、篠《しの》つく雨の中での小哨、そしてレジャーといえば……一兵卒の給与では遊びなど思いもよらなかった。営内の食堂でビールを飲むくらいが関の山で、地元のカトリック教徒とのつきあいなど無きに等しかった。二年後、他へ転属と決まったときは、さぞうれしかったにちがいない。いや、この鈍重な大男は、何かを喜んだり悲しんだりすることがあるのだろうか……？

「何も面白いことはなかったんですか？」

わたしは半ばやけ気味に訊いた。

「一つだけ」と、彼は例によって長い間をおいてから、いった。

「どういうことです？」

「処刑」

彼はスープを口に運ぶのに夢中だった。

バーナデットがスプーンを下に置いて、身を固くした。冷たいものがさっと彼女の身辺から立ち昇った。ひとことも理解できない細君と感受性などまるでないようなその夫だけが、それに超然としていた。せめてここで話を打ち切ればよかったのだ。

当時、アイルランドでは多くの人が処刑されていた。一般の殺人犯はマウントジョイで首を吊るされた。その絞首刑を執行したのは、刑務所の看守である。それに兵隊が必要だったのだろうか？　イギリス駐屯軍の兵士たちも、殺人や婦女暴行をおこなった者は、軍法会議にかけられたあと軍規によって、処刑された。その兵士たちの場合は絞首刑だったのだろうか、それとも銃殺刑だったのだろうか？　わたしは知らなかった。

「その処刑がいつだったか憶えていますか？」

と、わたしは訊いた。

バーナデットは椅子の上で凍りついたように身じろぎもしなかった。

プライスは澄んだ青い目を上げて、わたしを見た。そして、かぶりを振って、いった。

「ずっと昔のことだ」

嘘をついているのかと思ったが、そうではなかった。忘れてしまっているのだ。

「あなたはその銃殺隊にいたのですか？」

彼は、例によって、ゆっくりと考えた。そしてまたゆっくりとうなずいた。

銃殺隊員になるというのはどんな気持ちのものだろうと、わたしは想像をたくましくした。六十フィート前方の杭《くい》に縛りつけられている自分と同じ人間を、ライフルの照準を通してとらえ、心臓の上におかれた白い布を目標にして、生きた人間を狙うのだ。撃ての号令で引き金をしぼり、銃声を聞き、発砲の反動を肩に感じる。ろうのように白い顔の下で縛られた身体が跳ね、がくんと折れる。そして兵舎に帰ってライフルを掃除し、朝食をパクつく。銃殺隊員などまっぴらだ、そんなものにならなくてよかったと、わたしはつくづく神に感謝した。

「いつだったのか思い出してくれませんか」

と、わたしは彼を促した。

プライスは思い出そうとした。懸命に努力した。そのあがきが感じられるほどだった。やがて、彼はいった。

「一九一六年。夏だったと思う」

わたしは身を乗り出して、彼の前腕に手をのせた。彼はわたしの目をのぞき込んだ。その目に邪《よこしま》な翳《かげ》はなかった。あるのはただ何を知りたいのかと問う不審の色だけであった。

「思い出してください……お願いします……あなたが銃殺したのは何ていう人です？」

しかし、この質問は彼にとって重荷にすぎた。いくらもがいても思い出せなかった。最後にとうとう首を振って、いった。

「ずっと昔のことだ」

このとき、バーナデットが急に立ち上がった。そして、無礼ではないが緊張した微笑を細君に向けたあと、わたしに向かって、

「あたしもう寝るわ。あなたもあまり遅くならないようにね」

わたしが二階へ上がったのは、それから二十分ほどしてからだった。プライスは火のそばにあるアームチェアにすわって、タバコを吸うでもなく何かを読むでもなく、ただじっと炎をみつめていた。満足しきった様子だった。

二階の部屋は暗かったが、わたしはあえてランプをつけなかった。窓から射し込んでくる月の光を頼りに服を脱いで、ベッドにはいった。

バーナデットは静かに横になっていたが、わたしには彼女がまだ起きていることがわかっていた。何を考えているのかも。わたしと同じことを考えているのだ。一九一六年の春、イースター・サンデーの明るい朝、アイルランドはイギリスから独立すべきだという、当時まだあまり一般的でなかった考えにとりつかれた一群の男たちが、郵便局と他の数か所の施設を急襲した。

そのとき、イギリス駐屯軍の兵士数百名が急遽《きゅうきょ》、出動を命じられ、ライフルと砲火でもって彼らの鎮圧《ちんあつ》にあたった——しかしプライス二等兵は退屈なアイランドブリッジの兵舎を出なかった。出動したのであれば、そのことを憶えていて話したはずである。硝煙《しょうえん》と銃砲声、

街路を埋める石やレンガの破片、死んだアイルランド人とイギリス人の遺体、死につつある重傷者。叛徒たちはついに敗北し、武装を解かれて郵便局からひきずり出された。彼らが屋上に掲げた緑とオレンジと白の見慣れない三色旗はひきずり降ろされ、イギリスのユニオンジャックがそれにとってかわった。

この事件の余後のことは、いまアイルランドの学校でも教えていない。建国の神話としてふさわしくないからである。しかし、現実にあった事件であることは間違いない。それは叛徒たちが海の向こうのリバプールの刑務所へ送られることになり、鎖につながれてダブリンの埠頭《ふとう》へ向かって歩かされていたときのことである。詰めかけたダブリンの市民たちが――その大部分は貧しいカトリック教徒だった――ダブリンに余計な災厄《さいやく》をもたらしたといって、彼らに悪罵《あくば》を投げつけたというのである。

それで終わればまだ何ということもなかったのだが、イギリス当局は愚かにも、十六人のリーダーを、五月三日から十二日にかけてキルメインハムの刑務所で処刑してしまったのである。事件後一年とたたないうちに、アイルランドの空気は一変してしまった。そして一九一八年の総選挙では独立派が全国を席巻し、その後二年のゲリラ戦を経て、ついに独立が認められたのである。

そばでバーナデットの身体がぴくりと動いた。身を固くして考え事に耽《ふけ》っているのだ。何を考えているのか、わたしにはわかっていた。まだ冷えびえとした五月の朝、夜明け前の薄闇のなかを、銃殺隊員が鋲《びょう》をうった軍靴の音をひびかせながら、兵舎から刑務所へ行進していった。彼らは刑務所の広大な中庭で、連れ出されてきた囚人たちが遠くの壁の前に立つ杭に引かれていくのを辛抱強く待った。

その死刑囚のなかには彼女の伯父もいた。いま彼女は、暖かい夜のなかで、その伯父のことを考えているにちがいない。父親の兄にあたるその人は、彼女が生まれる前に死んでしまったのだが、彼女は伯父を尊敬していた。看守たちに英語で話すのを拒み、軍法会議の場でもアイルランド語しかしゃべらなかったその伯父は、地平線上に昇る朝日を浴びながら、傲《ごう》然《ぜん》と顔を上げて、銃口をにらみつけたという。ほかにも愛国の勇士はいた……オコンネル、クラーク、マクドノウ、パドレイグ・ピアス。そう、もちろん、ピアスもいた。

わたしは自分の愚かさに気づいて腹立たしかった。これらはみな幻想にすぎない。死刑になったものは他にも沢山いたのだ。婦女暴行を犯した者、強盗犯、殺人犯、イギリス駐屯軍の脱走兵——彼らも軍法会議にかけられて処刑されたのである。当時はそういう世相だったのだ。犯せば死刑を免れないという罪の範囲が、いまとは比較にならないくらい広かったのである。しかも、戦争状態がつづいていたために、死刑に相当する罪がよりいっそう多くなっていた。

「処刑は夏だった」

と、プライスはいった。夏といっても、五月から九月下旬までの長い期間だった。一九一六年の春に起こったさまざまの事変は、アイルランドのような小国の歴史にとっては、まさに大事件の連続であった。愚鈍な一兵卒があのような大事件にかかわるはずがない。わたしは考えるのをやめて、眠りに就いた。

翌朝は早く目が覚めた。夜が明けるとすぐに陽光が窓から射し込み、庭の家禽《かきん》が死者をも起こすほどの騒音を立てはじめたからだ。わたしたちは水差しの水を使って顔を洗い――ついでにわたしは出来るだけ念入りに髭《ひげ》をそった――残った水を窓から庭へ棄てた。乾燥してこちこちになった土が、それで少しは慰められるだろうと思って。わたしたちは前日の服をそのまま着て、下へ降りていった。

すでにマダム・プライスが、食卓の上に、湯気の立つミルクコーヒー、パンと白いバターという朝食を並べてくれてあった。わたしたちは美味《おい》しくそれをいただいた。ご亭主の姿は見えなかった。わたしはまだコーヒーを飲み終わらないうちに、マダム・プライスに手招きされて、玄関へ出ていった。牛糞の散らばる前庭に、わたしのトライアンフがでんとすわり、そばに男が一人立っていた。それは、後ですぐわかったのだが、例のガレージの持ち主だった。わたしはプライスに通訳を頼もうと思ったが、彼の姿はどこにも見えなかった。

ガレージの親父は盛んにまくしたてたが、わたしにわかったのは〝カルビュラトゥール（キャブレーター）〟という単語だけで、彼はそれを何度もくりかえしたあと、ゴミの詰まったパイプに息を吹き込むような仕草を演じた。なるほど、そうだったのか、単純な故障じゃないかと、わたしは納得し、こんどこそ車のメカを勉強するぞと心に誓った。彼は修理代として千フランを要求したが、当時はドゴールが新フランを出す前のことで、英貨に換算して一ポンドに相当する金額だった。彼は車のキーを渡すと、さようならをいって立ち去った。

わたしはマダム・プライスにも千フランの謝礼を渡して——当時は海外旅行といってもごく安上がりだったのだ——バーナデットを呼んだ。そしてスーツケースをトランクにしまって、車に乗り込んだ。エンジンは一発でかかった。マダムは手を振って家にはいった。わたしは一旦、車をバックさせ、玄関前を通って表の道路へ向かった。

車がちょうど道路に出たとき、吠えるような大声が後ろから追ってきた。運転席の窓を開けて振り返ると、プライスが大きな斧を爪楊枝《つまようじ》でもてあそぶような軽さで振りまわしながら、庭を横切って駆けてくるのが見えた。

わたしは愕然《がくぜん》とした。襲われるのかと思ったのだ。大男の彼がその気になれば、車でも粉々に叩き割ってしまうだろう。が、そのとき、わたしは、彼の顔がうれしげに輝いているのに気がついた。大声を出し、斧を振りまわしたのは、わたしたちが走り去らないうちに注意をひきたいがためだったのだ。

プライスは喘《あえ》ぎながら窓に近づいてきた。大きな月のような顔が、隙間からのぞいた。

「思い出したんだ」

と、彼は息をはずませながら、いった。

「思い出したんだ」

わたしは呆気《あっけ》にとられた。大男は、親を喜ばせようとして何か特別のことをやってのけた子供みたいに、嬉々としているのだ。

「思い出したって……？」

と、わたしは訊いた。

彼はうなずいて、

「思い出したんだ」

と、くりかえした。

「あの朝、おれが撃った人間のことさ。あいつはピアスっていう詩人だった」

バーナデットとわたしは思わず息を呑み、凍りついたように呆然として彼をみつめた。そうした反応しかできなかった。彼の表情から歓びの輝きが消えた。わたしたちを喜ばそうと懸命に努力したのに、あえなく失敗してしまったのである。わたしの質問をあまりにも真剣に受けとめ、一晩中なけなしの頭を振りしぼって、自分にとってはまったく意味のない遠い昔のことを思い出そうと努めたのだ。そして、さんざん苦労したあげく、やっと十秒前にそれを思い出し、間一髪《かんいっぱつ》のところでわたしたちに追いついたというのに、こちらはただ呆然と、声もなく、その顔をみつめているだけなのだ。

彼はがっくりと肩を落とした。そして思いなおしたように背筋を伸ばして家のほうを向くと、小屋の裏にある薪づくりの場へ帰っていった。まもなく、斧を振るう規則的な音がまた聞こえはじめた。

バーナデットはフロントガラスを通して前方を凝視していた。唇をきつく閉じたその顔は蒼白《そうはく》だった。わたしは、その昔、ロンダ・バレー出身の身体だけが大きい愚鈍な若者が、アイランドブリッジの兵舎で補給担当将校からライフルと実弾を受け取っている図を脳裡に描いた。

バーナデットが口を開いた。

「化け物」

わたしは、上下する斧が見える裏庭をちらりと振り返った。その斧を振るっている男の発射したたった一発の銃弾が、戦争を起こし、一国を独立への途に押しやったのである。

「いや、それはちがうよ」

と、わたしはいった。

「彼は化け物じゃない。任務を遂行《すいこう》した一介の兵士にすぎなかったんだ」

わたしはクラッチを入れた。車はベルジェラックへの道を進みはじめた。

# 帝王

「それからもうひとつあなたにいっておきたいことがあるの」

と、マーガトロイド夫人がいった。

タクシーの中で彼女の隣りにすわっていたご亭主は、小さな溜め息を抑《おさ》えつけた。なにしろ奥方ときたら、いつも必ず、もうひとつがあるのだ。いかにものごとが順調に進んでいても、エドナ・マーガトロイドは必ず不平不満の種を見つけてあげつらい、その愚痴《ぐち》が果てしもなくつづくのである。要するに、のべつ幕なしに小うるさく小言《こごと》をいうのだ。

助手席では、ヒギンズが黙りこくっていた。ヒギンズは本店勤務の若手であるが、年度で〝最も有望な新入行員〟だと認定され、すべての費用銀行もちで一週間の休暇をあたえられたのである。彼は外国為替課に籍を置く仕事熱心な青年で、マーガトロイド夫妻とは、お互いに同じ銀行に勤める身でありながら、十二時間前にヒースロー空港で初めて顔を合わせたのだが、持ち前の快活さもマーガトロイド夫人の陰険《いんけん》な小言攻勢にあって次第に退潮してしまったのだ。

白黒混血《クリオール》の運ちゃんは、数分前に、空港で客待ちしている数多いタクシーの中から、この三人連れの客にホテルまでやってくれと特に選ばれたときは、相好を崩して大歓迎したものだが、いつのまにかバックシートにすわっているご婦人客のムードに感染して、これも口を閉ざしてしまった。運ちゃんは、生まれがフランス系なので、もともとフランス語をしゃべるのだが、英語もかなりこなせるほうだった。なんといっても、モーリシャスは百五十年もの間、イギリスの植民地だったのだ（マダガスカルの東方、インド洋にある島で、一九六八年に独立。英領になる前はフランスの植民地だった）。

エドナ・マーガトロイドはえんえんとしゃべりつづけた。自己憐愍と怒りを交互に吹き出す衰えをしらない泉なのだ。ご亭主のマーガトロイド氏は、ひたすら窓の外をながめていた。いつのまにかプレサンス空港は後方に消えさり、タクシーはその昔この島がフランス領だったころの島都マエブールに通じる道にはいった。崩れかけた砦が見えた。一八一〇年、フランス守備隊が拠《よ》ってイギリス艦隊と戦った遺跡である。

マーガトロイド氏は、窓外の景色にすっかり魅せられて、熱帯の島でのこの一週間の休暇を思いきり楽しもうと決心した。人生で初めて味わう、真の意味のアドベンチャーなのだ。旅立つ前に、彼はモーリシャスに関する分厚いガイドブックを二冊も読み、縮尺率の大きい地図で島内の地理を詳しく研究してあった。

タクシーは、サトウキビ畑の連なる平野部の入口で、ある村を通過した。道路際に並ぶ家の玄関前の階段には、インド人や中国人、黒人やクリオール人の姿が見えた。みな仲よく軒を並べて暮らしているのだ。ヒンズー教の寺院と仏教の寺が、カトリックの教会と軒を接するようにして建っている。ガイドブックによると、モーリシャスには半ダースもの人種と四大宗教が混在しているというが、マーガトロイドにはそうした光景を見るのは初めての経験だった。すくなくとも、雑多な人種がこれほど協調して暮らしている図は見たことがなかった。

次つぎと村があらわれては消えていった。どれも決して豊かではなく、雑然としていたが、村人たちはみな笑顔で手を振ってくれた。マーガトロイドも手を振って応《こた》えた。痩せこけたひな鶏が四羽、あやうくタクシーにひかれそうになって、あわてて横に飛びのいた。マーガトロイドが思わず振り向いて、見ると、その鶏たちは早くも道路に戻って、地面にいるらしい何かの虫をついばんでいた。ある角にきて、タクシーはスピードを落とした。ずだ袋を逆にしたような服を着たタミール人の少年が小屋から出てきて縁石のわきに立ち止まり、服の裾《すそ》を腰まで持ち上げた。その下は素っ裸だった。少年は、通りすぎるタクシーにかまわずオシッコをはじめた。そして、一方の手で裾を持ち上げたまま、もう一方の手をタクシーに向けて振った。マーガトロイド夫人はフンと鼻を鳴らした。

「まあ、いやだ」

彼女は前に身を乗り出して、運ちゃんの肩を叩いた。

「なぜおトイレへいかないのかしら？」

運ちゃんは頭を後ろに傾け、声をあげて笑った。そしてご下問に答えるべく彼女のほうを振り向いた。そのためタクシーは、カーブを二か所、盲運転で切り抜けるという芸当を余儀なくされた。

「パ・ド・トワレット、マダム」

と、運ちゃんはフランス語でいった。

「どういう意味？」

「道がトイレ代わりらしいですよ」

と、ヒギンズが説明した。

彼女はまた鼻を鳴らした。

「たぶんね」

と、ヒギンズはつけくわえた。

「そら、海が見えます」

短い断崖《だんがい》の右方に、インド洋が広がっていた。澄んだコバルトブルーの海面が朝日の下でたゆたっていた。海岸線から半マイルほど沖に、白く波のくだける線が見えた。それは荒い外洋から島を守る役目を果たしている大環礁《かんしょう》の存在を示している。環礁の内側は礁湖《しょうこ》になっていて、くすんだ緑色の静かな水はあくまでも透明で、二十フィート下のサンゴがはっきり見えるくらいである。やがてタクシーはふたたびサトウキビ畑に分け入っていった。

五十分後、彼らはトル・ド・ドゥースという漁村を通過した。運ちゃんは前方を指さして、

「オテル。十分《ディ・ミニュテ》です」

「まあ、助かった」

と、マーガトロイド夫人が不機嫌な声でいった。

「こんなガタガタの車はもうこりごりよ」

タクシーは、刈り込まれた芝生の間に延びる、ヤシの木に縁取られたホテルの車道にはいっていった。ヒギンズがにこにこしながら助手席から振り向いた。

「ポンダーズ・エンドからはるばる来ましたね」

マーガトロイドは微笑を返して、応えた。

「まったくそうだねえ」

とはいうもののマーガトロイドは、自分の預かる支店があるロンドン郊外の町ポンダーズ・エンドが嫌いでなかった。半年前に軽工業の工場が近くで操業を開始したのだが、彼はふと思いついてその工場の労使双方に近づき、給料強盗の危険を避けるために、ホワイトカラー並みに小切手で給料を支払うようにしてはどうかと持ちかけたのだ。すると、勧誘にいった彼自身これにはいささか驚いたのだが、工場側はすぐさま話に乗ってきて、おかげで彼の支店は数百の口座を新しく獲得することができたのである。おまけにこの大ヒットが本店の注目を浴びた。当時、たまたま本店では、支店や下級の行員の士気を鼓舞するために報奨制度を設けてはという案が持ち上がっていたのだが、その実施初年にマーガトロイドが先の大ヒットによって金的を射とめたのである。ご褒美《ほうび》は、モーリシャスでの一週間の休暇。もちろん、費用は全額、銀行もちである。

タクシーはホテル・サン・ジェランの大きなアーチ型の玄関の前に停まった。ポーターが二人駆け寄ってきて、トランクとルーフラックの荷物を降ろしにかかった。マーガトロイド夫人はそそくさとバックシートから這い出した。テームズの河口から東へ旅したことなど二度しかないというのに――夫婦が例年、休暇をすごすのは、南サセックスの海岸ボグノーに住む夫人の妹の家なのだ――彼女はさっそく、ポーターたちに口うるさく指図《さしず》しはじめた。

これでも昔は王侯貴族の生活をしていたのよといわんばかりの態度だった。

三人は荷物を持ったポーターたちを従えてアーチ型の玄関をくぐり、ひんやりと心地よく冷えたメーンホールにはいった。もちろん、マーガトロイド夫人が先頭である。花模様のドレスは飛行機とタクシーの長旅でかなりしわくちゃになっていた。ヒギンズは小ざっぱりしたクリーム色のシーアサッカーの夏服姿で、マーガトロイド氏は相も変わらぬ地味なグレーのスーツ。左側にフロントデスクがあって、インド人のクラークがにこやかにご一行様をお迎えした。

雑用はヒギンズの受け持ちで、

「こちらはマーガトロイドご夫妻だ。ぼくはヒギンズ」

クラークは予約リストを検めて、いった。

「はい、承っております」

マーガトロイドは周囲を見まわした。そのメーンホールの壁は荒削りした地元産の石材で造られていて、天井が驚くほど高かった。はるかな高みで、黒ずんだ木の梁が屋根を支えている。奥には廊下がつづき、涼風が吹き抜けるように両側が柱列になっている。その向こうに熱帯のぎらつく陽光が見え、賑わっているらしいプールから水をはねる音や歓声が聞こえてくる。メーンホールの左方を半分ほどいったところに上階の客室に通じる石造りの階段があった。メーンホールにつづく一階にも客室があって、アーチ型の通路でつながっていた。フロントデスクの奥の部屋から、若いブロンドのイギリス人が、ノリのきいたシャツにパステルカラーのスラックスという恰好で出てきた。

「おはようございます」

と、彼はにこやかに笑いながら挨拶した。

「支配人のポール・ジョーンズです」

「ヒギンズです」

と、ヒギンズが自己紹介をし、つづいて連れの夫婦を示して、

「マーガトロイドご夫妻」

「よくおいでくださいました。さっそくお部屋を手配いたします」

このとき、ひょろひょろと背の高い男が一人、彼らのほうへぶらぶらと歩いてきた。木綿の短パンから細いすねが突き出、花柄のビーチシャツが上体にまつわりついている。靴こそはいてないが、いかにもうれしげな微笑を湛《たた》え、大きな手で缶ビールをつかんでいる。彼はマーガトロイドの近くまで来て立ち止まると、上からじっと見おろした。

「どうも、いまお着きですか?」

はっきりオーストラリア人とわかる訛《なま》りのきつい英語だった。

マーガトロイドはぎくりとした。

「ええ、まあ」

「お名前は?」

と、オーストラリア人は無躾《ぶしつけ》に訊いた。

「マーガトロイドです」

と、銀行支店長は答えた。

「ロジャー・マーガトロイド」

オーストラリア人は心の中で名前を復唱しながら、うなずいた。

「どちらから？」

マーガトロイドは質問をとりちがえた。「どちらの方で？」と聞こえたのだ。

「ミッドランド銀行です」

と、彼は答えた。

オーストラリア人は缶を口にあてて、中身を飲み干した。そして、大きなゲップをもらした。

「そちらさんは？」

「ヒギンズ君です。本店の」

オーストラリア人はしあわせそうに微笑《ほほえ》み、目を二、三度しばたたいて焦点を合わせた。

「気に入った。ミッドランドのマーガトロイド氏に本店のヒギンズ君か」

支配人のポール・ジョーンズは、オーストラリア人がからんでいるのに気づいて、デスクから出てきた。彼は長身の酔っ払いの肘《ひじ》をつかんで、奥のほうへ連れていった。

「さあ、さあ、フォスターさん、バーへお戻りください。新しいお客さまを早くお部屋へご案内しないといけませんので……」

フォスターは、支配人のやさしい、しかし有無をいわせぬ誘導に、おとなしく身をまかせた。そして奥へ消え去りながら、フロントのほうへ親しげに手を振って、叫んだ。

「ご機嫌よう、マーガトロイド」

支配人が戻ってきた。マーガトロイド夫人はムッとして、

「あの男は」

と、冷ややかにいった。

「酔ってるわ」

「いいじゃないか、彼も休暇中なんだよ」

と、ご亭主がいった。

「理由にならないわ。いったい何者なの?」

「ハリー・フォスターさんです」

と、支配人が答えた。

「パースからおいでです」

「スコットランド人には見えないけど」

「オーストラリアのパースです。それではお部屋へご案内いたします」

マーガトロイドは二階のツインベッドを備えた部屋のバルコニーから、歓びを噛みしめながら、外をながめた。すぐ下から芝生の庭が延びて光り輝く白砂の帯までつづき、散在するヤシの木の影が、そよ風に吹かれて砂の上で揺れ動いている。一ダースばかりの円いワラ葺《ぶ》

きの東屋《あずまや》がより居心地のよさそうな日陰を提供している。暖かい礁湖の水が海岸に打ち寄せ、砂を騒がせているところだけが乳白色を呈していた。沖は透《す》き通るような緑で、さらに沖のほうは蒼《あお》く黝《くろ》ずんでいる。岸から五百ヤードばかりのところに、波の泡立つ環礁が見えた。

わら色の髪をした若者が一人、マホガニー色に焼けた肌を光らせながら、百ヤードほど沖でウインドサーフィンを楽しんでいる。小さな板に乗った青年は、風をとらえると、身体をそらして帆にさからいながら、すいすいと海面をすべっていく。髪も目も黒い二人の子供が、浅瀬で歓声をあげながら、茶色の身体に水のかけっこをしている。と、腹の突き出た中年のヨーロッパ人が、足びれをつけてよろよろと水からあがってきた。濡れて光る身体がマスクとシュノーケルをひきずっている。

「すごいぞ」

と、男は南アフリカ訛りで日陰にいる女にいった。

「魚がうじゃうじゃいるんだ。信じられんくらいだよ」

マーガトロイドの右方、本館の建物のほうで、パレウ（身体に巻きつける腰布ふうのもの）を身にまとった男女が数人、昼食前に冷たい飲み物で喉《のど》をうるおそうと、プールのバーのほうへ歩いていった。

「泳ぎにいこう」

と、マーガトロイドは奥方にいった。

「荷物をあけるの手伝ってちょうだい。それだけ早く海へ出られるんだから」

「荷物なんかあとでいいじゃないか。昼食がすむまで水着しか要らないんだ」

「冗談じゃないわ。現地人みたいな恰好をして昼食にいくなんていやですよ。そら、ショーツとシャツをちゃんと着なさい」

二日たつうちに、マーガトロイドは熱帯での休暇のリズムを、奥方に許された範囲ではあるが、身につけた。朝は早く起き――これはいつもの習慣なのだが――これが自宅なら、また雨ではないのかとカーテンから外の様子をうかがうのが常なのだが、ここではすぐバルコニーに出て腰をおろし、環礁の向こうに広がるインド洋から太陽が昇ってくるのをながめた。陽が射しそめると同時に、暗い静かな海面が突如として、くだけたガラスのように光りはじめるのだ。そして午前七時、彼は朝食前の水泳としゃれこんだ。その間、奥方のエドナはカーラーで飾り立てた頭でベッドの上に肘をつき、朝食のサービスが遅いと――実際は、きわめて速いのだ――ぶつぶつ文句のいいどおしだった。

彼は暖かい海につかって一時間ほど楽しみ、途中で一度二百ヤード近くも沖へ泳ぎ出て、自分で自分の大胆さにびっくりしてしまった。泳ぎは巧みなほうではなかったのに、しだいに腕をあげてきたのだ。しかし、この沖への大冒険も、奥方がそばにいないからこそ出来たのである。彼にとってさいわいなことに、奥方は礁湖には鮫《さめ》やバラクーダがうようよしていると信じ込んでいて、そうした海の掠奪者《りゃくだつしゃ》は環礁を越えることができないので礁湖はプールなみに安全なのだと、いくら説得しても聞き容《い》れないのである。

水泳後、彼は他の客たちといっしょにメロン、マンゴー、ポーポー（パパイヤの一種）といった果物を選んでオートミールに添え――ベーコンエッグなど見向きもしなかった――プールわきのテラスで朝食にとりかかる。この時間になると、男たちはたいていスイム・トランクスにビーチシャツという恰好で、女はビキニの上に軽い木綿《もめん》のシフトドレスか腰布を巻いていた。マーガトロイドはイギリスから持ってきた膝までの木綿のショーツにテニスシャツを着ていた。奥方が彼に合流するのは十時前で、海岸にある〝あたしたちの〟東屋にどっかと腰をおろし、それからのべつ幕なしに、やれソフトドリンクだ、やれサンオイルだとご亭主をこき使う。自分はほとんど肌を陽にさらさないのだ。

ときには、日除《ひよ》けのついたバーを円く取り囲んでいるホテルのプールに、ピンクの巨体をひたし、数ヤードばかりゆっくり泳いで上がることもある。もちろん、フリルのついたベージングキャップをかぶって、パーマを保護することを忘れない。

ひとり除《の》け者のヒギンズは間もなく、やはりイギリスから来ている若いグループの仲間にはいって、マーガトロイド夫婦とはほとんど顔を合わせなくなった。自分はファッショナブルな男だと自認している彼は、ホテルのブティックで、何かの写真でヘミングウェイがかぶっていたような、つばの広い麦わら帽子を買い込んだ。日中はスイム・トランクスにビーチシャツ、夕食には若い連中と同じようにパステルカラーのスラックスに、胸ポケットと肩章のついたサファリシャツという恰好でお出ましになった。夕食後はカジノかディスコに入りびたりだった。そういった場所にまるで無縁のマーガトロイドは、どんなところだろうと想像するだけで、いってみようともしなかった。

ハリー・フォスターは、不幸なことに、ユーモアのセンスを一人占めにできない人物だった。酔った彼が相手かまわずしゃべりまくるので、ミッドランドのマーガトロイド氏は、客の大半を占める南アフリカ人、オーストラリア人、そしてイギリス人たちの間で、たちまち有名人になってしまった。ヒギンズはひたすら周囲に同化することで〝本店〟の看板を消そうと努めていた。マーガトロイドは不本意ながら、人気者になってしまい、長めのショーツにゴム靴というでたちで朝食のテラスに上がっていくと、いつも必ず、相客たちから笑顔と「おはよう、マーガトロイド」という陽気な挨拶で迎えられた。

ときおり、彼はミッドランドの云々という称号の創案者に出くわした。ハリー・フォスターは幾度か、例によってしあわせそのものといった様子で、右手に缶ビールを握り締めて——その手が開くのは空き缶を棄てるときと新しいのをつかむときだけのようだった——千鳥足でそばを通りかかった。そのたびに、上機嫌のオーストラリア人はニヤリと温かく笑い、空いている左手を上げて挨拶して、「ご機嫌よう、マーガトロイド」と大声で叫んだものだ。

三日目の朝、マーガトロイドは朝食後の一泳ぎをすませて海から上がり、東屋に戻って中央の支柱に背をもたせて横になると、自分の身体を点検した。太陽はすでに高く昇り、まだ九時半だというのに、ひどく暑くなっていた。彼は自分の身体を見おろした。いろいろ用心し、奥方の忠告にも素直に従っているというのに、それはロブスターみたいに紅くなりはじめていた。短時間で健康的な褐色にこんがり焼ける人がうらやましかった。どうやればいいか、その答はわかっていた。一度褐色に焼き込んだら、休暇の合い間に大理石のような白に逆戻りしないよう心することである。ボグノーではそれもちょっとおぼつかないと、彼は思った。ボグノーへいった過去三回の休暇では、雨と灰色の雲が入れ替わり立ち替わりもてなしてくれたのである。

タータンチェックのスイム・トランクスから突き出た二本の脚は、まるで引き伸ばしたグーズベリーみたいに、細くて毛だらけだった。しかも、その上にのっかっている腹はあくまでも丸く大きく、さらにその上の胸がまた肉が垂れ下がらんばかり。長年デスクにすわりつづけたおかげで腰は横に大きく張り出し、髪の毛も薄くなりかけている。ただ歯だけはまだすべて自前で、眼鏡をかけるのは字を読むときだけ。もっとも、読むものといってもたいてい報告書や口座に関する書類だけなのだが。

沖のほうからエンジンの轟きがひびいてきた。彼はひょいと顔をあげてそちらを一瞥《いちべつ》した。小型のスピードボートが疾走前の準備をしているのだ。艇尾からロープが延びて、その先端で人間の頭が水に見え隠れしている。彼が見守るうちに、ロープが急にピンと張りつめ、礁湖の水面から褐色の肌をしたスキーヤーが水しぶきをあげながら浮かび上がった。それは同じホテルに滞在中の若い客の一人だった。彼は一枚のスキーに両足を前後にそろえて乗っていた。ボートに引かれてスピードが上がると、背後に大きな水しぶきが立った。ボートの舵取りがハンドルを回した。スキーヤーは海面に大きく弧を描きながら、マーガトロイドの眼前にある波打ちぎわまで接近した。ボートが蹴たてる波の圧力に抗して踏ん張る太腿の緊張、力みなぎる腕や胸の筋肉——それは樫《かし》の木で造った彫刻を彷彿《ほうふつ》とさせるような見事さだった。一気に遠ざかっていきながら、若者は勝ち誇ったように高らかに笑い、その声が水面にこだまして岸にまで伝わってきた。マーガトロイドはうっとりと見とれながら、その若者がうらやましくてならなかった。

　彼は五十歳になった自分の醜く太った背の低い身体が、われながら哀れでならなかった。夏の午後には毎日のようにテニスクラブに通っているのだが、身体の調子はがたがただった。日曜日まであとわずか四日、その日曜日には飛行機に乗って島を離れ、もう二度と来ることはないのだ。おそらく、あと十年ほどポンダーズ・エンドで暮らしたら、引退して、たぶんボグノーあたりで老後の生活を送ることになるのだろう。

　彼はふっと顔をそむけ、偶然に、左のほうから浜を歩いてくる若い娘に気がついた。ふだんの彼なら、身についた礼儀からも、じっとみつめるようなはしたないまねはしなかっただろうが、このときはなぜか自分を抑えることができなかった。裸足《はだし》の彼女は、島の娘らしい背筋をピンと伸ばした優雅な姿勢で歩を運んでいた。その肌は、濃い金色に輝いていたが、それはサンオイルやローションの助けをかりてでっちあげた色ではなかった。紅いモチーフをあしらった白い木綿のパレウを身にまとい、左脇で先端を結んでいる。裾はヒップのすぐ下までしかなかった。下に何か着けているにちがいないと、マーガトロイドは思った。と、このとき、一陣の風がその白い布を身体に密着させ、引き締まった若い乳房と細いウェストの輪郭が浮き出た。だが、粋な風の神は一瞬のうちに飛び去り、布はまた自然の形に戻ってまっすぐ垂れ下がった。

　マーガトロイドの見たところ、娘は白のかったクリオールで、黒い眸《ひとみ》は大きく輝き、頬骨は高く、艶《つや》やかな黒髪は波を打って背中に垂れていた。娘は彼の真ん前まで来ると、くるりと横を向き、だれかに明るい微笑を投げかけた。マーガトロイドは狼狽《ろうばい》した。だれかが近くにいるとは知らなかったからだ。彼は、娘がだれに微笑みかけたのだろうと、あわててそちらを振り向いた。が、周囲に人影はなかった。不思議に思いながら彼が海のほうへ向きなおると、娘は白い歯を朝日に光らせながら、ふたたびにこりと笑った。これまで彼女をだれかに紹介されたという覚えは彼にはなかった。とすれば、あの微笑は、見知らぬ異人に対して、ごく自然に投げかけたものにちがいない。彼はサングラスを外して、にっこりと微笑み返した。

「おはよう」

「ボンジュール・ムッシュー」

フランス語で挨拶を返して、娘は歩いていった。マーガトロイドは、遠ざかっていく娘の姿をながめた。黒髪が、白い布の下でかすかに揺れ動くヒップのところまで垂れ下がって、たゆたっていた。

「島に来るそうそうくだらない妄想《もうそう》にふけるのはおよしなさい」

突然、背後から声が飛んできた。いつのまにか奥方が来ていたのだ。彼女も歩いていく娘の後ろ姿をみつめた。

「あばずれよ」

そう吐《は》き棄《す》てるようにいって、彼女は日陰に自分の居場所をつくって落ち着いた。

それから十分ほどして、マーガトロイドはふと奥方のほうを見やった。彼女はまた飽きもせずに、ある人気女流作家の書いた歴史ロマンス小説に読みふけっている。同種の小説をひとかかえもイギリスから持ってきたのだ。マーガトロイドは礁湖に視線を戻して、これで何回目だろう、彼女が現実の肉体的な愛を難じるくせに恋愛遊戯のフィクションには飽くことのない食欲を示すのはどういうわけだろうと考えた。彼女との結婚生活には愛情のある交わりというものが、新婚当初から、欠けていた。そのころ彼女は、あたしは〝あの種のこと〟は嫌いだ、あえてつづける必要があると思ったら大間違いだと宣言したものである。それ以来、二十年あまり、彼は愛情のない夫婦生活に閉じ込められ、その窒息しそうな退屈さにときおり活《かっ》がはいるのは、強い嫌悪が爆発したときだけであった。

マーガトロイドはいつかテニスクラブの更衣室で、だれかがだれかに、彼ら夫婦のことを評して、「あの人も初めのうちにガンとひとつ女房殿をなぐるべきだったのさ」というのを聞いたことがある。そのときは思わずカッとなり、ロッカーの向こうへいってその男に抗議しようとした。しかし、その男のいっていることは正しいかもしれないと思いなおして、自分を抑えた。ただ困るのは、彼は人をなぐるような人間でないし、彼女のほうも、なぐられたからといって態度を改めるような女でないように思える点であった。彼は子供のときから穏やか一方の男で、銀行の支店ぐらいなら十二分にとりしきることができるけれど一歩家にはいると、その温和さが無抵抗の受け身に変化し、ついには卑屈にまで退化してしまうのだ。ひそかな憂いが大きな溜め息となって吹き出した。

エドナ・マーガトロイドは、眼鏡の上から夫を見やって、

「お腹の具合でも悪いのなら、お薬を飲んでらっしゃい」

金曜日の夜、マーガトロイドがメーンホールでトイレにいった奥方を待っていると、ヒギンズがそっとすり寄ってきた。

「ちょっとお話ししたいことがあるんですが……二人きりで」

ヒギンズは口をほんの少し開けて、小声でささやいた。それは一マイル先からでも、内緒話をしているということがわかるような、大げさな仕草《しぐさ》だった。

「いいとも」

と、マーガトロイドはいった。

「ここでは話せないのかね？」

「ええ」

鉢《はち》植えのシダに触りながら、ヒギンズは喉の奥で答えた。

「いつ奥さんがお戻りになるかわかりませんから。とにかく、ちょっといらしてください」

ヒギンズはわざと所在なさそうなふりをしてそばを離れると、庭に数ヤードほど踏み込んで木の陰に回り込み、それにもたれかかってマーガトロイドを待った。マーガトロイドも間を置かずにそこへいった。

「いったい何だっていうんだね？」

彼は暗い茂みの中でヒギンズに追いついて、訊いた。ヒギンズは、アーチをすかして灯のついている通路のほうを振り返り、マーガトロイドの陰険な片割れが追ってきていないのを確かめた。

「ゲーム・フィッシングですよ。おやりになったことありますか？」

「いやあ、もちろん、ないよ」

「ぼくもそうなんです。でも、やってみたいんですよ。一度だけ。ものは試しに。じつは、ヨハネスブルグから来てる三人連れのビジネスマンが、明日の朝、あれをやろうってんで船を予約してたんですがね、急に都合が悪くなったらしいんですよ。それで、予約金はそのまま没収《ぼっしゅう》されるので、いまならその船が半額の料金で借りられるんです。いかがです？　やってみませんか？」

マーガトロイドはこの誘いに驚いてしまった。

「なんでグループの仲間といかないんだね？」

ヒギンズは肩をすくめた。

「連中は明日が最後の日なんで、ガールフレンドとすごしたいといってるんです。その女たちが釣りなんていやだというので、どうしようもないんですよ。だから、ねえ、マーガトロイドさん、ひとつやってみようじゃないですか」

「費用はいくらかかるんだ？」

「ふつうなら一人頭百米ドルなんですが、半分はもう支払いずみなんで、五十ドルでいいんです」

「たった数時間の釣りで？　二十五ポンドも出すのかね」

「二十六ポンド七十五ペンスです」

と、ヒギンズはすらすらといった。外為にいるので換算はお手のものである。

マーガトロイドはすばやく計算をした。空港までのタクシー代やポンダーズ・エンドの自宅まで帰る際の諸経費を除くと、所持金はあとどれほども残らない。その残金も、奥方が免税品やボグノーの妹への土産《みやげ》を買うのに使ってしまうだろう。彼はかぶりを振った。

「エドナがうんといわないよ」

「話さなければいいんです」

「話さない？」

「そうですよ」

彼は考えただけでゾッとした。

ヒギンズはそういってマーガトロイドに身体を寄せると、しっかりしなさいというように拳で打つまねをした。

「やりましょう。あとで奥さんに怒られるでしょうが、どうせいつものことじゃないですか。考えてもみなさいよ。おそらく二度とここには来られませんよ。インド洋はこれが見おさめになるんですよ。だったら、やらない手はないでしょう？」

「さあ、どうかねえ……」

「朝のうちだけなんですよ。小さな船で大海原へ出ていくんです。潮風《しおかぜ》に吹かれながら、カツオやマグロやキングフィッシュに糸を出すんです。ひょっとすると、一匹ぐらい釣れるかもわかりませんよ。すくなくとも、ロンドンへ帰ってからいい思い出になります。すばらしいアドベンチャーですよ」

マーガトロイドはゾクッと身の引き締まる思いがした。そして、水上スキーに乗って礁湖を突進していったあの若者の姿を想い浮かべた。

「よし、やろう」

と、彼はいった。

「その話に乗るよ。出発は何時だね？」

彼は財布《さいふ》を出して十ポンドのトラベラーズチェックを三枚、ブックレットからもぎ取り——あとには二枚しか残らなかった——下の方にサインをしてヒギンズに渡した。

「それがすごく早いんですよ」

と、ヒギンズはチェックを受け取りながら、ささやいた。

「四時に起床。四時半に車でここを出発。五時に港。六時十五分前に出港して釣り場に着くのが七時ちょっと前。ちょうど夜明けで、その時刻が釣りにいちばんいいんです。ホテルのレクリエーション係が同行してくれます。ゲームフィッシングには詳しい人ですよ。じゃ四時半にメーンホールで会いましょう」

ヒギンズはゆっくりとホールに戻って、バーへ向かった。マーガトロイドは自分の無鉄砲さに呆然としながら、やはりホールに引き返した。そして、いらいらしながら待っていた奥方をエスコートして夕食をとりにいった。

その夜、マーガトロイドはほとんど眠らなかった。小さな目覚時計を持っていたが、奥方まで起こしかねないので、セットする勇気がなく、かといって、うっかり寝すごしてしまうと、四時半にヒギンズが来てドアを叩くことになるからだ。それでも蛍光塗料《けいこうとりょう》をぬった時計の針が四時に近づくまでに数回はうとうととした。午前四時というとカーテンの外はまだ真っ暗だった。

彼はそっとベッドから抜け出すと、奥方のほうを盗み見た。カーラーがずれないようにネットをかぶせた彼女は、いつものように仰向けになって、いびきをかいていた。彼は音のしないようにそっとパジャマをベッドの上にのせると、下ばきをはいた。そしてゴム靴とショーツとシャツを持って音もなくドアをすり抜け、そっと閉めた。暗い廊下でショーツやシャツを身に着けた。空気は思いのほか冷えていて、身体が震えた。

ホールではヒギンズが案内役といっしょに待っていた。その男はアンドレ・キリアンという痩せて骨ばった長身の南アフリカ人で、客のスポーツ活動の世話を受け持っていた。キリアンはマーガトロイドの服装を一瞥すると、

「夜明け前の海は寒いですよ」

と、いった。

「ところが、太陽が昇るとやけに暑くなります。その日射しときたら、身体がフライにな

るくらいきついんです。長ズボンと長袖のウインドブレーカーをお持ちじゃないんですか？」

「そんなものが要《い》るとは思わなかったよ」

と、マーガトロイドはいった。

「いや……それは……持ってない」

いまから部屋へ取りに戻る勇気は、彼になかった。

「スペアがありますから」

そういってキリアンはマーガトロイドに、プルオーバーを差し出した。

「それでは参りましょう」

彼らは暗い田舎道を十五分ばかり走った。途中で通りすぎた村落では、小屋のひとつから灯がもれていた。すでにもう起きている人がほかにもいるのだ。車は本道から外れて、ようやくトル・ド・ドゥースという小さな港に着いた。それは〝甘美《うま》い水の入り江〟という意味で、昔そこで飲み水の泉を見つけたフランス人の船長が命名したという。板切れを打ちつけて作った村人たちの家はまだ暗く寝しずまっていたが、港のほうを見ると、舫《もや》った船の輪郭と、その上で電池の光を頼りに作業をしている人影がぼんやりと闇に浮かんでいた。車は木の桟橋《さんばし》のわきまでいって停まった。キリアンがグローブコンパートメントから熱いコーヒーを詰めた魔法壜を出して、三人で回し飲みをした。眠くて冷えた身体には、ありがたいご馳走だった。

南アフリカ人は車を降りて、桟橋伝いに船のところへいった。クリオール訛りのフランス語を使っての小声でのやりとりが、風にのって途切れとぎれに聞こえてきた。夜明け前の暗闇のなかでは、人はなぜか小声でしゃべるのだ。

十分ほどして、キリアンが戻ってきた。いつのまにか、東の水平線にほんのりと青白い筋が浮かび、低い筋雲が幾つか、それを反射して光っていた。海面はそれ自身の光ではっきり見え、桟橋と船と人間の輪郭がしだいに明瞭になってきていた。

「じゃ持ち物を船に積み込みましょう」

ステーション・ワゴンの後部から、ビールを詰めたクーラーを取り出し、ヒギンズと二人でそれを桟橋伝いに運んでいった。マーガトロイドは弁当と二本の魔法壜を受け持った。

その船は、豪華な新型のファイバーグラス製ではなくて、幅の広い木造の古いやつで、甲板も防水合板で張ってあった。前部に小さいキャビンがあるが、そこにはいろんな装備がいっぱい詰め込まれていて人間の入り込む余地はなかった。キャビンのドアの右方に、高い台にのった椅子があり、その前に操舵輪《そうだりん》と簡単なコントロール装置が並んでいる。そこだけは屋根があった。後部のほうは屋根も何もなく、むき出しで、両舷にそって固いベンチが並んでいる。船尾には、街のオフィスにあるような回転椅子がひとつあった。ただし、それは普通の椅子とちがって、帯紐《ハーネス》がぶら下がっており、台が甲板に固定されている。

後甲板の両側から、二本の長いポールが、アンテナよろしく斜め上方に突き出していた。マーガトロイドは初めそれを釣り竿《ロッド》だと思っていたが、後に教わったところによると、アウトリガーと呼ばれるもので、これは船尾に固定したロッドから出る糸《ライン》と船外に張り出して流すラインとがもつれないように保持する補助具だった。

一人の老人が船長の椅子にすわり、片手を舵輪にのせて、最後の準備を黙ってみつめている。キリアンはビールを詰めたクーラーをベンチの下に押し込んで、二人の客に腰をおろしてくれと指示した。まだ十歳にもならないような男の子が後ろの舫綱《もやいづな》をはずして、甲板の上に投げた。桟橋にいた村人が前のほうの舫綱をはずして、船を押し離した。老船長がエンジンをかけ、彼らの足の下で鈍い音がひびきはじめた。船は舳先《へさき》をゆっくりと礁湖に転じた。

太陽は早くも水平線のすぐ下まで頭をもたげ、西方に放射する光が海面に広がりつつあった。マーガトロイドの目に、礁湖のほとりにある村の家々と、女たちが朝食のコーヒーを準備する煙の筋がはっきり見えた。数分のうちに最後の星が消え去り、空は駒鳥の卵のような青に染まり、輝く陽光が海面を射抜いた。突然、どこからともなく、猫足風が吹いてきて、礁湖の水面にさざ波を立て、そこだけ陽光が砕けて銀色にきらめいた。と、思うまもなく、気まぐれ風はふっと、どこへともなく去っていった。水面に静寂が戻った。それを破るのは、船尾から桟橋のほうへ延びていく長い航跡だけであった。マーガトロイドは舷側《げんそく》から海底をのぞいた。サンゴの塊が見えた。水深は四尋《ひろ》だった。

「何はともあれ」

と、キリアンがいった。

「自己紹介をさせていただきます」

明るくなるにつれて、彼の声も大きくなってきた。

「この船はアバン号、フランス語で〝前へ〟という意味です。古い船ですが、岩みたいに頑丈《がんじょう》でして、昔は大漁をやったものです。船長はムッシュー・パシャンで、この男の子は孫のジャン＝ポールです」

老人が振り向いて、客にうなずいてみせた。それが挨拶がわりで、言葉はまったく口にしなかった。彼はブルーのごついキャンバス地のシャツとズボンという恰好で、ズボンの下から、ごつごつした裸の足がぶら下がっている。黒い顔はひからびたクルミみたいにしわだらけで、ひしゃげた経木の帽子がその上にちょこんとのっていた。じっと海をみつめるその目は、長い歳月、明るい海を見つづけてきたために、深いしわの中に埋もれていた。

「ムッシュー・パシャンは子供のころからずっとこの海で漁をしてまして、すくなくとも六十年にはなるでしょう」

と、キリアンが説明した。

「本人でさえ正確なことはわかっていません。憶えている人間もいないんです。彼はこの海と魚のことを知り尽しています。それが釣りの秘訣《ひけつ》なんです」

ヒギンズがショルダーバッグからカメラを出した。

「写真を撮りたいんだけど」

「もうちょっと待ったほうがいいですよ」

と、キリアンは忠告した。

「用意して待っていてください。もうすぐ暗礁を乗り切りますから」

マーガトロイドは、前方から近づいてくるサンゴ礁をみつめた。ホテルのバルコニーから見ると、それは羽毛のように軟らかく見え、飛び散る飛沫《ひまつ》はミルクのそれのように映った。しかし、いま近くに身を置くと、大洋の波浪がすさまじい音をたてながらサンゴ礁に襲いかかり、海面直下に居並ぶ鋭いナイフみたいな岩の先端で、泡となって砕け散っていく。どこにも切れ目はないように見えた。

その白い泡立ちの直前で、老パシャンは鋭く舵輪を右に回した。アバン号は白い線まで二十ヤードの距離をおいて、それと平行に位置した。すると、狭間《はざま》が見えてきた。それは寄りそうように接近している二つの岩塊の間にできた狭い通路だった。五秒後、船は早くもその狭間の中にいた。左右に砕け散る波浪が次々に半マイル東方の海岸めざして走っていく。エンジンに力がはいり、アバン号は揺れながらぐいと前に進んだ。

マーガトロイドは下をのぞいた。波浪は左右に踊っているが、泡の退いたあとに、サンゴ礁が十フィートの近さにあらわれた。それは、見た目には羽毛のように弱々しいが、触れればカミソリの刃のように鋭い。船でも人間でも、その一振りで粉砕される。船長はそんな光景など見ていなかった。片手を舵輪に添え、もう一方の手でスロットルを握って、風防からじっと前方をみつめている。その様子はまるで、彼だけが知っているビーコンが虚《うつ》ろな水平線から送ってくるシグナルを、受けてでもいるかのようだった。ときおり、彼は舵輪をひねったり、パワーを上げたりした。それらの操作によって、アバン号は次々にあらわれる脅威《きょうい》の岩塊を確実にかわしていく。マーガトロイドは、不満顔ですぎていく岩礁だけしか目にはいらなかった。

時間にして六十秒、それはとてつもなく長いものに思われた。右方にはまだサンゴ礁がつづいていたが、左方にはもう何もなかった。彼らはようやく狭間を通り抜けたのだ。船長がふたたび舵輪を回し、アバン号は鼻先を振って外海に向けた。とたんに、恐ろしいインド洋のうねりが船をゆさぶった。この船遊びは気の弱い神経質な人間には向かないと、いまにしてマーガトロイドは悟り、醜態《しゅうたい》だけは見せたくないと思った。

「ねえ、いまのあの恐ろしいサンゴ礁を見ましたか、マーガトロイドさん？」

と、ヒギンズが訊いた。

キリアンがニヤリと笑って、

「ちょいとしたもんでしょう。コーヒーでもいかがです？」

「あんなもの見たあとだもん、何かもっと強いやつがほしいですよ」

と、ヒギンズはいった。

「抜かりはありませんよ。ブランデーも用意してありますから」

キリアンは二本目の魔法壜の栓をはずした。

少年がさっそくロッドの準備にとりかかった。彼がキャビンから持ってきたその四本はいずれもファイバーグラス製の強いやつで、長さが約八フィート、手もとの二フィートほどにコルクを巻いて握りやすくしてある。そして、ナイロン製モノフィラメントのラインを八百ヤード巻いた超大型のリールが装着してある。握りの後端は真鍮《しんちゅう》で、船に備えてあるロッド固定用のソケットにぴったりはまるように細工してある。それによってロッドのねじれを防ぐのだ。少年は一本ずつソケットに差し込み、海に落ちないように、締め綱とクリップで固定した。

太陽の頂きをなす円弧が大洋からのぞき、うねる海面に新鮮な光線をまき散らした。暗かった水が数分後には濃いインジゴブルーに変わり、太陽が昇るにつれて、それはより明るく、より緑に染まっていった。

マーガトロイドは船のピッチングとローリングに身体中で抵抗しつつコーヒーと格闘しながら、てきぱきと準備を進める少年の動きに、魅せられたように、見入った。少年は大型のタックルボックスから、はりす《トレース》と呼ばれる様々の長さのワイヤーと、これもいろいろとりそろえたルアーを取り出した。あるものはピンクに光り、あるものは軟らかいゴムに包まれた緑色のイカのこどものように見えた。赤や白に染めた鳥の羽根や、ぴかぴか光るスプーンやスピナーに似たやつもあった。いずれも水中で微妙な動きをして、エサをあさる大物の注意をひくように作られている。葉巻のような形をした太い鉛の錘《おもり》もあった。これは先端にクリップがついていて、それでラインにつなぐようになっている。

少年はクリオール語で祖父に何かたずね、老人はぶっきらぼうにしわがれ声でそれに答えた。少年はイカのこども二つに、羽毛とスプーンを選び出した。いずれも一方の端から長さ十インチのトレースがのび、もう一方には一本鉤《シングル》か三本鉤《トリプル》がついている。少年はルアーのクリップをより長いトレースにつなぎ、そのトレースをロッドのラインに接続した。さらに彼は各ルアーが海面直下を泳ぐように、適当な重さの錘をつけた。キリアンは、それらの擬似餌《ベイト》がどんな魚に向くかを説明した。

「あのスピナーは、奇妙な動きをするバラクーダに効果があります。イカと羽毛にはシマガツオやカジキが来るし、大型のマグロが食いつくこともあります」

ムッシュー・パシャンが急に進路を変えた。みな何ごとかと前方に首を回した。水平線には何も見えなかった。が、それから六十秒後、一同は、老人の目がすでにとらえたものをようやく見ることができた。遠い水平線上で、海鳥の群れが海面に急降下したり、上空を旋回したりしている。鳥たちはまだ小さな点にしか見えなかった。

「アジサシです」

と、キリアンがいった。

「小魚の群れを見つけて、ダイブしてるんですよ」

「ぼくたちも小魚を追うんですか？」

と、ヒギンズがたずねた。

「いえ。ほかの魚が追うんです。その魚群の存在を鳥が教えてくれるわけですよ。でもシマガツオはニシンを追うんです。マグロもそうですが」

船長が孫に向かってうなずいた。少年は用意したラインを航跡に流しはじめた。泡立つ波の上で狂ったようにルアーが踊った。少年がリールのクラッチをはずすと、リールはフリーとなって猛スピードで回転した。ルアーとミチイトとトレースがぐんぐん延びて、最後にはまったく見えなくなった。少年は、これでいいと思うまでラインが出るにまかせ、百フィート余りのところでリールをロックした。ロッドの先端がややしなって重量を受け止め、ルアーを引っ張りはじめた。どこか遠くの緑色の水中で、擬似餌《ベイト》とフックが海面直下を、速く泳ぐ魚そっくりの姿で、走っているのだ。

船尾には二本のロッドが、右と左の隅に差し込まれていた。さらに後甲板の上方には、やはり左と右に一本ずつ、ソケットで固定されている。それらのロッドのラインは大きな布製のペグにひっかけられ、そのペグがさらにアウトリガーに延びているコードにつないである。少年はそれらのロッドのルアーを海に投げ込んだ。ペグがリガーの先端までするすると昇っていった。二本のアウトリガーは大きな角度で両側に開いているので、そのラインは、船尾から直接延びている他のラインとはかなりの間隔を保って、それらと平行に延びている。魚がストライクすると、ラインがペグの口からはずれ、リールからロッドへと魚の力が伝わってくる。

「釣りの経験はあるのですか？」

と、キリアンがたずねた。マーガトロイドとヒギンズはそろってかぶりを振った。

「ストライクがあったときにどういうことが起き、どうすればいいか、お見せしといたほうがいいですね。実際のストライクがあるのはどうせもっとあとですから。こっちへ来てご覧ください」

南アフリカ人はファイティング・チェアにすわって、ロッドの一本を手に取った。

「ストライクがあると、ラインが急激にリールから飛び出していき、リールは急回転して甲高い悲鳴をあげます。それでストライクがあったことがわかります。そうしたら、順番にあたった人がこのファイティング・チェアにすわり、ジャン＝ポールかわたしがロッドを渡します。わかりますね？」

イギリス人たちはうなずいた。

「さて、ロッドを持ったら、膝《ひざ》の間にあるこのソケットにロッドの手元を差し込みます。次にシートのフレームにつながっている締め紐を、このドッグクリップでロッドにつなぎます。こうしておくと、たとえ手からもぎとられても、高価なロッドや、ラインやルアーといったタックルをなくしてしまうことがありませんからね。それでは、次にこれですが――」

キリアンは、リールドラムの横から突き出している、スポークのついた真鍮の輪を指さした。マーガトロイドとヒギンズはうなずいた。

「これはリールの回転を制御する滑りクラッチです」

と、キリアンは説明をつづけた。

「いまは非常に軽い引き、五ポンドにセットしてあります。ですから、魚が食いつくと、ラインが出ていき、リールが回転します。高速で回転するとその音は悲鳴のように聞こえます。さて、ファイティング・チェアにすわって身体を固定したら――この動作はすばやくやってください。長くかかるほどラインが出ていって、後でそれだけ多く巻き取らなくちゃなりませんから――クラッチコントロールをゆっくり前に回します。こういうふうに。すると、リールの回転が止まって、ラインの出も止まります。そうなると、魚はラインを引っ張るどころか、船に引っ張られることになります。

魚を引き寄せるのは、それからです。このコルクを巻いた部分を左手で握り、右手でリールを巻きます。相手が大物の場合は、両手でロッドをつかんで、垂直になるまで立てます。そして、ロッドをさっと寝かしながら、右手をリールに戻して、ラインを巻き取ります。こうすると、巻き取りが楽なんです。この動作を何度もくりかえします。両手でロッドを握り、大きくあおり、前に倒しながらリールを巻く。これをくりかえすうちに、獲物が船尾の泡立ちの中に姿をあらわします。そうしたら、助手がギャフに獲物をかけて、船内に取り込みます」

「滑りクラッチとリールドラムの真鍮のケーシングについている、このマークは何です？」

と、ヒギンズがたずねた。

「それは最大破壊強度を示すマークです。いま使っているラインは最大百三十ポンドまでの荷重に耐えられます。ラインが濡れると、強度は十パーセント減となります。でも、安全策をとってこのリールはいま、百ポンドにセットしてあります。百ポンドの引きがあると、両方のマークが合わさって、滑りクラッチがラインを出しはじめます。でも、百ポンド近くの獲物を長い間、引っ張ったり、いわんや巻き取ろうなどとしたら、腕が抜けてしまいますよ。ですから、このマークのことは気にする必要はないと思います」

「でも、大物がかかったらどうします？」

と、ヒギンズはしつこく訊いた。

「そのときは、敵を疲れさすしかありません。そこで戦いがはじまります。ラインを引くにまかせ、巻き取り、抵抗して走るのを許し、巻き取り、という駆け引きを、敵がくたびれはてて引く力をなくすまで、くりかえすのです。でも、そこまできたら、こちらで引き受けますから」

キリアンの独演会《どくえんかい》がつづいた三十分ほどの間に、アバン号は三マイルの距離を走って、湧き立つように輪舞《りんぶ》しているアジサシの群れの中に突っ込んでいた。ムッシュー・パシャンはエンジンの出力を落とし、目には見えないが真下にいるはずの魚群を縫うように旋回しはじめた。疲れを知らぬ小さな海鳥たちは、海面から二十フィートばかりの空中を、羽根を小刻みに動かしながら下をのぞきつつ旋回している。そして、山なすうねりの中にキラリと光るものを鋭い目でとらえた瞬間、羽根を広げて後ろにそらし、針のような嘴《くちばし》を突き出して、うねりの真直中に急降下していく。次の瞬間、鳥は銀色にはねる細い魚体をくわえて水中から浮かび上がる。獲物はアッという間に細い喉に吸い込まれていく。鳥たちのハンティングは、そのエネルギーと同じように、果てしがない。

「ねえ、マーガトロイドさん」

と、ヒギンズがいった。

「どっちが先にロッドを握るか決めておいたほうがいいでしょう。コインで決めましょう」

彼はポケットからモーリシャス・ルピーを出した。二人はそれをトスして、ヒギンズが勝った。数秒後、船尾に固定したロッドの一方が急激に先端をしなわせ、ラインが走り出した。回転するリールの音が小さな呻《うめ》き声から悲鳴にまで高まった。

「やった！」

うれしげにヒギンズが叫んで、回転式のファイティング・チェアに飛び込んだ。すかさずジャン＝ポールがロッドを手渡した。リールはまだ回転しているが、スピードは緩《ゆる》んでいた。ヒギンズはロッドの手元をソケットに押し込んでドッグクリップと締め紐を固着させると、滑りクラッチを効かせはじめた。ほとんど同時に、流れ出ていたラインが停止して、ロッドの先端がしなった。ヒギンズは左手でロッドを支え、右手でリールを回した。ロッドのしなりはますます大きくなったが、彼はリールの巻き上げをやめなかった。

「引っ張ってるのがよくわかる」

喘《あえ》ぐようにヒギンズはいった。彼はなおもリールを巻きつづけた。やがてラインに抵抗がなくなり、ジャン＝ポールが船尾から身を乗り出した。そしてラインを手でつかんで、小さな銀色の魚をひょいと船上に引っ張り上げた。

「シマガツオです。四ポンドぐらいかな」

と、キリアンがいった。

少年はプライヤーを手に取って、シマガツオの口から鉤《フック》を外した。マーガトロイドは魚を見て、銀色の腹に、ちょうどサバのように、青黒い筋がはいっているのに気がついた。ヒギンズはがっかりしていた。アジサシの群れはすでに船尾のほうへ移動して、まだ盛んに小魚をあさっている。時刻は八時をすぎたばかり、甲板はそろそろ暑くなりはじめていたが、むしろ快適だった。ムッシュー・パシャンはアバン号をゆっくり回転させて、アジサシがたかっている魚群のほうへ戻していった。その間に孫《まご》はイカの形をしたルアーを、再度のランにそなえて海中に投げ入れた。

「夕食のときに食ってもいいな」

と、ヒギンズがいった。が、キリアンは残念げに首を振った。

「こいつは釣りの餌にしかなりませんよ。土地の人間はスープに入れて食べますが、味はよくありません」

彼らは小魚の群れを突っ切るようにして二回目のランをおこなった。ふたたびストライクがあった。マーガトロイドは胸を躍らせてロッドにしがみついた。生涯はじめての、そして、おそらく二度と味わえぬ、経験であった。コルクを張ったロッドの下端を握ったとき、彼は、延びたラインの二百フィート先にいる魚の動きを、すぐそばにいるように、感じ取った。彼はゆっくりクラッチを前に回した。流れ出ていたラインが停止して静かになった。ロッドの先端が海面に向かってしなった。彼は左手に力を入れて圧力に耐えながら、引きの強さに驚いていた。

やがて彼は左腕の筋肉を緊張させ、右手でリールのハンドルを回しはじめた。リールはどうにか回ることは回ったが、それには右手に全力をこめねばならなかった。ラインを引きずろうとする力の強大さに、彼は驚かされた。大物かもしれない、と、彼は思った。とてつもない大物かも。これが大物釣りの醍醐味《だいごみ》というやつだ。航跡の下、はるかな海中で、どのようなジャイアントがファイトしているかわからないのだ。もしもそれがヒギンズの釣り上げたような小物だったとしても、次にかかるやつはモンスターかもしれないではないか。彼は大きく喘ぎながら、リールをゆっくり巻きつづけた。二十ヤードほどの近さまで引き寄せられると、魚は抵抗をあきらめたらしくて、ラインが急に軽くなった。彼は逃《バラ》がしたかと思ったが、魚はちゃんとそこにいた。船尾の下まできたとき、そいつは最後に一回、弱く引いたが、それきりだった。ジャン＝ポールがギャフにひっかけて船に放り上げた。またもやシマガツオだったが、前のより大きくて、約十ポンドぐらいだった。

「おもしろいでしょう」

と、ヒギンズが興奮して、いった。マーガトロイドはうなずいて、微笑《ほほえ》んだ。ポンダーズ・エンドに帰ったら、いい土産話になるだろう。上方の操舵室では、パシャン老人が、数マイル彼方《かなた》に見つけた濃紺の海水塊めがけて、進路を修正した。彼は孫がシマガツオの口からフックを外すのを見ながら、何ごとか少年に告げた。孫はトレースとルアーをラインから外してタックルボックスに戻すと、ロッドをソケットに差し込んだ。ラインの先端で小さな鉄の回転クリップが静かに揺れた。それから少年は前へいって舵輪を握った。祖父が何かちょっと少年にいって、風防ガラスを通して指さした。少年はうなずいた。

「あのロッドはもう使わないの？」

と、ヒギンズがキリアンに訊いた。

「爺さんに何か考えがあるんですよ。まあ、まかしておきましょう。何もかもちゃんと心得てますから」

老人は揺れる甲板を苦もなく渡って三人のいるところまで来ると、無言のまま膝を組んですわり込み、小さいほうのシマガツオを選んでそれを餌にする用意をはじめた。小さな魚はすでに息絶えて、板のように固くなっていた。三日月型の尾びれがピンと立ち、口は半ば開き、小さな黒い目は虚《むな》しく宙をにらんでいる。

ムッシュー・パシャンはタックルボックスから大きな一本鉤《シングル》を取り出した。その軸には二十分の一インチのスチールワイヤーをしっかと結びつけてあり、十二分の一インチのスパイクが縫い針のように突き出している。彼はスパイクの先端を魚の排泄孔《はいせつこう》に差し込んで、ぐい押しした。やがて血に濡れた先端が口から出てきた。そこで針の尻のほうにスチールのトレースを結びつけ、プライヤーで針を引き抜いて、なおも引っ張った。トレースが魚の体内を通って口から出てきた。

次に老人はフックの軸《じく》をシマガツオの腹に深く差し込み、フックの湾曲部とかかりのついた針のように鋭い先端だけを外に残した。それは尻尾から鋭く下に突き出る恰好になった。老人は、そこで、トレースの残りを口から引っ張り出して、全体をぴんと張らせた。

さらに老人は、先ほどのよりずっと小さい針——主婦が夫のソックスをつくろうときに使う縫い針ぐらいの大きさだった——と、長さ一ヤードばかりの木綿糸を取り出した。シマガツオの一枚の背びれと二枚の腹びれは平たく延びていた。老人は綿糸を背びれのいちばん大きな棘《とげ》に刺し通し、数回それに巻きつけてから、針を頭の後ろの筋肉に貫き通した。そして糸を引っ張ると、背びれがピンと立った。背びれの筋や膜が垂直に立つと、水中での姿勢が安定するのだ。老人は二枚の腹びれにも同じ処置をほどこし、最後に口をこまかくきちっと縫い合わせた。

こうしてすべての処置がすむと、シマガツオは生きているように見えた。その三枚のひれが完璧なシンメトリーをつくって張り出し、身体の横揺れや回転を防ぐ。垂直に立つ尻尾は方向をあたえる。口が閉じているので渦巻きや泡立ちも生じない。固く閉じた唇の間から延びているトレースと尻尾の付け根から突き出している恐ろしげなフックを見てはじめて、この魚が餌だとわかる。最後に、老人は、シマガツオの口から出ている短いトレースを、ロッドの先端から垂れ下がっているもう一本のトレースに、回転クリップを使って結びつけて、この新しい餌を海に投げ入れた。老人が見守るうちに、シマガツオは航跡の中で二度ほど跳ねると、葉巻型の錘にひきずられて水中に沈み、最後の遊泳を開始した。老人はそれを、他の擬似餌より遠く、二百フィートまで繰り出してロッドを固定し、ようやく船長の椅子に戻っていった。周囲の海水はいつのまにか青みがかったグレーから、明るい青緑色に変わっていた。

十分後、ヒギンズがふたたびストライクに出会った。こんどはスピナーのほうだった。彼はロッドをあおりながらたっぷり十分間、リールと格闘した。正体はわからないが、そいつは猛然とファイトしてきた。その引きの強さから、みなそれをかなり大きいマグロかもしれないと考えていたのだが、船に取り込んでみると、上体とひれが金色に輝く、体長一ヤードほどの、ほっそりした魚だった。

「カジキだ」

と、キリアンがいった。

「やりましたねえ。こいつはよくファイトするんですよ。それに、食味もいい。ホテルに帰ったら、シェフにそういって、夕食用に料理してもらいましょう」

ヒギンズは上気して、うれしそうだった。

「まるでトラックを引っ張ってるみたいな手ごたえがありましたよ」

と、彼は喘ぎながら、いった。

少年がルアーを調整して、ふたたびそれを航跡に投げ込んだ。

海はしだいに荒れつつあった。マーガトロイドは、前甲板の木の日除けを支えている柱のひとつにしがみついて、海を見渡した。アバン号は巨大な波の連なりの真直中にあって、喘ぎ喘ぎ進んでいた。波の谷間にはいると、周囲は巨大な水の壁にふさがれた。陽光を反射しながら走るその傾斜面は、内に蔵した恐るべき力を暗示していた。波の頂きに登ると、何マイルにもわたって、白い波頭の連なりが見え、はるか西方の水平線にはモーリシャス島のシルエットがかすかに望見できた。

巨大な波は、東方から、肩を接して押し寄せてきた。その巨《おお》きな緑色の衛兵たちは、隊伍を組んで島に向かって突進し、サンゴ礁の砲列に出会って玉砕していく。マーガトロイドはちっとも吐き気を催さないので、われながら驚いていた。かつてフェリーでドーバーからフランスのブーローニュへ渡ったときでさえ、気分が悪くなって困ったことがあるのだ。でも、そのときは、ずっとずっと大きな船で、その走り方にも、波を蹴たてて突き進むという強引さがあり、しかも乗客はオイルや料理用のヘット、インスタント料理、バーのアルコール、お互いの体臭といったさまざまの臭気の中で呼吸していた。それにくらべて、アバン号はずっと小さく、海にさからわない。波に乗り、波とともに上下するのだ。

マーガトロイドは海をみつめながら、恐怖心の端に宿る畏《おそ》れを感じた。それは小さな船に在る人間が必ずいだく独特の感じだった。船にもいろいろあって、なかには、ファッショナブルな港の静かな水面で、誇り高く、壮麗、高価、いかにも強そうに見え、そばを通る社交界の上流人種の賞賛を浴びるような、持ち主の自慢の種もある。しかし、そのような船も、ひとたび海洋に出ると、魚くさいトロール漁船やあちこち溶接の跡だらけで隙間をボルトでとめてあるような錆《さび》だらけのポンコツと同等になる。想像を絶する力を前にして己の非力を嘆くしかない哀れな存在であり、巨人の掌《てのひら》にのせられた脆《もろ》い玩具でしかないのだ。マーガトロイドは、四人の人間に囲まれながら、己の取るに足りなさを、船の矮小《わいしょう》さを、海が吹き込む孤独感を、ひしひしと感じていた。海や空を、広大な雪原や砂漠を旅した者のみが知っている、それは感じであった。いずれの自然も茫漠《ぼうばく》として苛烈であるが、なかでも海が最も畏《おそ》れを誘う。海は動くからだ。

九時をすぎたばかりの時刻、ムッシュー・パシャンは、だれにともなく、つぶやいた。

「ヤ・ケルク・ショーズ。ヌ・シュイ」

「なんていったんです？」

と、ヒギンズがキリアンに訊いた。

「向こうに何かいるといってます。何かが船を尾行《つけ》ているんです」

ヒギンズは、荒れる海面をじっと見まわした。水以外に何も見えなかった。

「どうしてわかるのかな？」

キリアンは肩をすくめた。

「あなたなら数字の列を見て、何か変だと感じるときがあるでしょう。直観ってやつですよ」

老人はエンジンを絞った。アバン号は停止しているのではないかと思えるほどスピードをゆるめた。エンジンの出力が低下したために、揺れが一段と激しくなったようだった。ヒギンズは口中に唾液《だえき》が溜まり、二度三度とそれを呑み込んだ。九時十五分、ロッドの一本が鋭くしなり、ラインが、それほど速くはないが勢いよく引っ張られて、流れ出しはじめた。リールがガラガラと音を立てた。

「こんどはあなたですよ」

キリアンはマーガトロイドにそういうと、船尾の横木につけたソケットからロッドを引き抜いて、ファイティング・チェアのほうへ移した。マーガトロイドは日陰から出てチェアにすわった。そしてロッドの下端にドッグクリップをつなぎ、コルクの部分を左手でしっかと握り締めた。小さなビヤ樽みたいなペン・セネターの大型リールは依然として勢いよく回転していた。彼は滑りクラッチのコントロールを締めはじめた。

腕にかかる荷重が大きくなり、ロッドは大きく弧を描いた。しかし、ラインは出つづけていた。

「締めて」

と、キリアンがいった。

「ラインがぜんぶ出てしまいますよ」

銀行の支店長氏は上腕の筋肉を盛り上がらせながら、クラッチをさらに固く締めた。ロッドの先端が彼の目線まで下がってきた。ラインの流出は一旦ゆるんだが、すぐまた勢いを取り戻して流れつづけた。キリアンがクラッチをのぞき込んだ。外側と内側のリングにそれぞれついているマークがほとんど合わさっている。

「八十ポンドもの引力です。もっとクラッチを締めてください」

マーガトロイドの腕に痛みがはしり、ロッドのグリップに巻きつけた指がこわばった。彼はクラッチのコントロールを、二つのマークがぴったり合わさるまで回した。

「そこまで」

と、キリアンはいった。

「百ポンドです。限界です。ロッドを両手で支えてください」

マーガトロイドはホッとして右手をロッドにそえた。そして両手で強くそれを握り締めながらゴム靴の踵《かかと》を横木に当てがい、太腿とふくらはぎの筋肉を緊張させて上体を後ろにそらした。何も起こらなかった。ロッドの下端は膝の間で垂直に立ち、先端はまっすぐ航跡を指している。しかも、ラインは、ゆっくりと、着実に、出つづけている。リールのドラムに残っているラインの量が、彼の眼前で、しだいに少なくなっていった。

「すごい」

と、キリアンは嘆声をあげた。

「でかいぞ。百以上の力で、ティッシュペーパーを箱から引き抜くみたいに、軽々とラインを引き出していきやがる。頑張ってくださいよ、頑張って」

南アフリカ人は興奮して、訛がますますはっきりしてきた。マーガトロイドはふたたび両足を踏ん張り、指にも手首にも前腕にも上腕部にもはいるだけの力を入れ、背を丸め、顎《あご》をつけて、ロッドを支えた。これまで百ポンドもの荷重を支えたことは一度もなかった。三分後、ようやくリールが止まった。何ものかはわからぬが、そやつは六百ヤードもラインをひきずり出したのだ。

「ハーネスで身体を固定したほうがいい」

そういってキリアンはすばやくハーネスの帯紐をマーガトロイドの両肩にかけた。つづいて他の二本をウエストに巻き、最後のやや広目のやつを膝の間に通した。五本の帯紐は腹部にある中央のソケットにきちっとロックされた。そしてキリアンはハーネスを強く締めつけた。それでマーガトロイドの脚がやや楽になったが、固い帯紐が肩の前あたりで木綿のテニスシャツに食い込んで、痛かった。このとき初めてマーガトロイドは、陽光の暑さに気がついた。むき出しの膝頭《ひざがしら》がひりひりした。

老パシャンは片手で舵輪を操りながら、後ろを振り向いていた。ラインが延びはじめた最初からずっと、様子を見守っていたのだ。彼は出しぬけに、

「マルリン（マカジキ）だ」

と、それだけ、いった。

「ついてますね、お客さん」

と、キリアンがマーガトロイドにいった。

「マルリンがかかったらしいですよ」

「いい獲物なんですか？」

と、ヒギンズが訊いた。彼は興奮のあまり顔面蒼白《そうはく》になっていた。

「ゲーム・フィッシュの王様ですよ。いろんな金持ちが毎年やってきちゃ、このスポーツにごまんと金を注ぎ込むんですが、マルリンを釣り上げた人はまだひとりもいません。でも、こいつのファイトはすごいですよ。そりゃもう想像できないくらいですよ」

ラインは止まっていたが、相手は船といっしょに進みながら、引きをやめなかった。ロッ

ドの先端は依然として航跡にかぶさるようになっている。魚はまだ七十ポンドから九十ポンドの力で抵抗しているのだ。

四人の男たちは、マーガトロイドの格闘ぶりを、かたずを呑みながら見守った。ストライクがあってから早くも五分、彼はロッドにしがみついて踏んばっていた。額と頬《ほお》から汗が吹き出し、大きな粒となって顎《あご》に流れ落ちていく。ロッドの先端がゆっくりと上がった。魚が口にかかる荷重をゆるめようと、泳ぐスピードを上げたのだ。キリアンがマーガトロイドのわきにすわって、飛行教官が初の単独飛行を前にした生徒に教えるように、いちいちコーチしはじめた。

「リールを巻いて」

と、彼はいった。

「ゆっくり、しっかりと。クラッチの力を八十ポンドに落として。魚のためにじゃなくて、あなたのためにね。敵が反抗しようとしても、必ずしますが、逆らっちゃいけません。そのかわり、クラッチをすぐ百ポンドまで締めるんです。敵がファイトしてるときは絶対、リールを巻かないように。そして船のほうへ走ってきたら、ここをせんどと巻き取るんです。ラインを絶対ゆるめちゃいけませんよ。ゆるんだら、フックを吐き出そうとしますから」

マーガトロイドは指示どおりにリールを操作した。ラインを五十ヤード巻き取ったときに敵は初めて遁走《とんそう》を試みた。ロッドがもぎとられそうになるほどの力だった。マーガトロイドはとっさに右手をリールからロッドに移して、両手で必死にそれを支えた。魚は百ヤードもラインを引き出してようやく遁走を中止し、ふたたび船を追尾しはじめた。

「いま六百五十ヤードです」

と、キリアンがいった。

「全部で八百ヤードですからね」

「で、どうすればいいんだね？」

と、マーガトロイドは喘ぎながら、かすれた声で訊いた。このときロッドが少し立って、あわてて彼はリールを巻きはじめた。

「祈るんですね」

と、キリアンはいった。

「百ポンド以上もの引きは支えられるもんじゃない。ラインが延びきったら、いっぺんで切られてしまいます」

「やけに暑くなってきたよ」

キリアンはショーツとシャツだけという支店長氏の恰好を見やった。

「このままじゃ日干しになっちまいます。ちょっと待っててください」

彼はトレパンを脱いで、マーガトロイドの足を一本ずつそれに入れると、上がるところまで引っ張り上げた。ハーネスの帯紐が邪魔《じゃま》になってウエストまでは上がらなかったが、すくなくとも太腿と脛《すね》だけは布地におおわれた。陽光をさえぎった効果はすぐ実感として感じられた。キリアンはさらに、長袖のセーターをキャビンから持ってきた。汗と魚の臭気がふんぷんとしていた。

「こいつを頭から着るんです」

と、キリアンはいった。

「でも、ちゃんと着るには、ハーネスを数秒間外さなくちゃいけません。その間にマルリンが反抗をはじめないよう神に祈っててください」

彼らはついていた。キリアンは二本のショルダー・ストラップを外すと、すばやくセーターをマーガトロイドに着せて裾をウエストまで引っ張り降ろし、ふたたびストラップをクリップで止めた。その間、魚は船とともに進み、ラインは緊張したままだったが、大した荷重はかからなかった。セーターを着たおかげで、マーガトロイドの腕はたいして痛まなくなった。キリアンが振り向いた。老パシャンが椅子にすわったまま、つばの広い経木の帽子《キャップ》を差し出している。キリアンはそれをマーガトロイドの頭にかぶせた。目が陰になって、ずいぶんと楽になったが、顔の皮膚はすでに真赤に焼け焦《こ》げていた。海の照り返しのほうが、日光そのものよりきついのだ。

マーガトロイドはマルリンがちょっとゆるんだ隙に、さらにラインを少し巻き取った。合わせて百ヤードばかり回復したのだが、ラインにかかっている荷重はまだ四十ポンドもあり、一ヤード巻き取るのにも、リールのハンドルを握った指が痛んだ。と、このとき、魚がふたたび遁走を試みた。彼は滑りクラッチに百ポンドの荷重をしいながら、マーガトロイドが苦心の末に巻き取った百ヤードを、ただの三十秒間で引き出してしまった。マーガトロイドは背を丸めて懸命に耐えた。帯紐が、当たるをさいわいとばかり、皮膚にくいこんだ。時刻は、早くも、十時になっていた。

マーガトロイドは、苦痛の何たるかを身体中で悟りはじめた。指はこわばってドク、ドクと脈打ち、手首は痛み、前腕の苦痛は肩にまで突き上げた。上腕部の筋肉はこり固まり、肩は悲鳴をあげた。せっかくトレパンとセーターを着せてもらったのに、太陽はそれを通して皮膚をこがしはじめた。その後の一時間に、彼は三度、魚からラインを百ヤード取り戻したが、魚もまた三度、遁走して、その百ヤードをたぐり寄せた。

「もうこれ以上はだめだ」

と、彼は食いしばった歯の間からいった。

キリアンは、冷たいビールの缶を開けて、彼のわきに立っていた。むき出しの脚は長年、陽にさらされて黒くなっていた。鍛《きた》えられた肌《はだ》は炎症など起こさないらしい。

「頑張って。これは闘いなんです。魚には力があり、あなたには装備と知恵がある。あとはスタミナの問題です。どちらが長く耐えるかで勝負は決まります」

十一時すぎ、マルリンは初めてテールウォークを披露《ひろう》した。それまでにマーガトロイドは五百ヤードまでラインを縮めていた。船が大波の頂きに乗った瞬間、魚が緑色の水の壁から飛び出してきた。マーガトロイドは呆然と口を開いて、それをみつめた。長く鋭く伸びた上の嘴《くちばし》が天を突き上げ、それよりも短い下の嘴は大きく開いている。そして目の後ろ上方には、雄鶏の尻尾のような波型の背びれが直立している。濡れた巨体がつづいて虚空《こくう》にあらわれ、そこから飛び出してきた波が退くと同時に、魚は三日月型の尻尾を下にして立ち上がった。それから彼は巨体を震わせながら、尻尾で歩くような動作《テールウオーク》をした。一瞬の間、彼は、白い波頭ごしに船上の男たちをみつめながら、その姿勢を保っていたが、次の瞬間、迫ってきた水の壁に突入して、ふたたび暗く冷たい自分の世界へ消えていった。パシャン老人が周囲の沈黙を破って、ぽつりといった。

「セ・ランペルール」

キリアンがさっと老人のほうを向いて、

「ヴゼッテ・シュール？」

と、たずねた。

老人はうなずいただけだった。

「爺さんはなんていったの？」

と、ヒギンズがキリアンに訊いた。

マーガトロイドは、魚が消えた位置を呆然とみつめていたが、やがて、ゆっくりと落ち着いた手さばきで、リールを巻きはじめた。

「あいつはこのへんじゃ有名なんです」

と、キリアンはいった。

「もしも同じやつだとしたら——爺さんが間違えることは絶対ありません——ブルーマルリンです。世界記録の千百ポンド（約五百九キログラム）を上回る大物のはずで、年をくった狡猾なやつですよ。みんな彼を帝王と呼んでいます。漁師にとっちゃ伝説的な存在ですよ」

「でも、どうしてその特定の魚だとわかるんです？」

と、ヒギンズはいった。

「魚なんてみな同じに見えるでしょう」

「あいつはすでに二度、フックにかかってるんです」

と、キリアンは説明をはじめた。

「二度ともラインを切って逃げたんですがね。でも、二度目のときは、リビエール・ノワールの沖だったんですが、船の近くまで引き寄せられました。そのとき、一度目のフックが口からぶら下がっているのが見えたんだそうです。そして、最後の瞬間に、ラインを切って、二本目のフックをつけたまま姿を消してしまいました。二度とも、テールウォークを数回ずつやったもので、みなやつの身体をよく見てるんです。そしてだれかが、空中に飛び上がったところを写真に撮ったもので、よく知られるようになったんです。いまは五百ヤードも離れていたので、わたしにはよくわからなかったんですが、パシャンは年寄りのくせに、カツオドリみたいにいい目をしてますからね」

正午になると、マーガトロイドはすっかり消耗していた。彼はロッドの上にかがみ込んで、苦痛とかつてない決意の入り混じった自分だけの世界にひたっていた。両の掌には、つぶれた肉刺《まめ》から出た液汁が流れ、汗に濡れた帯紐が陽焼けして皮膚のむけた肩に情け容赦なく食い込んだ。彼は頭を垂れて、リールを巻いた。

ときどき、魚も休息をとっているように、抵抗が軽くなった。ラインから荷重がとれたときの解放感は、後日いくら口で言い表わそうとしても出来なかったほどの、至福《しふく》の歓喜だった。しかし、ロッドがしない、痛む筋肉が魚に抗して張りつめたときの苦痛は、想像もできないほどの激しさだった。

正午をすぎたばかりのころ、キリアンが彼のそばにかがみこんで、ビールのおかわりを差し出した。

「ねえ、だいぶ参ったでしょう。もう三時間になりますからね。鍛えてない身体じゃちょっと無理ですよ。まあ、死ぬこともないでしょうが、助けが必要なら、ちょっと休みたいと思ったら、遠慮なくいってください」

マーガトロイドはかぶりを振った。唇は太陽と潮水の飛沫を浴びて、ひび割れていた。

「これはわたしの魚だ」

と、彼はいった。

「放っといてくれ」

苛烈な陽光が降りそそぐなかで、闘いはつづけられた。高いストールの上に賢い茶色の鵜《う》よろしくとまったパシャン老人は、エンジンをアイドリング寸前の状態にセットして片手を舵輪にそえ、帝王の姿を求めて航跡に目をこらしていた。ジャン＝ポールは、日除けの下にうずくまっていた。そばには、とっくにラインを巻き取った他の三本のロッドが並べてあった。シマガツオなど狙ってもしようがないし、余分なラインが出ていると、もつれるだけなのだ。ヒギンズはついにうねりに屈服し、バケツの上にみじめに顔を寄せていた。その中には、朝昼兼用で食べたサンドイッチと二本分のビールが無残に吐き棄てられていた。キリアンがその前にすわって、五本目の冷たいビールを喉に流し込んでいた。ときおり彼らは、現地人の帽子をかぶってファイティング・チェアにすわっている、背を丸めたカカシみたいなマーガトロイドの姿に目をやり、ラインを巻き取るリールのルルルルッという音や、ラインが引きずり出されていくときのジジジーッという絶望的な悲鳴に耳を傾けた。

マルリンは、三百ヤードまで引き寄せられたところで、ふたたびテールウォークを演じて見せた。こんどはちょうど船が波と波との谷間にいたときで、帝王は一直線に彼らに向かって水面を突き破った。彼は背を震わして水をふるい落としながら、高く跳ねた。巨体が大きく弧を描いて航跡にかぶさった。そのとき、突如として、ラインがたるんだ。キリアンがあわてて立ち上がった。

「ラインを巻いて！」

と、彼は絶叫した。

「やつがフックを吐き出してしまう！」

マーガトロイドの疲れ切った指は、ラインのたるみをとるために、リールのハンドルを呆《ほう》けたように回した。どうにか間に合った。

マルリンが海にもぐると同時に、ラインはぴんと緊張した。そして魚は、マーガトロイドが稼いでいた五十ヤードを一気に取り戻してしまった。波と太陽の下、暗い静かな深みで、巨大な大洋のハンターは、数百億年にわたる進化に磨かれた本能に従って敵の引力に立ち向かい、骨張った口の端で邪悪な力を受け止めてさらにもぐった。

船上のファイティング・チェアでは、小柄な支店長氏がまたもやロッドの上にかがみ込むようにして、必死に闘っていた。濡れたコルクのグリップを握る指は疼《うず》き、帯紐は細いワイヤーのように肩に食い込んだ。彼は、巻き取って間もない、まだ濡れているナイロンのラインが、一尋、また一尋と、流れ出していくのを、かすんだ目でみつめた。せっかく巻き溜めた五十ヤードがみるみるうちに消え去り、魚はなおも潜っていく。

「いずれターンして上がってくる」

と、キリアンがマーガトロイドの肩越しにラインをみつめながら、いった。

「そのときにまたさっと巻き取るんです」

ガイドは背をかがめると、レンガのように赤くなって皮膚のあちこちむけかけた支店長氏の顔をのぞき込んだ。半ば閉じた目から涙がこぼれ、たるんだ頬を伝い落ちた。南アフリカ人は、いたわりの手を肩にのせて、

「ねえ、もう無理ですよ。替わってあげましょうか、一時間だけでも。最後のところだけまたやればいいんです。やつが弱って近くまで引き寄せられて、あきらめかけたところで替わりますから」

マーガトロイドは徐々に出のおそくなっていくラインをみつめていた。彼は何かいおうとして口を開いた。唇のひび割れが大きく開いて、血のしたたりが顎に流れ落ちた。コルクの

グリップは、掌から出た血で滑りやすくなっていた。

「わたしの魚だ」

と、彼は涙声でつぶやくように、いった。

「わたしの魚だ」

キリアンは立ち上がった。

「わかりましたよ、お客さん。やつはあなたの魚です」

時刻は早くも午後二時になっていた。太陽は、アバン号の後甲板を自分専用の金床《かなとこ》だといわんばかりに、強烈な光を存分に叩きつけていた。帝王はもぐるのをやめ、ラインにかかる荷重は四十ポンドまで下がった。マーガトロイドはまたリールを巻きはじめた。

一時間後、マルリンは最後のジャンプを試みた。船から百ヤードの近さだった。気づいたキリアンと少年が船尾の横木に走り寄って、見守った。帝王は、否応なく自分を敵のほうへ引っ張っていくフックを振り外そうと、テリア犬のように頭を振りながら、二秒の間、泡立つ航跡の上に直立した。口の片隅から垂れ下がったワイヤーの切れ端が、身体の震えを伝えて陽光のなかできらめいた。そして彼は、轟音とともにその巨体で海面を打つや、たちまちのうちに波間に消えていった。

「やっぱりやつだ」

と、キリアンが畏《おそ》れにうたれて、いった。

「帝王だ。重さが千二百ポンドもあり、口の先から尻尾まで二十フィート（約六メートル）。全速四十ノットで突っ走っているときには、槍《やり》のように尖った嘴は厚さ十インチの板でも貫くという。なんて化け物なんだ」

彼はムッシュー・パシャンのほうを振り返って、訊いた。

「ヴザヴェ・ヴゥ？」

老人はうなずいた。

「ケ・パンセ・ヴゥ？　イル・ヴァ・ヴニール・ビト？」

「ドゥズーレ・ザンコール。メ・イレ・ファティゲ」

キリアンはマーガトロイドのわきにすわり込んだ。

「爺さんは、やつはもうくたびれてる、といってます。でも、まだ二、三時間はファイトしますよ。このままつづけますか？」

マーガトロイドは魚の消えたあたりの水面をみつめた。疲労で目はかすみ、全身これ疼痛《とうつう》の塊りだった。ひときわ鋭い痛みが、肉の裂けた右肩を貫いてはしった。彼は自分の体力の限界を意志力のきわみを、試したことがなく、さあ、つづけるかと訊かれても答えようがなかった。だが、彼はうなずいた。ラインが静止し、ロッドがしなった。帝王がまた引いているのだ。しかし、その力は百ポンドに満たなかった。支店長氏は椅子の上で耐えた。

それからさらに九十分間、ポンダーズ・エンドから来た男とマルリンとの間で、凄絶《せいぜつ》な闘いがつづけられた。魚は四度《よたび》、突進してラインを引きたくったが、そのたびに果敢な挑戦の時間は短くなっていった。クラッチに抗して百ポンドの引力をラインに叩きつけるという苛烈な動きの反復が、原始の力を殺《そ》いでいったのだ。マーガトロイドは四度、疼《うず》きに耐えながら帝王を引き戻し、その都度、数ヤードのゲインを得た。消耗の激しさに意識が朦朧《もうろう》としかけた。ふくらはぎと太腿の筋肉が、切れかけた電球のように狂おしく震えた。目はますます繁くかすみはじめた。午後四時半、すでに彼は七時間半も闘いつづけていた。どのように鍛えた人間でも、このような闘いにいつまでも耐えられるはずがなかった。あとはもう時間の問題だった。それも、そう長くはない時間の。人間か魚か、どちらかが倒れるのだ。

五時二十分前、急にラインがたるんだ。マーガトロイドは虚《きょ》を衝《つ》かれたが、すぐさまリールを巻きはじめた。ラインは比較的容易に上がってきた。依然として荷重はあるものの、それはすでに受動的なものになっていた。あの衝撃的な引きはすでになかった。キリアンが回転するリールのカラカラというリズミックな音に気づいて、日陰から船尾の横木のところへ出てきた。そして、じっと後方をみつめた。

「やつが来る」

と、彼は叫んだ。

「帝王が上がってくる」

いつのまにか、夕凪《ゆうなぎ》が訪れ、海は静かになっていた。白い波頭は姿を消し、静かに滑らかなうねりが周囲にうねっていた。ジャン＝ポールとヒギンズ——まだ気分が悪かったが吐いてはいなかった——が見物にやってきた。ムッシュー・パシャンはエンジンを切って、舵輪をロックした。そして止まり木から降りて、一同にくわわった。男たちは押し黙って船尾の海面を凝視した。

　何かがうねりの表面を騒がした。それは回転し、揺れ動きながらも、ナイロン・ラインの引力にひかれるままに船のほうへ寄ってきた。山形のひれが一瞬、海面から突き出たかと思うと、すぐに横転して水中に没した。長い嘴《くちばし》が天を突き、すぐまた海面下に沈んだ。二十ヤードの距離で、男たちは帝王の巨体を明確に視認することができた。その筋肉には、もはやあの凄絶な暴力は残されていなかった。自由を求めて走る余力はすでになかった。帝王はついに敗北を認めたのだ。彼が二十フィート先まで来たとき、ワイヤーのトレースがロッドの先端まで上がった。キリアンがごつい革手袋をはめて、それをつかんだ。そして、手で引っ張りはじめた。ファイティング・チェアにぐったりすわりこんでいるマーガトロイドを、みな無視していた。

　彼は八時間ぶりにロッドから手を放し、それは横木に倒れかかった。ゆっくりと、疼痛に耐えながら、彼はハーネスの留め金を外した。帯紐が下に落ちた。彼は萎《な》えた足で体重を支えて、立ち上がろうとした。ふくらはぎと太腿はその重みに耐えられず、彼は死んだカジキのそばにある排水口に、へたへたとすわり込んだ。他の男たちは、船尾の下でうごめく影に目をこらしていた。キリアンは手袋をはめた手でトレースをゆっくりとたぐり、ジャン＝ポールは横木に飛び乗って、大きなギャフを頭上にかざした。マーガトロイドは、先端の鋭くカーブしたギャフを高くかざして静止している少年の姿を、甲板から見上げた。

　そのとき、彼の口から漏れ出たのは、叫び声というより、しわがれた呻《うめ》きだった。

「よせ」

少年はその場に凍りついて、マーガトロイドを見おろした。彼は四つん這いになって、タックル・ボックスをみつめていた。いちばん上に、ワイヤーカッターがあった。それを彼は左手の親指と人差指でつまみ上げると、ささくれだった右掌に押しつけた。指がゆっくりと柄に巻きついた。彼は空いた左手で身体を起こして、船尾から身を乗り出した。

帝王はすぐ下にいた。消耗しきった彼は死の寸前にあった。巨体は航跡上に斜めによこたわり、口は半ば開いていた。その口の片隅から、過去の闘いの名残りであるワイヤー・トレースが、まだ輝きを失わずに、ぶら下がっていた。下の嘴には、もう一本のフックが錆びた先端をのぞかせている。キリアンの持つトレースの先端にある第三のフック、マーガトロイドのフックは、上唇の軟骨に深く埋まっていた。軸の後端のみが見えている。

次々に寄せてくる波が、帝王のブルーブラックの巨体を洗った。マルリンは、二フィートの近みから、平たいガラスのような目で、マーガトロイドをみつめ返した。まだ生きてはいるが、闘う力はもはやなかった。その口からキリアンの手まで延びたワイヤーは固く張っていた。マーガトロイドはゆっくり前にかがみ込んで、右手を魚の口のほうへ伸ばした。

「いい子いい子するのはあとでいいじゃないですか」

と、キリアンがいった。

「早く取り込みましょう」

マーガトロイドはカッターの顎で、フックの軸に結びつけられているトレースの結び目を、慎重にはさんだ。そして、ぐいとカッターを絞った。掌から血が吹き出し、帝王の頭を伝って海面に流れ落ちた。彼はふたたびカッターを握り締めた。スチールのワイヤーは切断された。

「何をするんです？　逃げちゃうじゃないですか！」

と、ヒギンズが叫んだ。

帝王は、波に洗われながら、マーガトロイドをみつめた。そして、疲れ、老いた頭を振り、嘴の先端を冷たい水に入れた。次の波が彼を仰向けに転がし、頭がさらに下がった。左方で、巨大な半月型の尾がものうげに上がったかと思うと、海面めがけて落下した。それは海面に達すると同時に、二度ほどひらめき、巨体を前へ、下へと押しやった。男たちの目に最後に映じたのは、その尻尾だった。それは疲労に耐えて水をかき、マルリンを波の下へ、冷たく暗い彼の棲《す》み家へと帰していった。

「なんてことだ」

と、キリアンは嘆声をあげた。

マーガトロイドは立ち上がろうとしたが、頭に逆流した血がそれを妨げた。彼は天空が大きく円を描いて一回転し、闇が足ばやに襲って来たところまでしか憶えてなかった。甲板の板張りがせり上がってまず彼の膝を打ち、ついで顔を叩いた。それきり彼は失神した。太陽は、西方にかすむモーリシャスの山の端にかかっていた。

夕陽が沈むまでの一時間のあいだに、アバン号は港をめざして礁湖を渡った。マーガトロイドも意識を回復した。キリアンがズボンとセーターを脱がしてやり、涼しい夕風が陽にこがされた四肢をやさしく愛撫した。マーガトロイドはビールを三本、たてつづけに飲み下し、船べりのベンチのひとつに背を丸めてうずくまり、澄んだ海水を満たしたバケツに両手をつけていた。彼は船が木の桟橋に横づけになって舫《もや》い、ジャン＝ポールが村のほうへ駆け出していったのにも気づかなかった。

ムッシュー・パシャンはエンジンを切り、舫綱がしっかり結ばれているかどうかを確かめた。そして大きなシマガツオとカジキを桟橋に投げ上げてから、釣り道具とルアーを片づけた。キリアンはクーラーを桟橋に運び上げると、ふたたび船の甲板に飛び戻った。

「さあ、いきましょう」

マーガトロイドは立ち上がり、キリアンに助けられて桟橋に上がった。ショーツの裾が膝頭までずり下がり、汗に黒ずんだシャツは無残にはだけていた。大勢の村人たちが狭い桟橋に人垣をつくり、二人はやむなく前後につらなって、その間を進んだ。ヒギンズはすでに先行していた。

人垣の先頭に立っていたのはムッシュー・パシャンだった。マーガトロイドは握手したかったが、手が疼いてそれどころでなかった。彼はうなずいて、微笑を投げると、

「メルシー」

と、ひとことだけ老人にいった。

老人は、彼に返してもらった経木の帽子をひょいと頭から離して、

「でかしたな、名人《サリュー》《メートル》」

と応えた。

マーガトロイドはのろのろと桟橋を進んだ。村人たちはめいめいお辞儀をしては、「サリュー、メートル」と声をかけた。やがて二人は板張りの桟橋を渡り切り、砂利敷きの道路にはいった。車の周囲にも大勢の村人が詰めかけていた。彼らは口々に静かな声で、いった。

「サリュー、サリュー、サリュー、メートル」

ヒギンズが予備の衣類と空になった弁当箱を片づけていた。キリアンはクーラーを車の荷物室に放り込んで、バタンとドアを閉めた。そして、マーガトロイドが待っている助手席側のバックドアのところへ歩み寄った。

「みんななんていってるんだね？」

と、マーガトロイドは小声でたずねた。

「あなたを賛えているんですよ。漁の名人だといって」

「帝王のせいかな？」

「このへんじゃ伝説的な存在ですからね」

「わたしがその帝王をとらえたから、みんなあんなに？」

キリアンはふっと小さく笑った。

「いいえ、逃がしてやったからですよ」

三人は車に乗り込んだ。マーガトロイドはクッションのきいたバックシートにやれやれと身体を沈め、まだ燃えている掌を杯状にして膝にのせた。キリアンがハンドルを握り、ヒギンズは助手席にすわった。

「ねえ、マーガトロイドさん」

と、ヒギンズがいった。

「村の連中はあなたを誇りにしてるみたいですよ」

マーガトロイドは、微笑む茶色の顔と手を振る子供たちを、窓から見やった。

「ホテルへ帰る前に、フラクの病院に寄って先生に診てもらったほうがいいですね」

と、キリアンがいった。

若いインド人のドクターは、マーガトロイドを裸にならせ、その惨状を見て思わず顔をしかめ、舌を鳴らした。尻は、ファイティング・チェアの上で前後運動をくりかえしたために、赤くむけていた。肩と背は、帯紐のくい込んだ跡が暗紫色のみみず腫《ば》れになっていた。腕と太腿と脛《すね》は炎症を起こして赤くただれ、皮膚がぐじぐじになってはがれているし、顔は火ぶくれでふくらんでいた。両掌はレアのステーキそのものだった。

「ひどいもんだ」

と、ドクターはいった。

「処置に時間がかかるよ」

「じゃ、あとで迎えに来ましょうか？　一、二時間してから」

と、キリアンが訊いた。

「いや、その必要はない。ホテル・サン・ジェランは、帰り道に近いから、わたしがついでに送っていくよ」

マーガトロイドがサン・ジェランの正面玄関のドアを抜けて、ホールの明りのなかに足を踏み入れたのは、午後十時のことだった。ドクターがまだいっしょだった。客の一人が、彼のはいってくるのを見つけて、遅い夕食をとっている連中にしらせようと食堂へ駆け込んでいった。ニュースはたちまちプールサイドのバーにまで伝わった。あわただしく椅子がひかれ、ナイフやフォークがテーブルに投げ出されて音を立てた。休暇を楽しみに来ている滞在客たちは一目彼を見ようと一群となって角を曲り、ホールを進んだ。が、彼らは途中でハッと立ち止まった。

マーガトロイドは無残に変わりはてた姿になっていた。腕と脚は厚く塗ったカーマイン・ローションが乾いて、白くなっているし、手は白い包帯《ほうたい》に隠されている。顔はレンガのように赤く、塗りたくった薬用クリームのためにぎらぎら光っている。髪はボサボサに乱れ、カーキ色のショーツはまだ膝頭までずり落ちたまま。その姿はまるで写真のネガみたいに白っぽく灯に浮かび上がっていた。彼はゆっくりとヤジ馬のほうへ歩き出した。その群れは、二つに分かれて、彼のために途をつくった。

「よくやったね」

と、だれかが声をかけると、べつの一人が、

「たいしたもんだ、バッチリだよ」

と、応じた。

握手など論外だった。幾人かが通りすぎる彼の背を叩こうとしたが、ドクターが手を振って退けた。グラスを持っている者はそれを上げて乾杯の仕草をした。やがてマーガトロイドは上階に通じる石の階段の下に辿り着いて、そこを昇りはじめた。

このとき、マーガトロイド夫人が、夫の帰りを告げる騒音にひかれて、美容室から姿をあらわした。彼女は、この日の午前半ば、海岸のいつもの場所に夫があらわれないのに不審をいだき、さんざん捜しまわったあげく、ようやく彼がどこへいったかをさぐり当てた。そのとき以来、つのる怒りに身をこがしながら、この瞬間を待っていたのだ。その顔は、日焼けのせいでなく、怒りのために紅潮していた。帰国用にと当ててもらっていたパーマはまだ仕上がってなく、ローラーが、ソ連製カチューシャ・ロケットの発射装置よろしく、頭から突き出していた。

「マーガトロイド」

と、彼女は轟くような声で怒鳴った。怒ったときはいつも夫を姓で呼び棄てにするのだ。

「どこへいくつもり?」

踊り場の途中でマーガトロイドは振り返り、ヤジ馬と奥方を見おろした。キリアンが後に同僚に語ったところによると、このときマーガトロイドの目は異様な表情を浮かべていたという。ヤジ馬が急に静まりかえった。

「それに、その恰好は何です」

エドナ・マーガトロイドは憤然《ふんぜん》として夫にいった。

支店長氏は、ここで、長年忘れていたことをとっさにやってのけた。彼は叫んだのだ。

「うるさい！」

奥方の口がポカンと、帝王のそれのように大きく開いた。しかし、それは魚のあの威厳《いげん》を欠いていた。

「エドナ、これまで二十五年の間」

と、マーガトロイドは落ち着いた声でいった。

「おまえは何かというとボグノーの妹のところへいって別居すると、わたしをおどかしつづけてきた。でも、喜ぶといい。わたしはもう引き留めない。明日、おまえといっしょに帰らないつもりだ。ここに留まるんだよ。この島に」

ヤジ馬の群れは啞然《あぜん》として彼をみつめていた。

「生活の心配はさせない」

と、彼はつづけた。

「家と預金を利子ごとそっくりくれてやる。わたしのほうは積み立てた年金があるし、法外な額でおまえが契約した生命保険を解約してその金をもらう」

ハリー・フォスターが缶ビールを一口飲んで、ゲップをした。

ヒギンズは震え声でいった。

「ロンドンを離れるなんてとんでもない。生活の当てがないでしょう」

「大ありだよ」

と、支店長はいった。

「わたしはもう決心したんだ。もうそれは覆《くつがえ》さない。病院でこのことを考えているときに、ムッシュー・パシャンが見舞いに来てくれてね。二人で話をまとめたんだ。彼の船を譲り受けることにしたんだよ。船の代金を払っても、あとまだ海岸に小屋を建てるぐらいの金は残る。爺さんはひきつづき船長として働いて、孫を大学へやることになった。わたしは助手として船長の下働きをしながら、二年間で海と魚のことを爺さんに叩き込んでもらう。そのあと、観光客相手の釣り船をやって、生活費を稼いでいくつもりだ」

ヤジ馬たちは呆然としたまま、なおも彼をみつめていた。

ふたたび静寂を破ったのは、ヒギンズだった。

「でも、マーガトロイドさん、銀行のほうはどうするんです？　ポンダーズ・エンドのほうは？」

「あたしはどうなるのよ？」

エドナ・マーガトロイドは泣き声だった。

彼はこの二つの質問について慎重に考えた。

「銀行なんかクソくらえだ」

と、彼はしばらくして口を開いた。

「ポンダーズ・エンドがなんだってんだ。それから、マダム、あんたもクソくらえだよ」

そういうなり彼はくるりと向き直り、最後の数段を昇っていった。ヤジ馬の間から歓声が湧き起こった。部屋に向かって廊下を進む彼を、ビールの酔いにまかせた別れの言葉が、オーストラリア訛りで追いかけてきた。

「ご機嫌よう、マーガトロイド」

# あとがき

これはフォーサイスとしては初めての本格的な短編集である。原書は一九八二年の春、ロンドンで発表されたものであるが、当時連続十四週もベストセラー・リストにランクされるほど好評を博した。

原書のタイトルは、いちばん初めに収録されている一編 *No Comebacks*（「殺人完了」）からとられている。原書には右の一編を含めて計十本の作品がおさめられているが、「殺人完了」と *Money with Menaces*（「ブラック・レター」）はすでに『シェパード』（角川文庫刊）におさめられているので、本書では、その二編を除いて残り八本の作品を紹介することになった。そのうち「よく喋る死体」（*Used in Evidence*）だけは一九七九年の作品で、当時英語版「プレイボーイ」誌に掲載されたものである。

フォーサイスの短編——短編とはいってもみな相当長いもので、日本でふつうにいう〝短編〟の枠には入らない。さしずめ〝中編小説〟といったところだろうか——は、本書におさめられているものを含めて全部で十一本になるが、すでに『シェパード』を読んだ方ならご存じのように、きわめて質のたかいものばかりである。本書でもわかるように、フォーサイスの短編は、ほとんど、推理小説ふうのストーリーからなっており、軽妙なプロットの運びや小粋なひねり、思わずニタリとしてしまうような洒脱《しゃだつ》さは、まことに秀逸なものであるが、ここで特に強調しておきたいのは、主人公や脇役の人間描写の巧みさである。長編小説、特にフォーサイス流のノンフィクション・ノベルは、個々の登場人物よりもストーリーで読ませる部分が多いのだが、短編の場合は登場人物の〝人間〟が前に出てくる。人間描写が決め手になるのだ。その点で、どの作品をとってみても、フォーサイスは心にくいばかりの手練を発揮している。たとえば、「帝王」(*The Emperor*)は、フォーサイスの作品としてはちょっと毛色の変わったものであるが、その好例である。宮仕え、妻仕えの長い忍従の生活を送ってきた銀行の支店長氏が、巨大な魚との凄絶《せいぜつ》な闘いを経験することによって、生のなんたるかを悟り、一人の男として自立するという話であるが、ぼくは一読して、なんだか胸があつくなった。青白く太り、細君の尻に敷かれっぱなしの主人公は、いってみれば、現代の中年サラリーマンの典型のような人物である。組織の中にとりこまれ、常に自分を抑えて臆病に日々を送り、朝起きてまず気にかかるのは外が雨かどうか、雨ならコウモリガサを持って出なければとカーテンの隙間から外の様子をうかがう、そういう男なのである。そのカリカチュアがじつによく効いている。一方、細君のほうは、ほんのちょい役で、もっぱら主人公をひきたてる、文字どおりつまのくせして、妙に存在感があって面白い。髪にカーラーを巻いた寝姿や、日陰に太った身体をよこたえて甘い女性向きの小説――おそらくハーレクインの類であろう――に読みふける姿、また美容院でパーマをあててもらっている途中で飛び出してきて亭主の自立宣言を聞かされる場面など、思わず失笑してしまう。怒りよりも驚愕《きょうがく》に呆然として、目を白黒させながら口もきけないでいるその様子が、目に見えるようである。フォーサイスは、主人公の変身をとおして、われわれ現代人が喪《うしな》ってしまったかに見える男のりりしさ、たくましさ、自然との闘いと調和のすばらしさを描こうとしたのだろう。それがまたみごとに成功している。これはあくまでもぼくの個人的な好みだけれど、この一編が本書のなかで出色の出来ばえではないかと思っている。

もちろん、他の作品もみな英国人らしいアイロニーが効いていて、完成度において甲乙つけがたいものばかりだし、どれを好むかは読者の趣味の問題である。小説は、何はともあれ、読んで楽しく、面白いのがいちばんであり、その意味でも、本書におさめられた作品は、われわれの期待を十二分に満たしてくれる。

さて、待望久しいフォーサイスの長編小説 *"The Fourth Protocol"*（『第四の核』＝仮題）がいよいよ今秋、日本でも角川書店より刊行されることになった。前四作の長編とは少し趣の異なる小説であるが、作品の密度や洗練はいずれにも劣らず、フォーサイスならではの面白さに満ちている。イギリスに親ソ政権を樹立させようとするソビエトの謀略と、それを阻止しようとするイギリス防諜機関との激しい攻防がメーンテーマで、全編にみなぎる緊張が読む者を最後の一ページまでひきずっていく。さすが、としか言いようのない巧さである。英ソの攻防の焦点となるのは、軽薄短小の時代にふさわしい超小型の核爆弾で、それをイギリスに持ちこもうとするソビエトのエージェントと摘発しようとする主人公（ＭＩ５要員）

とのあいだで展開される迫真のつばぜりあいは、まさにスリル満点で、ブロックバスターと呼ぶにふさわしい作品である。大いに期待してお待ちいただきたいと思う。

一九八四年四月

訳　者

帝王《ていおう》

篠原 慎《しのはらまこと》＝訳

角川文庫 5749

昭和五十九年五月二十五日　初版発行
昭和六十二年九月二十日　七版発行

発行者——角川春樹
発行所——株式会社角川書店
東京都千代田区富士見二—十三—三
電話　編集部（〇三）二三八—八四五一
　　　営業部（〇三）二三八—八五二一
〒一〇二　振替東京③一九五二〇八
印刷所——大日本印刷　製本所——大谷製本
装幀者——杉浦康平
落丁・乱丁本はお取替えいたします。
定価はカバーに明記してあります。

Printed in Japan

ISBN4-04-253708-1　C0197

# 角川文庫発刊に際して

角川源義

第二次世界大戦の敗北は、軍事力の敗北であった以上に、私たちの若い文化力の敗退であった。私たちの文化が戦争に対して如何に無力であり、単なるあだ花に過ぎなかったかを、私たちは身を以て体験し痛感した。西洋近代文化の摂取にとって、明治以後八十年の歳月は決して短かすぎたとは言えない。にもかかわらず、近代文化の伝統を確立し、自由な批判と柔軟な良識に富む文化層として自らを形成することに私たちは失敗して来た。そしてこれは、各層への文化の普及滲透を任務とする出版人の責任でもあった。

一九四五年以来、私たちは再び振出しに戻り、第一歩から踏み出すことを余儀なくされた。これは大きな不幸ではあるが、反面、これまでの混沌・未熟・歪曲の中にあった我が国の文化に秩序と確たる基礎を齎らすためには絶好の機会でもある。角川書店は、このような祖国の文化的危機にあたり、微力をも顧みず再建の礎石たるべき抱負と決意とをもって出発したが、ここに創立以来の念願を果すべく角川文庫を発刊する。これまで刊行されたあらゆる全集叢書文庫類の長所と短所とを検討し、古今東西の不朽の典籍を、良心的編集のもとに、廉価に、そして書架にふさわしい美本として、多くのひとびとに提供しようとする。しかし私たちは徒らに百科全書的な知識のジレッタントを作ることを目的とせず、あくまで祖国の文化に秩序と再建への道を示し、この文庫を角川書店の栄ある事業として、今後永久に継続発展せしめ、学芸と教養との殿堂として大成せんことを期したい。多くの読書子の愛情ある忠言と支持とによって、この希望と抱負とを完遂せしめられんことを願う。

一九四九年五月三日

十五少年漂流記　ヴェルヌ
怖るべき子供たち　J・コクトー
車輪の下に　H・ヘッセ
変身　F・カフカ
白夜　ドストエフスキー
人は何で生きるか　トルストイ
人生論　トルストイ
チャタレイ夫人の恋人　D・H・ロレンス
ロミオとジュリエット　シェイクスピア
嵐ケ丘　E・ブロンテ
ジーキル博士とハイド氏　スティーヴンソン
不思議の国のアリス　L・キャロル
鏡の国のアリス　L・キャロル
怪談・奇談　L・ハーン
手紙　S・モーム
愛の若草物語 全二冊　オルコット
小公女　バーネット
あしながおじさん(正)　ウェブスター
オー・ヘンリー傑作集　飯島淳秀訳
華麗なるギャツビー　フィッツジェラルド
雨の朝パリに死す　フィッツジェラルド

真珠　スタインベック
人形の家　イプセン
赤毛のアン　モンゴメリ
アンの村の人々　モンゴメリ
阿Q正伝　魯迅
少女パレアナ　E・ポーター
パレアナの青春　E・ポーター
スウ姉さん　E・ポーター
にんじん　ルナール
おねがいサミアどん 砂の妖精　ネスビット
完訳 ギリシア・ローマ神話　トマス・ブルフィンチ
逢う時はいつも他人 全二冊　エヴァン・ハンター
ナチュラル　バーナード・マラマッド
禁じられた遊び　F・ボワイエ
はるかなるわがラスカル　スターリング・ノース
マッシュ　リチャード・フッカー
ジョニーは戦場へ行った　ドルトン・トランボ
ラブ・ストーリィ　エリック・シーガル
オリバー・ストーリィ　エリック・シーガル
家族の問題(小さな訪問者)　エリック・シーガル
動物農場　ジョージ・オーウェル

ウエストサイド物語　アービング・シュルマン
カンタベリー物語　チョーサー
ビートルズ詩集 全二冊　J・レノン P・マッカートニー
悪魔の辞典　A・ビアス
死の診断　A・ビアス
アグネス　レオノー・フライシャー
マンハッタンの二つの愛　ディディエ・ドゥコワン
ビッグウェンズデー　デニス・アーバーグ ジョン・ミリアス
ポケット・ジョーク 既刊十冊　植松黎編訳
ポケット・ジョーク 番外編①　植松黎編訳
誰がモンローを殺したか　ロバート・スラッツァー
赤い髪の女　ヤン・ウォルカーズ
魔法のかかったプディング　アイルランド民話集
ロマンシング・ストーン　ジョーン・ワイルダー
宇宙はジョークでいっぱい　ボブ・ウォード
ナイルの宝石　ジョーン・ワイルダー

**キションのストーリー・ジョーク**

① ショート・ジョークじゃものたりない　E・キション
② うなるベートーベン　E・キション
③ ウィーン肩書き狂奏曲　E・キション
世界おもしろ雑科 全二冊　ウォーレス・ワルチンスキー他

キリング・フィールド　クリストファー・ハドソン
コクーン　D・サバースティーン
フルメンタル・ジャケット　グスタフ・ハスフォード
ドジャース、ブルックリンに還る　ディヴィッド・リッツ
トップガン　マイク・コーガン
バスク、真夏の死　トレヴェニアン
オーバー・ザ・トップ　ジョエル・ドン・ハンフリーズ
ハスラー2　ウォルター・デヴィス
冒険家の食卓　C・Wニコル

## 外国推理傑作選・SF

アクロイド殺人事件　A・クリスティ
三幕の殺人　A・クリスティ
ABC殺人事件　A・クリスティ
オリエント急行殺人事件　A・クリスティ
情婦　A・クリスティ
Yの悲劇　E・クイーン
最後の悲劇　E・クイーン
バルコニーの男　マイ・シューヴァル　ペール・ヴァールー
笑う警官　マイ・シューヴァル　ペール・ヴァールー
消えた消防車　マイ・シューヴァル　ペール・ヴァールー

サボイ・ホテルの殺人　マイ・シューヴァル　ペール・ヴァールー
密室　マイ・シューヴァル　ペール・ヴァールー
テロリスト　マイ・シューヴァル　ペール・ヴァールー
爆破予告　マイ・シューヴァル　ペール・ヴァールー
死の蒸発　ジョー・ゴアズ
赤いキャデラック　ジョー・ゴアズ
マンハンター　ジョー・ゴアズ
目撃者失踪　ジョー・ゴアズ
ハメット　ジョー・ゴアズ
野獣の血　ジョー・ゴアズ
スカイジャック　トニー・ケンリック
リリアンと悪党ども　トニー・ケンリック
マイ・フェア・レディーズ　トニー・ケンリック
俺たちには今日がある　トニー・ケンリック
消えたV1発射基地　トニー・ケンリック
上海サプライズ　トニー・ケンリック
ジャッカルの日　F・フォーサイス
オデッサ・ファイル　F・フォーサイス
戦争の犬たち　全二冊　F・フォーサイス
シェパード　F・フォーサイス
悪魔の選択　全二冊　F・フォーサイス

帝王　F・フォーサイス
第四の核　全二冊　F・フォーサイス
法王の身代金　ジョン・クリアリー
ひとたび人を殺さば　ルース・レンデル
薔薇の殺意　ルース・レンデル
わが目の悪魔　ルース・レンデル
乙女の悲劇　ルース・レンデル
ロウフィールド館の惨劇　ルース・レンデル
荒野の絞首人　ルース・レンデル
死のカルテット　ルース・レンデル
指に傷ある女　ルース・レンデル
絵に描いた悪魔　ルース・レンデル
地獄の湖　ルース・レンデル
もはや死は存在しない　ルース・レンデル
殺人にいたる病　アーナス・ボーデルセン
殺しの演出教えます　サイモン・ブレッド
勇者たちの島　ジェームズ・グレアム
ラス・カナイの要塞　ジェームズ・グレアム
沈黙は金で買え　ピーター・イズレイエル
わが名はユダ　E・R・ジョンスン
バイオレント・サタデー　ロバート・ラドラム

スカーラッチ家の遺産 全二冊　ロバート・ラドラム
悪魔の取引 全二冊　ロバート・ラドラム
ホルクロフトの盟約 全二冊　ロバート・ラドラム
マトロック・ペーパー　ロバート・ラドラム
マタレーズ暗殺集団 全二冊　ロバート・ラドラム
殺戮のオデッセイ 全三冊　ロバート・ラドラム
料理長殿、ご用心　ナン&アイヴァン・ライアンズ
警視フリン 空中爆破　グレゴリー・マクドナルド
フレッチ 殺人方程式　グレゴリー・マクドナルド
フレッチ 死体のいる迷路　グレゴリー・マクドナルド
フレッチ 死の演出　グレゴリー・マクドナルド
トワイライトゾーン　ロバート・ブロック
城塞（ザ・キープ） 全二冊　F・ポール・ウィルソン
ノルマンディー号爆破　レナード・サンダース
〈吸血鬼〉の影　L・G・ブッファリーニ
レディホーク　ジョーン・ヴィンジ
刑事ジョン・ブック 目撃者　EW・ケリー W・ウォーレス
密殺の氷海　R・H・シャイマー
切り裂く男　ウイリアム・J・コグリン
ブライド　ヴォンダ・マッキンタイア
真夜中の汽笛　J・F・コアトムール

---

切り裂き魔の森　マーガレット・トレイシー
悪魔の収穫祭 全二冊　トマス・トライオン
イングランド銀行をカモれ！ 全二冊　スティーブン・シェパード
リンガラ・コード　ウォーレン・キーファー
ゴルゴタの呪いの教会 全二冊　フランク・デ・フェリータ
解き放たれた〈プロメテウス〉 全二冊　フィリップ・ヴァン・リント
ゴリラ　ウォルター・ウェイジャー
永遠《とわ》の闇に眠れ　メアリー・ヒギンズ・クラーク
ドリーム・シティ　ブラッド・ソロモン
スター・ウォーズ　ジョージ・ルーカス
エイリアン 全二冊　A・D・フォスター
スター・ウォーズ ジェダイの復讐　J・カーン
グーニーズ　J・カーン

ものの見方について　笠信太郎
般若心経講義　高神覚昇
ソクラテスの弁明　プラトン
共産主義の系譜　猪木正道
改訂版中国小史 黄河の水　鳥山喜一
雪国の春　柳田国男
遠野物語　柳田国男
日本の祭　柳田国男
改訳 精神分析入門　フロイト
定本 千利休　桑田忠親
徳川家康　桑田忠親
豊臣秀吉　桑田忠親
織田信長　桑田忠親
数学物語　矢野健太郎
文学の常識　中野好夫
空気の発見　三宅泰雄
ロウソクの科学　ファラデー
増補「自分で考える」ということ　澤瀉久敬
平安朝の生活と文学　池田亀鑑
わたしの生涯　ヘレン・ケラー
ケネディ　ポール・B・フェイ

いちご白書　ジェームズ・クネン
日本人とユダヤ人　イザヤ・ベンダサン
氷川清話 付勝海舟伝　勝海舟／勝部真長 編
日本史こぼれ話 全三冊　奈良本辰也ほか
わが闘争 全二冊　アドルフ・ヒトラー
世界史こぼれ話 既刊五冊　三浦一郎
「邪馬台国」はなかった　古田武彦
失われた九州王朝　古田武彦
盗まれた神話　古田武彦
邪馬一国の証明　古田武彦
しぐさの日本文化　多田道太郎
遊びと日本人　多田道太郎
日本語の作法　多田道太郎
母—父母恩重経のこころ　高田好胤
己に克つ　高田好胤
裸のサル　D・モリス
西欧の顔・日本の心　木村尚三郎
和魂和才のすすめ　木村尚三郎
食べ過ぎて滅びる文明　西丸震哉
私たちは敵だったのか　袖井林二郎
日本の人類学　寺田和夫

悪の論理　倉前盛通
世界の一流品紀行　上前淳一郎
巨人軍陰のベストナイン　上前淳一郎
サンリオの奇跡　上前淳一郎
アキラ！加藤明・南米バレーボールに捧げた一生　上前淳一郎
はるかなるフェアウェイ　上前淳一郎
大悲風の如く　紀野一義
名僧列伝 全四冊　紀野一義
学問のすすめ　梅原猛
精神の発見　梅原猛
冷えていく地球　根本順吉
不思議の国ニッポン Vol 1〜10　ポール・ボネ
ニッポン株式会社　ポール・ボネ
出身県でわかる日本人診断　樋口清之
逆ねじの思想　樋口清之
天皇ヒロヒト 全二冊　レナード・モズレー
感覚的日本経済論　竹内宏
民族と風土の経済学　竹内宏
外人はつらいよ 全二冊　ドン・マローニ
ポケット論語　山田勝美
世界史の中の六日間　澤田隆治

## 角川文庫　最新刊

| | | | |
|---|---|---|---|
| 松本清張 | 軍師の境遇 | 天下をも狙える才知が不運を招いた、軍師黒田官兵衛の生涯。 | 380円 |
| 勝目梓 | 地獄づくし 大江戸闇草紙 | バイオレンス、エロチシズム…闇の裁き人・伊佐次の活躍！ | 490円 |
| 畑正憲 | 恐竜物語(中) 奇蹟のラフティ | 一億年の眠りから恐竜を蘇らせる世紀のドラマ。愛の贈り物。 | 540円 |
| 星亮一 | 会津藩燃ゆ 戊辰の残照 | 会津藩を背負う弱冠29歳の梶原平馬―。会津藩の運命は？ | 340円 |
| 海音寺潮五郎 | 新太閤記 一・二 | 上司に認めさせる気働き。これぞ処世術の原典！ | 460 420円 |
| 飯干晃一 | 新・仁義なき戦い | 組長を殺れ！極道たちの野望がひき起こす熾烈な戦い。 | 540円 |
| 喜多嶋隆 | ポニー・テールに、罪はない | 愛も勇気も冒険も、この一冊が聖書。シリーズ過激な第4弾。 | 380円 |
| 平岩弓枝 | 江戸の娘 | 恋一筋に生き抜いた江戸の娘は、男の胸で花のように崩れた。 | 380円 |
| 原田康子 | 日曜日の白い雲 上・下 | 緊迫した基地千歳を舞台に真実の愛の世界を描く感動のロマン。 | 420 460円 |
| ジョー・ゴアズ 小鷹信光訳 | 裏切りの朝 | 欲望と裏切りの街をしたたかに生き抜く男と女。ハードボイルド。 | 460円 |

## 角川文庫　最新刊

光瀬　龍　平家物語　巻之一
壮大華麗な平家一門の興亡の物語。〝光瀬版平家〟第一弾！　340円

光瀬　龍　紐育《ニューヨーク》、宜候《ようそろ》　SF〈太平洋戦争〉
日本の原爆搭載機が米本土へ出撃！太平洋戦争をめぐる歴史SF。　490円

梓　林太郎　南アルプス殺人事件
人も企業も巻き込んで最先端技術闘争が！本格山岳ミステリー。　380円

宮脇俊三　時刻表昭和史
「国鉄」2万キロ完乗者による「昭和」時代紀行。時刻表青春の記。　340円

上宮真人　飛鳥《あすか》探偵帖　盗まれた国書
名探偵聖徳太子登場！古代史の怪事件に挑む書下しミステリー。　380円

竹島　将　戦場　熱き魂の彼方へ①
男が見た地獄とは…？　書下し国際謀略サスペンス第一弾！。　380円

矢作俊彦　司城志朗　海から来たサムライⅠ・Ⅱ
ハワイの太陽の下、炸裂するサムライ・スピリット。冒険小説。　各490円

志茂田景樹　神州百鬼伝説
角のある頭骨を乗せて湖面に浮上した方舟の謎とは？長編伝奇。　460円

イブ・メルキオー　池　央耿訳　〈B-B枢軸〉極秘ルート
ヒトラーの最後の野望を託した逃亡路に展開する決死の追撃戦。　620円

ジェイムズ・ジョーンズ　新庄哲夫訳　地上《ここ》より永遠《とわ》に　2
軍隊とは？そして兵士の愛とは？軍と戦争を描き尽す巨編第二巻。　490円